# Doppel-Klick

## Das Sprach- und Lesebuch

**8**

Erarbeitet von
Margret Angel, Marion Böhme,
Gisela Faber, Isabel Heine,
August-Bernhard Jacobs,
Martina König, Isabelle Naumann,
Benjamin Schmidt, Nena Welskop,
Siegfried Wengert

# Die Themen

## Wie meinst du das? – Missverständnisse klären ............... 12–25

Missverständnisse untersuchen .................. 14

   Loriot: Ein Ehepaar ......... 14

   Wolfgang Rompa: Im Krankenhaus ........... 15

Gespräche vor dem Bildschirm ................. 16

   Sie denkt – er denkt ......... 16

Die Missverständnisse erklären und aufklären ...... 18

**Das kann ich!** Ein Missverständnis erkennen und aufklären ................................. 20

**Das wiederhole ich!** Wie sage ich es den anderen? 21

**Extra Sprache:** Ich sag dir was! Ich-Botschaften .... 24

## Training: Kritik üben – mit Kritik umgehen .. 26–27

Grundfaktoren sprachlicher Kommunikation
– Ursachen für gestörte Kommunikation aufzeigen
– Gespräche hinsichtlich Situation und Adressaten führen und auswerten
– szenisches Spiel
– Einhaltung von Gesprächsregeln
– Besonderheiten virtueller Welten
– eigene Interessen einbringen
– Feedbacksignale

Beiträge angemessen formulieren

Kritik üben und mit Kritik umgehen

## Bionik: Vorbild Natur ................... 28–43

Ideen aus der Natur ................. 30

   Der Flug des Ahornsamens .................. 31

Einen Sachtext mit dem Textknacker lesen ........ 32

   Wie Haie, Kletten, Libellen und Lotosblumen .... 32

Einen Kurzvortrag vorbereiten und halten ........ 38

**Das kann ich!** Mich und andere informieren ...... 40

**Das wiederhole ich!** Im Lexikon nachschlagen ..... 41

**Extra Sprache:** Flügel im Computer? ............ 42

## Training: Einen Sachtext mit dem Textknacker lesen ................................. 46–49

   Tierische und menschliche Baumeister .......... 46

Sachtexte erschließen
– aus Sachtexten und Grafiken Informationen entnehmen
– wesentliche Inhalte und Aussagen identifizieren und wiedergeben
– gezielt Lesestrategien einsetzen
– lebensweltlich relevante Aspekte identifizieren
– Inhalte zusammenhängend mündlich darstellen, veranschaulichen, medial gestützte Präsentationen erarbeiten

Fachsprache

Einen Sachtext mit Grafik erschließen

## Magische Orte ........................ 52–67

Magische Orte in Bildern, Geschichten und
Jugendbüchern ........................... 54

    Lewis Carroll: Alice hinter den Spiegeln ........ 55

    C. S. Lewis: Die Chroniken von Narnia ........ 56

Einen Auszug aus dem Jugendbuch weiterschreiben 59

**Das kann ich!** Eine Geschichte weiterschreiben .... 60

**Das wiederhole ich!** Mit Adjektiven
genauer beschreiben ........................ 61

**Extra Sprache:** Eine Nachtwanderung im Nebelwald 66

**Training: Texte am Computer überarbeiten** .. 68–69

Eigene Geschichten überarbeiten ............. 68

Produktionsorientiertes Schreiben:
Erzählen
– auf der Basis von Materialien und
  Mustern erzählen
– zu Texten und Bildern schreiben
– Jugendbuchauszüge lesen,
  weiterschreiben
– spannend erzählen
– Geschichten erzählen und
  aufschreiben

Possessivpronomen

Texte überarbeiten
einen Text am Computer überarbeiten

## Mein Praktikum ........................ 70–87

Vor dem Praktikum: Ich informiere mich ......... 72

Ich bewerbe mich für das Praktikum ............. 74

Der tabellarische Lebenslauf ................. 75

Das Bewerbungsschreiben ................. 76

Das Praktikum beginnt ................. 79

    Mein erster Praktikumstag ................. 79

Einen Tagesbericht schreiben ................. 80

**Das kann ich!** Einen Tagesbericht schreiben ....... 82

**Das wiederhole ich!** Über Vergangenes berichten .. 83

**Extra Sprache:** Stellt eine Beiköchin Lieferscheine aus? 86

**Training: Einen Tagesbericht schreiben** ...... 88–89

**Training: Einen Tagesbericht überarbeiten** ... 90–91

Berufserkundung und Praktikum:
wesentliche Inhalte und Aussagen
von Texten identifizieren
– Recherche in unterschiedlichen
  Medien
– Sachtexte, Berichte auswerten
– Vorgänge und Arbeitsabläufe
  beschreiben
– Interviews und Gespräche zur
  Berufserkundung
– Interviewfragen formulieren
– standardisierte Textformen
  erschließen und produzieren
  (Bewerbungsschreiben, Lebenslauf)

Trennbare Verben

Über das Praktikum berichten
(Tagesbericht)

Texte überarbeiten
kriteriengeleitet überarbeiten

# Inhalt

**Wüste** . . . . . . . . . . . . . . . . . . . . . . . . . . . . . . . . . . .  94–109

Informationen über Wüsten sammeln . . . . . . . . . . .  96

Mit einer Informationsmappe informieren . . . . . . . .  98

    Die Wüsten der Erde . . . . . . . . . . . . . . . . . . . . . .  99

    Das Klima in Trockenwüsten . . . . . . . . . . . . . . . . .  100

    Pflanzen und Tiere in der Wüste . . . . . . . . . . . . .  100

    Eine schwere Reise . . . . . . . . . . . . . . . . . . . . . .  102

**Das kann ich!** Einen informierenden Text
überarbeiten . . . . . . . . . . . . . . . . . . . . . . . . . . . .  104

**Das wiederhole ich!** Einen informierenden Text
gliedern . . . . . . . . . . . . . . . . . . . . . . . . . . . . . . . .  105

**Extra Sprache:** Das Kamel ist angepasst, weil … . . .  108

**Training: Einen informierenden Text schreiben**  110–113

Besondere Wüsten . . . . . . . . . . . . . . . . . . . . . . . . .  110

    Namib: die älteste Wüste . . . . . . . . . . . . . . . . . .  111

    Mojave: die rätselhafteste Wüste . . . . . . . . . . . .  111

    Sahara: die größte Wüste . . . . . . . . . . . . . . . . . .  112

    Die Entstehungszeit der Wüsten . . . . . . . . . . . . .  112

**Unterwegs** . . . . . . . . . . . . . . . . . . . . . . . . . . . . .  114–129

Täglich von A nach B . . . . . . . . . . . . . . . . . . . . . .  116

Einen Sachtext lesen und verstehen . . . . . . . . . . . .  118

    Mobil unterwegs . . . . . . . . . . . . . . . . . . . . . . . .  118

Mit der Argumentationskette überzeugen . . . . . . . .  120

Schriftlich Stellung nehmen . . . . . . . . . . . . . . . . . .  122

    Teilen muss man lernen . . . . . . . . . . . . . . . . . . .  122

**Das kann ich!** Schriftlich Stellung nehmen . . . . . . .  124

**Das wiederhole ich!** Argumentationsketten
entwickeln . . . . . . . . . . . . . . . . . . . . . . . . . . . . . .  125

**Extra Sprache:** Was empfiehlst du? . . . . . . . . . . . .  128

**Training: Stadtpläne und Fahrpläne lesen** . . .  130–131

Informierende Texte schreiben
– in einem funktionalen
Zusammenhang sachlich
berichten und beschreiben
– aus Sachtexten (kontinuierliche und
diskontinuierliche) Informationen
entnehmen
– auf der Basis von mehreren
Materialien einen informativen
Text verfassen

Satzgefüge bilden

Anwendungstraining:
Informierende Texte schreiben

Schriftlich und mündlich
argumentieren, Stellung nehmen
– argumentierende Texte lesen und
weitgehend selbstständig schreiben
– Sprachhandeln in situativen
Handlungskontexten
– Sachverhalte in ihren funktionalen
Zusammenhängen beschreiben
(Interviews)
– appellative Aspekte in Texten
erkennen und einordnen
– schriftlich Stellung nehmen
(Leserbrief)

dass-Sätze

standardisierte Textformen erschließen
und produzieren (u. a. Tabellen)

# Medien und Gattungen

## Gedichte: Im Bann der Großstadt ..... 134–139

Eine Großstadt hören, riechen, fühlen ........... 134

    Orhan Veli: Ich höre Istanbul ............. 134

Nachts schläft die Stadt ..................... 136

    Mascha Kaléko: Spät nachts ............. 136

Ein Song an (m)eine Stadt ................... 138

    Herbert Grönemeyer: Bochum ............. 138

**Training: Ein Gedicht zusammenfassen** ...... 144–145

Gedichte untersuchen und vortragen
– Merkmale von Gedichten untersuchen: Form, Sprecher
– sprachliche Mittel erkennen: Metapher, Personifikation, Reimform
– Gedichte gestaltend vortragen

Inhalte zusammenfassen: eine Inhaltsangabe schreiben

## Wahre Geschichten in Balladen und Berichten ..................... 146–152

Von listigen Frauen und ungewöhnlichen Lasten ... 146

    Ein Soldat erzählt ..................... 147

    Gottfried August Bürger: Die Weiber von Weinsberg 149

Von einem, der fliegen wollte ............. 150

    Bertolt Brecht: Der Schneider von Ulm ......... 150

    Der Flugversuch von A. L. Berblinger ........... 152

Balladen untersuchen und mit anderen Texten vergleichen
– Balladen unter vorgegebenen Aspekten (Merkmale, Sprache) untersuchen
– mit anderen Textsorten vergleichen (Erzählung)
– fiktiven Text und reale Geschehnisse vergleichen
– Balladen gestaltend vortragen

## Augenblicke in kurzen Geschichten ... 154–159

    Pea Fröhlich: Der Busfahrer ................. 154

    Tanja Zimmermann: Eifersucht ............. 155

Die Merkmale einer Kurzgeschichte kennen lernen ... 156

    Yasunari Kawabata: Der Regenschirm ............. 156

Eine Kurzgeschichte zusammenfassen ............. 159

**Training: Eine Kurzgeschichte zusammenfassen** ..................... 164–167

    Gertrud Schneller: Das Wiedersehen ............ 164

Kurzgeschichten lesen, untersuchen, Merkmale kennen lernen
– Kurzgeschichten unter vorgegebenen Aspekten analysieren (Merkmale, Inhalte, Handlungsabläufe, Figurenentwicklung)
– Textaussagen deuten und abschließend bewerten

Inhalte zusammenfassen eine Inhaltsangabe schreiben

## Leseecke: Jugendbücher zum Verlieben

Jugendbücher und Autor/innen kennen lernen
Produktionsorientiertes Schreiben
– zu Jugendbuchausschnitten schreiben und sprechen
– Texte nach Textmustern verfassen, fortsetzen
– Jugendbuchauszüge lesen, weiterschreiben
– Portfolioarbeit (Lesemappe)
– eine Inhaltsangabe schreiben

**Leseecke: Jugendbücher zum Verlieben** .......... 170–179
Cover und Klappentexte ..................... 170
Die Autorinnen ..................... 171
Zu viel Verantwortung ..................... 172
    Annette Weber:
    Merkt doch keiner, wenn ich schwänze ......... 172
Eine ferne Liebe ..................... 176
    Deniz Selek: Zimtküsse ..................... 176
Einen Jugendbuchauszug zusammenfassen ........ 178

## Aktuelles vom Tage

Nachrichten untersuchen: Aufbau und Merkmale von Tageszeitungen
– journalistische Produkte hinsichtlich ihrer jeweiligen medialen Aufbereitung unterscheiden und bewerten
– Mehrsprachigkeit: Gemeinsamkeiten von Sprache mit Hilfe überschaubarer Beispiele benennen
– selbstständig Texte nach Muster, abhängig von Nutzung, Adressaten und Medium, erstellen und überarbeiten (z. B. Leserbrief, Zeitungstext)

**Aktuelles vom Tage** ..................... 182–193
Tageszeitungen in vielen Sprachen ............. 182
    Eine Nachricht geht um die Welt ............. 183
Eine Zeitung lesen ..................... 184
    Tageszeitung ..................... 184
    Zeitungsartikel: Überschriften und Schlagzeilen .. 185
Schlagzeilen lesen und formulieren ............. 186
    Die Königinnen und Könige von Belgien ......... 187
Einen Zeitungsbericht lesen ..................... 188
    Trend-Hobby Geocaching ..................... 188
Einen Zeitungsbericht schreiben ............. 190
    Tag der offenen Tür ..................... 190
Einen Zeitungsbericht überarbeiten ............. 192

### Training: Einen Leserbrief schreiben

Argumentieren, Stellung nehmen
standardisierte Textformen erschließen und produzieren

**Training: Einen Leserbrief schreiben** ........ 194–197
Die eigene Meinung mit Argumenten begründen ... 194
    Null Bock auf Abwasch? ..................... 194
In einem Leserbrief Stellung nehmen ............. 196

## Werbung

Appellative Texte reflektieren, bewerten und gestalten
– selbstständig kritisch zu Texten Stellung nehmen, ihren Nutzen beurteilen
– Anliegen einer Website (Werbung) einordnen
– eigenes Schreib- oder Gesprächsziel ermitteln, Adressaten, Situation einschätzen, passendes Medium zuordnen

**Werbung** ..................... 198–201
Werbung untersuchen ..................... 198
Wie sehr beeinflusst uns Werbung? ............. 199
    Fragebogen: Wie sehr beeinflusst dich Werbung? .. 199
Bilder und Sprache in der Werbung ............. 200

# Nachschlagen und üben

**Der Aufgabenknacker** .................... 202–203    Aufgaben verstehen

**Texte lesen und verstehen:**    Sachtexte erschließen
**Der Textknacker** ..................... 204–205    – Sachtexten Informationen entnehmen
Wie nutzen User soziale Netzwerke? ........... 204    – Informationsquellen nutzen

**Eine Grafik erschließen** ............... 208–209    Grafiken mit Strategien erschließen
Die Zusammensetzung
der Haushaltsabfälle 2010 .................. 208

**Einen Kurzvortrag vorbereiten**    Zusammenhänge mündlich darstellen:
**und halten** ......................... 210–213    Kurzvortrag
Den Drachen auf der Spur .................. 210    – Gesprächsziel ermitteln,
Überall Drachenspuren! ................... 210    Prozess planen, Strategien nutzen
    und gestalterische Mittel einsetzen

**Texte überarbeiten:**    Einen Text überarbeiten
**Die Schreibkonferenz** .................. 216–217    einen Text nach vorgegebenen
Inhaltsangabe zu einem Jugendbuchauszug ..... 216    Kriterien überprüfen und überarbeiten

**Beschreibungen lesen und**    Sachlich beschreiben
**selbst schreiben** ...................... 220–223    Vorgänge sachlich beschreiben
Wie funktioniert ein Motor? .................. 220
Einen Vorgang beschreiben: der Viertaktmotor ..... 222
Die Funktionsweise eines Viertaktmotors ........ 222

# Rechtschreiben

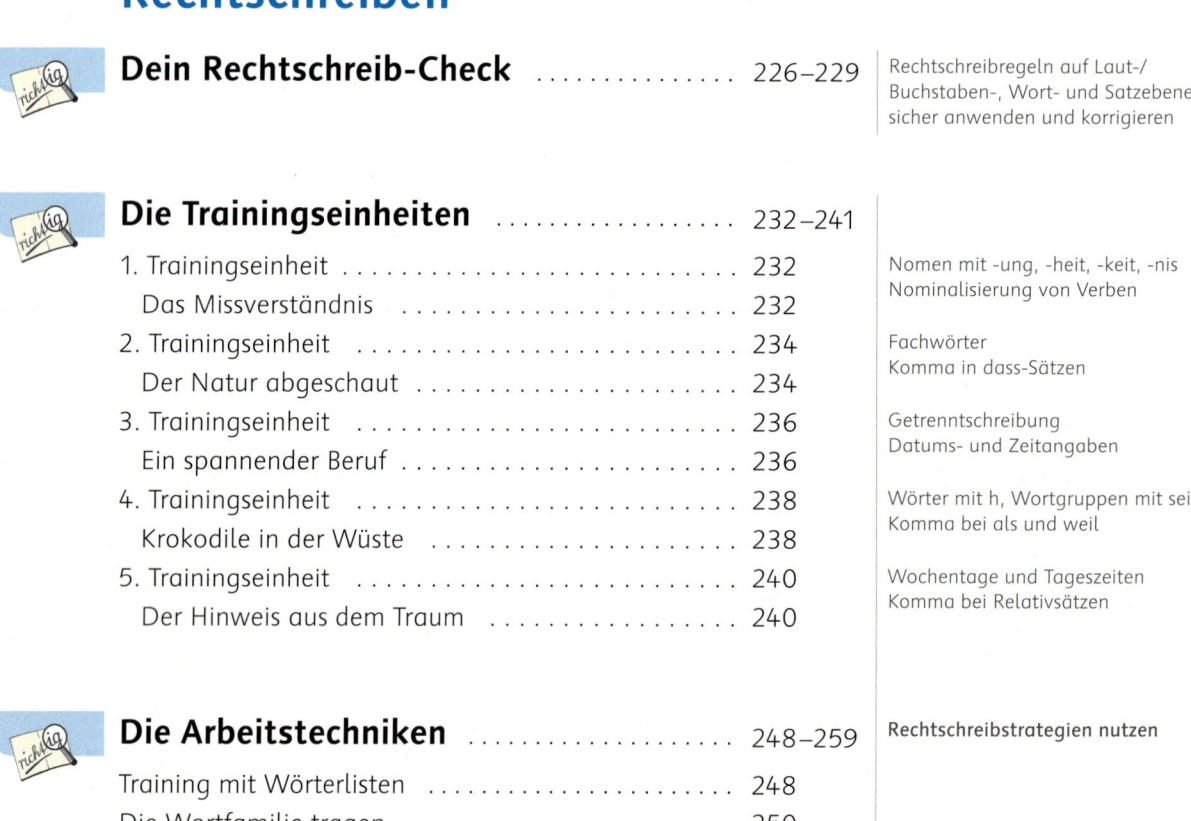

## Dein Rechtschreib-Check .............. 226–229

Rechtschreibregeln auf Laut-/ Buchstaben-, Wort- und Satzebene sicher anwenden und korrigieren

## Die Trainingseinheiten ................ 232–241

1. Trainingseinheit ......................... 232

Nomen mit -ung, -heit, -keit, -nis
Nominalisierung von Verben

Das Missverständnis ................. 232

2. Trainingseinheit ....................... 234

Fachwörter
Komma in dass-Sätzen

Der Natur abgeschaut ................. 234

3. Trainingseinheit ...................... 236

Getrenntschreibung
Datums- und Zeitangaben

Ein spannender Beruf ................. 236

4. Trainingseinheit ...................... 238

Wörter mit h, Wortgruppen mit sein
Komma bei als und weil

Krokodile in der Wüste ................ 238

5. Trainingseinheit ...................... 240

Wochentage und Tageszeiten
Komma bei Relativsätzen

Der Hinweis aus dem Traum ............ 240

## Die Arbeitstechniken ................ 248–259

Rechtschreibstrategien nutzen

Training mit Wörterlisten ...................... 248

Die Wortfamilie tragen ....................... 250

Die Wortfamilie geben ....................... 251

Im Wörterbuch nachschlagen .................. 256

Die Rechtschreibung am Computer prüfen ........ 258

Moderne Medien für die Überprüfung eigener Texte nutzen

So ein Fuchs! ................................ 258

# Grammatik

**Fehler vermeiden** . . . . . . . . . . . . . . . . . . . . . 260–261
Vergleiche mit als und wie . . . . . . . . . . . . . . . . . 260

**Wortfelder** . . . . . . . . . . . . . . . . . . . . . . . . . . . 262–263
Das Wortfeld sagen . . . . . . . . . . . . . . . . . . . . . 262
Das Wortfeld gehen . . . . . . . . . . . . . . . . . . . . . 263

**Präpositionen verwenden** . . . . . . . . . . . . . . 264–265
Wohin? . . . . . . . . . . . . . . . . . . . . . . . . . . . . . . 264
Wo? . . . . . . . . . . . . . . . . . . . . . . . . . . . . . . . . 265

**Verben verwenden** . . . . . . . . . . . . . . . . . . . . 268–271
Das Perfekt wiederholen . . . . . . . . . . . . . . . . . 268
Das Präteritum wiederholen . . . . . . . . . . . . . . 269
Das Plusquamperfekt verwenden . . . . . . . . . . . 270

**Satzgefüge verwenden** . . . . . . . . . . . . . . . . . 272–275
Nebensätze mit weil, wenn . . . . . . . . . . . . . . . 272
Nebensätze mit nachdem, während . . . . . . . . . 274

**Relativsätze verwenden** . . . . . . . . . . . . . . . . 276–277
Gab es Atlantis wirklich? . . . . . . . . . . . . . . . . . 276

Grammatische Richtigkeit von Texten weitgehend selbstständig überprüfen

Strukturen und Bedeutung von Wörtern untersuchen
Den Wortschatz erweitern

Funktionen von Wortarten untersuchen

Strukturen des Satzes beschreiben
Satzgefüge und Satzreihen bilden

# Zum Nachschlagen

**Wissenswertes auf einen Blick** . . . . . . . . . . . . 280–305
**Wörterliste** . . . . . . . . . . . . . . . . . . . . . . . . . . 306–315
Vollständige Gedichte und Texte . . . . . . . . . . . 316–319
Alle Texte auf einen Blick . . . . . . . . . . . . . . . . 320–321
Textquellen / Bildquellen . . . . . . . . . . . . . . . . . 322–323
Sachregister . . . . . . . . . . . . . . . . . . . . . . . . . . 324–325
**Auf einen Blick: Verteilung der Inhalte
des Deutschunterrichts** . . . . . . . . . . . . . . . . . 326–327
Impressum . . . . . . . . . . . . . . . . . . . . . . . . . . . 328

# Wie meinst du das? –

 **1** • Seht euch die Bilder an.
- Lest auch die Texte.
- Beschreibt die Situationen.

> Er fragt …/Sie fragt …
> Er meint …/Sie meint …
> Er versteht darum …/Sie versteht darum …

›› der Mann – die Frau,
der Junge –
das Mädchen

# Missverständnisse klären

💬 **2** • Welches Bild bringt euch zum Lächeln?
• Welche Situation kommt euch bekannt vor?
Begründet eure Antworten.

**Wie entstehen Missverständnisse? Wie kann man sie klären?**
**Darüber erfahrt ihr einiges in diesem Kapitel.**

# Missverständnisse untersuchen

**Wenn wir miteinander reden, kann es zu Missverständnissen kommen.**

**1** Lest den Sketch¹ mit verteilten Rollen.

¹ **der Sketch:** eine kurze, witzige (Theater-)Szene

## 📖 Ein Ehepaar   Loriot

| | | |
|---|---|---|
| 1 | Frau: | Wie findest du mein Kleid? |
| 2 | Mann: | Welches? |
| 3 | Frau: | Das ich anhabe. |
| 4 | Mann: | Besonders hübsch. |
| 5 | Frau: | Oder findest du das grüne schöner? |
| 6 | Mann: | Das grüne? |
| 7 | Frau: | Das halblange mit dem spitzen Ausschnitt. |
| 8 | Mann: | Nein. |
| 9 | Frau: | Was „nein"? |
| 10 | Mann: | Ich finde es nicht schöner als das, was du anhast. |
| 11 | Frau: | Du hast gesagt, es stünde² mir so gut. |
| 12 | Mann: | Ja. Es steht dir gut. |
| 13 | Frau: | Warum findest du es dann nicht schöner? |
| 14 | Mann: | Ich finde das, was du anhast, sehr schön |
| 15 | | und das andere steht dir auch gut. |
| 16 | Frau: | Ach. Dies hier steht mir also nicht so gut? |
| 17 | | [...] |
| 18 | Mann: | Dann nimm das grüne, das wunderhübsche grüne |
| 19 | | mit dem spitzen Ausschnitt. |
| 20 | Frau: | Erst soll ich das hier anbehalten, dann soll ich |
| 21 | | das blaue anziehen und jetzt auf einmal das grüne? |
| 22 | Mann: | Liebling, du kannst doch ... |
| 23 | Frau: | Ich kann mit dir über Atommüll reden, über Ölkrise, |
| 24 | | Wahlkampf und Umweltverschmutzung, aber über |
| 25 | | nichts Wichtiges. [...] |

² **es stünde mir gut:** Es steht mir gut.

**2**
- In welcher Situation könnte das Gespräch stattfinden?
- Was möchte die Frau von ihrem Mann wissen?
- Wie versteht der Mann ihre Fragen? Was antwortet er?
- Warum ärgert sich die Frau?

**Manchmal entsteht ein Missverständnis durch ein einziges Wort.**

## 📖 Im Krankenhaus   Wolfgang Rompa

1   Pfleger:  So, jetzt nehmen wir unsere Tablette,
2            und dann werden wir schön schlafen.
3   Patient:  Warum nehmen denn wir die Tablette?
4   Pfleger:  Das sagte ich doch eben, damit wir schön schlafen.
5   Patient:  Ja, ist das denn erlaubt?
6   Pfleger:  Was soll denn daran nicht erlaubt sein?
7   Patient:  Ja, dass Sie jetzt ins Bett gehen.
8   Pfleger:  Ich gehe doch jetzt nicht ins Bett, ich habe Nachtdienst!
9   Patient:  Um Gottes willen, dann können Sie doch jetzt
10            keine Tablette nehmen.
11   Pfleger:  Wie kommen Sie denn darauf,
12            dass ich jetzt eine Tablette nehmen will?
13   Patient:  Nein, nicht die ganze, aber Sie wollten doch die Hälfte
14            von meiner, und dann wollten wir schön schlafen.
15   Pfleger:  Sagen Sie, ist Ihnen nicht gut? Haben Sie Fieber?
16   Patient:  Mir ist gut. Aber Sie sind doch hier reingekommen und
17            haben gesagt, dass wir jetzt unsere Tablette nehmen wollen.
18            Ich hätte Ihnen ja auch die Hälfte der Tablette abgegeben.
19            Aber Sie haben ja Nachtdienst.
20   Pfleger:  Das haben Sie vollkommen falsch verstanden!
21            Wir nehmen jetzt die Tablette,
22            und dann machen wir das Licht aus!
23   Patient:  Nein, bitte nicht, erstens haben Sie Nachtdienst,
              und zweitens könnte jemand reinkommen!

💬 **3**  Erklärt das Missverständnis mit Hilfe der Fragen:
    • Was sagt der Pfleger?
      Was meint der Pfleger damit?
    • Was versteht der Patient? Warum?

👥👄 **4**  Lest den Sketch mit verteilten Rollen.       ➜ Szenisch lesen: Seite 295

W 👥 **5**  Spielt einen der Sketche auf den Seiten 14 und 15
      in einem Rollenspiel nach.       ➜ Eine Szene spielen:
      Seite 295

# Gespräche vor dem Bildschirm

**Können wir jemanden missverstehen, der gar nicht mit uns redet?
Mina und Yannik ist das passiert.**

**1** Lies die Geschichte. Wende die Schritte vom Textknacker an. → Textknacker: Seite 283

> **1. Schritt: Vor dem Lesen**
> **2. Schritt: Das erste Lesen**
> **3. Schritt: Den Text genau lesen**

##  Sie denkt – er denkt

1 Mina: Den ganzen Abend sitze ich vor dem Computer
2 und Yannik schreibt nicht. Er ist doch on.
3 Wahrscheinlich nerve ich ihn. Ich hätte ihn nicht
4 fragen sollen, ob ihn der neue Film auch
5 interessiert. Jetzt denkt er, ich mache Druck.

6 Yannik: Ich kann mich nicht aus dem Chat ausloggen.
7 Tom kommt gleich und ich muss mich beeilen.
8 Wir wollen ja das Fußballspiel sehen!
9 Ach, ich schau noch kurz nach, ob Mina mir
10 geschrieben hat. Super, sie hat geschrieben!
11 Ja, der Film interessiert mich auch!
12 Ah, jetzt ist Tom da und wir müssen los!
13 Gut, ich antworte Mina später.
14 *Yannik verlässt sein Zimmer.*

15 *Später am Abend:*
16 Mina: Er ist ja immer noch on. Na toll!
17 Dann schreibt er sich bestimmt mit Vanessa.
18 Er antwortet mir nicht. Dann schalte ich eben aus.
19 *Sie geht schlafen.*

20 *Währenddessen:*
21 Yannik: Es ist so spät geworden! Mist, bestimmt schläft
22 Mina schon. Dann schreibe ich ihr eben morgen.
23 Ich kann mich immer noch nicht ausloggen!
24 *Er geht schlafen.*

25 *Am nächsten Morgen ist Mina müde. Sie musste*

26 *die ganze Nacht an Yannik und Vanessa denken. Es ist*

27 *Samstag. Sie sieht Yannik erst Montag in der Schule wieder.*

28 *Sie öffnet den Chat. Auch Yannik ist online. Aber noch immer*

29 *keine Nachricht von ihm! Mina ruft ihre Freundin an:*

30 **Mina:** Yannik will gar nichts von mir!

31 Er war die ganze Zeit online. Aber er hat mir

32 nicht geschrieben, sondern bestimmt Vanessa.

33 *Ihre Freundin rät ihr, Yannik zu vergessen. Sie lädt Mina*

34 *zu sich nach Hause zu einem „Mädels-Wochenende" ein.*

35 *Währenddessen:*

36 **Yannik:** Oh, ich bin ja immer noch eingeloggt! Was soll

37 das denn? Ich schreibe jetzt schnell Mina und

38 frage sie, ob sie heute mit mir ins Kino geht.

39 Hoffentlich hat sie Zeit!

40 *Yannik weiß nicht, dass er Mina verpasst hat.*

41 *Mina ist schon auf dem Weg zu ihrer Freundin. Sie wird*

42 *am Wochenende ihre Nachrichten nicht mehr abrufen.*

W 👤👤👤 **In Gruppenarbeit könnt ihr euch in Mina oder Yannik hineinversetzen.**

✏️ **2** Gruppe 1 versetzt sich in **Mina** hinein.
- Worüber denkt Mina nach?
- Was erwartet Mina?
- Warum ist Mina enttäuscht?
- Was tut Mina am Ende?

>>> Er/Sie fragt sich, ob/warum …
Er/Sie wollte …
Er/Sie dachte, dass …
Er/Sie ist enttäuscht, weil …

✏️ **3** Gruppe 2 versetzt sich in **Yannik** hinein:
- In welcher Situation ist Yannik?
- Worüber denkt Yannik nach?
- Was passiert, als er Mina antworten will?
- Was tut Yannik am Ende?

💬 **4** Diskutiert über eure Ergebnisse:
- Wählt in jeder Gruppe eine Sprecherin / einen Sprecher.
- Er oder sie trägt die Antworten der Gruppe vor.
- Diskutiert dann alle gemeinsam über eure Ergebnisse.

→ Miteinander diskutieren: Seite 291

# Die Missverständnisse erklären und aufklären

**Warum hat Yannik Mina nicht geschrieben?**
**Du kannst Yanniks Gründe nennen.**

 **1** Lies, was Mina vermutet und was Yannik dazu sagen könnte.

**Das vermutet Mina:**

> Yannik schreibt nicht. Er ist doch on. Wahrscheinlich nerve ich ihn.

> Ich hätte ihn nicht fragen sollen, ob ihn der neue Film auch interessiert. Jetzt denkt er, ich mache Druck.

> Er antwortet mir nicht. Dann schalte ich eben aus.

> Er ist ja immer noch on. Na toll! Dann schreibt er sich bestimmt mit Vanessa.

**Und das könnte Yannik sagen:**

> Ich konnte mich nicht aus dem Chat ausloggen. Ich war mit Tom beim Fußballspiel.

> Ich wollte dir antworten, dass mich der Film auch interessiert.

> Ich konnte mich immer noch nicht ausloggen.

> …

**2** Was könnte Yannik zu Minas Vermutungen sagen?
Ordnet zu.
- Schreibt Minas Vermutungen untereinander auf.
- Schreibt die passende Antwort von Yannik daneben.

**Eine Sprechblase ist noch leer.**

**3** Was könnte Yannik sagen?
Formuliert eine Antwort.
**Tipp:** Verwendet die Ich-Form.

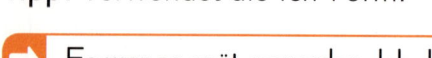 Es war so spät geworden. Ich dachte …

**Am Montag sehen sich Mina und Yannik auf dem Schulhof.**

*Ach, soll er doch wegbleiben! Aber er sollte wissen, dass …*

*Ich verstehe nicht, warum sie mir aus dem Weg geht. Ich sollte Mina …*

**4** Ergänze die Gedankenblasen:
  • Was könnte Mina denken?
  • Was könnte Yannik denken?

> **Mina:** Er sollte wissen, dass ich … gewartet habe …
> **Yannik:** Ich sollte Mina erklären, … Chatprogramm kaputt …

**Mina und Yannik können die Missverständnisse aufklären, wenn sie miteinander reden. Aber was tut man als Erstes?**

**5** **a.** Gruppe 1 überlegt: Was könnte **Mina** als Erstes tun?
  Gruppe 2 überlegt: Was könnte **Yannik** als Erstes tun?
  **b.** Notiert eure Ideen in großer Schrift auf Karten.
  **c.** Sammelt eure Karten an der Tafel.

**6** **a.** • Was könnte Mina sagen?
    Wie könnte Yannik antworten?
  • Was könnte Yannik sagen?
    Wie könnte Mina antworten?
  **b.** Schreibt Wichtiges auf Karten und sammelt es an der Tafel.

> Ich dachte …
> Ich wollte nicht …
> Ich war traurig/wütend …

# Ein Missverständnis erkennen und aufklären

**Auch zwischen Lennart und Jarven gibt es ein Missverständnis.**

**1** Beschreibe das Bild.
- Was tun Lennart und Jarven?
- Was könnten sie sagen?

**2** Was könnte passiert sein?
Beantworte die folgenden Fragen:
- Wo wollen sich Lennart und Jarven treffen?
- Wo wartet Lennart?
- Wo wartet Jarven?
- Warum sehen sich Lennart und Jarven nicht?

>>> die Bank, der Park, das Bankhaus

> Lennart und Jarven wollen sich an der Bank treffen.
> Das Wort Bank bedeutet … und …
> Lennart denkt …, aber Jarven wartet …

**3** Lennart ruft Jarven an.
Schreibt ein Gespräch.

> Lennart: „Wollten wir uns nicht bei der Bank treffen?"
> Jarven: „Ja. Ich warte schon im Park auf dich."
> Lennart: „Im Park? …

# Wie sage ich es den anderen?

**Alana, Annika und Filip arbeiten gemeinsam am Projekt Wüste.**

> Vergiss nicht: Es müssen super Bilder sein!

> Aber wir haben doch gesagt … Dann muss ich mich darum kümmern.

> Dann sind wir uns einig: Du, Alana, kümmerst dich um die Bilder.

Alana · Annika · Filip

**1** Beschreibe das Foto.
- Was tun die Jugendlichen?
- Was sagen die Jugendlichen?

**2** • Wie wirken Alana, Annika und Filip?
- Was könnten sie fühlen?

**Tipp:** Ihr könnt in der Gruppe ein Standbild dazu bauen.

>>> nervös, bestimmend, unsicher, selbstsicher …

 Alana / Annika / Filip wirkt …

**Alana sagt nicht deutlich, was sie möchte.**

**3** a. Was möchte Alana? Vermute.
  b. Welchen Vorschlag könnte sie machen?
     Welche Gründe könnte sie nennen?
     Schreibe Sätze auf.

 Ehrlich gesagt, ich …
Wir hatten doch besprochen, dass …
Ich schlage vor, dass …

# Ich sag dir was!

**Manchmal können Äußerungen in Gesprächen unsachlich sein.**

## 📖 Nach der Gruppenarbeit

1 Emre:        Immer lässt du mich hängen!

2             Ich muss alles allein machen.

3 Katharina: Hä? Das stimmt gar nicht.

4             Ich habe auch viel gemacht.

5 Emre:        Du sagst immer nur, dass du hilfst.

6             Aber du tust nichts! Das nervt!

**1** Worum geht es in dem Gespräch?

**Unsachliche Äußerungen können Gefühle verletzen.**

**2** a. Lest das Gespräch mit verteilten Rollen.
Setzt jeweils die passende Betonung ein.
b. Wie habt ihr euch gefühlt? Sprecht darüber.

→ Szenisch lesen: Seite 295

**3** Welche Äußerungen sind besonders unsachlich? Begründet.

**Das Gespräch könnte auch anders verlaufen:**

📖

1 Emre:        Ich habe das Gefühl, dass ich viel allein mache.

2 Katharina: Ich sehe das anders.

3             Ich denke, dass ich auch viel gemacht habe.

4 Emre:        Vielleicht hast du recht.

5             Ich finde aber, dass du zu wenig geholfen hast.

**4** Lest das Gespräch mit verteilten Rollen.

**5** a. Wie fühlen sich die Jugendlichen?
b. Wie sprechen sie über ihre Gefühle?
c. Schreibt die passenden Wortgruppen auf.

**6** Wie wirken die hervorgehobenen Äußerungen? Besprecht.

# Ich-Botschaften

📖 **Mit Ich-Botschaften könnt ihr in jeder Situation sachlich antworten.**

¹ **Du bist voll gemein.**

² **Ich finde das gemein.**

👥 **7** • Was fällt euch am ersten Satz auf?
• Was fällt euch am zweiten Satz auf?
• Welche Äußerung gefällt euch besser? Begründet.

⟫⟫⟫ höflich, sachlich, nett, freundlich …

📖 **Ihr könnt aus unsachlichen Äußerungen sachliche Äußerungen machen.**

¹ **Du kannst doch überhaupt nicht mitreden.**

² **Immer nutzt du mich voll aus!**

³ **Jetzt halte doch endlich mal den Mund.**

👥✏️ **8** Schreibt Ich-Botschaften auf.

⟫⟫⟫ Ich fühle mich …
Ich habe das Gefühl …
Ich möchte gern …
Ich finde …
Ich wünsche mir …

Ⓩ👥 **9** Welche unsachlichen Äußerungen kennt ihr noch?

**a.** Schreibt sie untereinander auf.
**b.** Schreibt dazu jeweils eine passende Ich-Botschaft.

Ⓩ **Woche der Sachlichkeit!**

💬 **10** Gestaltet ein Plakat für euren Klassenraum. Welche Ich-Botschaften wollt ihr verwenden?

Unsere erfolgreichsten Ich-Botschaften
Ich möchte auch mal was sagen.
Ich habe da eine Idee!
Ich möchte gerne bei euch mitmachen.
Es ist mir wichtig, dass…
Ich schlage vor, dass…
Ich bin der Meinung, dass…

# Training:
# Kritik üben – mit Kritik umgehen

**Sonja, Max und Linus arbeiten gemeinsam an einem Projekt.**

Sonja — Max — Linus

 **1** Beschreibt das Foto.
- Was tun die Jugendlichen gerade?
- Was denken die Jugendlichen?
- Wie wirken die Jugendlichen?
**Tipp:** Ihr könnt ein Standbild dazu bauen.

➡ Sonja / Max / Linus wirkt … / denkt …

➜ Ein Standbild bauen: Seite 292

**Sonja, Max und Linus sind nicht zufrieden.**

 **2** Sonja, Max und Linus möchten etwas verändern.
Was könnten sie sagen?
**Tipp:** Schreibe in der Ich-Form.

➡ Ich wünsche mir, dass … gemeinsam …
Ich möchte, dass … zuhört …

# Manchmal musst du Kritik äußern.

**1** Mann, du kapierst ja heute überhaupt nichts.

Spiel dich doch nicht so auf, du …

Ivo          Moritz

**2** Auf dich kann man sich ja überhaupt nicht verlassen!

Immer hast du an mir etwas auszusetzen! Ich weiß wirklich nicht, was ich noch tun soll.

Anna          Jasmin

**3** Beschreibe die Bilder.
- Was tun die Jugendlichen?
- Was sagen die Jugendlichen?
- Wie wirken die Jugendlichen?

>>> wütend, enttäuscht, traurig …

sachlich, unsachlich …

➡ Die Jungen/Die Mädchen …
Ivo/Anna sagt …/wirkt …/fühlt sich …
Moritz/Jasmin reagiert …/antwortet …/fühlt sich …

## Kritik kann man unterschiedlich äußern.

**4** Ivo und Anna äußern ihre Kritik unsachlich.
Schreibe die unsachlichen Äußerungen
als sachliche Ich-Botschaften auf.

>>> Ich fühle mich …
Ich habe das Gefühl …
Ich möchte gern …
Ich finde …
Ich wünsche mir …

## Man kann auf Kritik auch unterschiedlich antworten.

**5** • Wie könnte Moritz auf die sachliche Kritik antworten?
• Wie könnte Jasmin auf die sachliche Kritik antworten?
Schreibe die unsachlichen Antworten als Ich-Botschaften auf.

➡ Ich denke …
Du hast recht …
Ich sehe das anders. …

# Bionik: Vorbild Natur

die Klette

der Klettverschluss

der Hai

der Taucheranzug

die Wasserpflanze

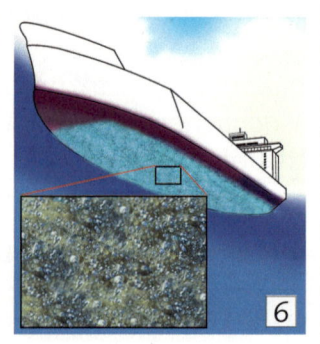

das Schiff

 **1** Auf den Fotos sind Lebewesen und Gegenstände zu sehen.
- Was entdeckt ihr auf den Bildern mit den Lebewesen?
- Was entdeckt ihr auf den Bildern mit den Gegenständen?
Beschreibt und vergleicht.

die Pusteblume

der Fallschirm

der Ahornsamen

der Hubschrauber

Die **Biologie** ist die Wissenschaft, die sich mit den Besonderheiten der Lebewesen befasst.

Die **Technik** ist die praktische Anwendung von naturwissenschaftlichen Erkenntnissen zum Nutzen der Menschen.

💬 **2** **Bionik: Vorbild Natur** ist die Überschrift des Kapitels. Worum geht es?

   a. Lest die Lexikoneinträge.
   b. Erklärt die Überschrift mit Hilfe der beiden Lexikoneinträge.

 Das Wort Bionik besteht aus den Wörtern … und … Es bedeutet, dass … Besonderheiten der Lebewesen als Vorbild nehmen.

**In diesem Kapitel informiert ihr euch und andere über Vorbilder aus der Natur in der Technik.**

# Ideen aus der Natur

📖 **Viele Wissenschaftler und Techniker finden Vorbilder für ihre Erfindungen in der Natur.**

1 Der Schweizer Wissenschaftler Georges de Mestral[1]
2 lebte von 1907 bis 1990. Er streifte gern mit seinem Hund
3 durch den Wald. Aber wenn die beiden
4 nach Hause kamen, gab es viel Arbeit:
5 Denn in Georges Kleidung und im Fell des Hundes
6 hingen überall die hartnäckigen Kletten
7 mit ihren Widerhaken.

8 Auch an einem Tag im Jahr 1948 musste
9 Georges de Mestral mühsam die Kletten vom Fell und
10 von der Kleidung absammeln. Aber an diesem Tag
11 kam er auf eine Idee …

[1] **Georges de Mestral:** (sprich: schorch de mestrall)

eine Klette

ein Klettverschluss

**Georges de Mestral hat etwas erfunden.**

**1** a. Sieh dir die Bilder an und lies die Bildunterschriften.
 b. Was hat der Wissenschaftler erfunden?
   Schreibe einen Satz auf.
 c. Wie kam Georges de Mestral auf diese Idee?
   Schreibe Sätze auf.

➡️ Die Kletten hingen fest in der Kleidung und im Fell …

 12 Heute finden wir überall Klettverschlüsse: an Schuhen,
13 an Rucksäcken und Taschen oder an Kabeln vom Laptop.
14 Klettverschlüsse lassen sich immer wieder verwenden.
15 Sie sind sehr stabil und gleichzeitig einfach zu benutzen.

**2** Wo finden wir heute überall Klettverschlüsse?

a. Lies den Text. Schreibe Stichworte auf.
b. Fallen dir weitere Beispiele ein? Schreibe sie auf.

→ Stichworte aufschreiben:
Seite 288

**Auch der Ahornsamen ist Vorbild für eine Erfindung.**

**3** Lies den Text. Wende die Schritte vom Textknacker an.  → Textknacker: Seite 283

 **Der Flug des Ahornsamens**

1 Der Ahornsamen besteht aus den Flügeln und
2 einem Kern. In dem Kern befindet sich
3 der eigentliche Samen. Wenn sich der Samen
4 vom Baum löst, fällt er durch sein Gewicht zunächst
5 im Sturzflug nach unten.

6 Aber dann werden die Flügel von einem Luftzug erfasst.
7 Der Samen dreht sich um die eigene Achse. Dabei
8 entsteht eine Fläche mit erhöhtem Luftwiderstand[1].
9 Der Wind kann jetzt den Ahornsamen tragen.

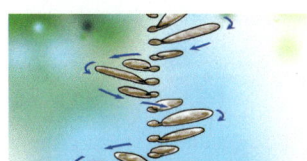

10 Der Wind erzeugt einen Auftrieb und bremst
11 den Sturzflug ab. Der Samen verändert
12 die Flugbewegung. Wie eine Spirale
13 schwebt er jetzt langsam zu Boden.

[1] **der Luftwiderstand:** eine Kraft, die den Samen in seinem Fall bremst

 **4** Warum stürzt der Ahornsamen nicht zu Boden?
Schreibe Stichworte auf.

→ Stichworte aufschreiben: Seite 288

**Der Ahornsamen ist Vorbild für die Propeller von Hubschraubern.**

 **5** a. Welche Ähnlichkeiten gibt es zwischen dem Ahornsamen und dem Propeller?
b. Wie funktioniert ein Propeller?
**Tipp:** Lest noch einmal Absatz 2.

der Hubschrauber –
der Kern,
⟩⟩⟩ die Flügel –
der Propeller,
wie eine Spirale …

# Einen Sachtext mit dem Textknacker lesen

**Wissenschaftler, die nach Vorbildern in der Natur suchen,**
**nennt man Bioniker. Der folgende Sachtext informiert darüber,**
**wie Bioniker für ihre Erfindungen Vorbilder aus der Natur nutzen.**

**1. Schritt: Vor dem Lesen**

**1** a. Sieh dir die Bilder an.
b. Lies die Überschrift.
c. Worum könnte es in dem Sachtext gehen?
Vermute.

**2. Schritt: Das erste Lesen**

**2** a. Zähle die Absätze.
b. Lies die hervorgehobenen Schlüsselwörter.
c. Überprüfe deine Vermutung von Aufgabe 1c.

**3. Schritt: Den Text genau lesen**

**3** Lies den ganzen Text – Absatz für Absatz.

## Wie Haie, Kletten, Libellen und Lotosblumen

1 Jemand, der erfolgreich ist, wird gern zum Vorbild
2 genommen. Aber es gibt nicht nur Menschen, sondern
3 auch Pflanzen und Tiere, die besonders erfolgreich sind.
4 Wissenschaftler erforschen, was das Geheimnis
5 ihres Erfolgs ist. So wurden auch Haie, Kletten, Libellen
6 und Lotosblumen zu Vorbildern.

7 Die Wissenschaft, die nach Vorbildern in der Natur sucht,
8 heißt Bionik. Bioniker suchen zum Beispiel
9 bei den Haien nach Modellen[1], die sie für die Technik
10 nutzen können. So können sie Technik verbessern
11 oder neue Techniken entwickeln.

[1] **das Modell:** die Vorlage, das Vorbild

12 Haie sind sehr schnelle Schwimmer.

13 Forscher fanden heraus, dass sich auf ihrer Haut

14 viele kleine Zähne befinden. Man nennt sie Riblets[2].

15 Die Riblets sind so geformt,

16 dass das Wasser an ihnen vorbeiströmt.

17 Beim Schwimmen bilden sich zwischen den Riblets

18 viele kleine Wasserwirbel. Deswegen kann der Hai

19 mit einem sehr geringen Wasserwiderstand[3] schwimmen.

20 So kamen die Forscher auf eine Idee:

21 Sie wollten die Haihaut auf neuen Schwimmanzügen

22 nachahmen. Schwimmer, die diese Schwimmanzüge

23 trugen, konnten neue Weltrekorde aufstellen.

24 Oberflächen, zum Beispiel Hauswände, sind nach Regen

25 oft dreckig. Denn wenn das Regenwasser trocknet,

26 hinterlässt es Schmutzflecken.

27 Forscher fanden zur Lösung dieses Problems ein Vorbild

28 in der Natur: die Lotosblume. Die Blume wächst

29 in schlammigen Teichen, die Blätter sind aber

30 nie schmutzig. Auf den Blättern der Lotosblume

31 befinden sich nämlich winzige Wachskristalle,

32 die wie Noppen aussehen. Die Noppen bewirken,

33 dass der Schmutz im Teich das Blatt nur wenig berührt.

34 Außerdem bewirken die Noppen, dass Wassertropfen

35 von dem Blatt abperlen. Dabei spülen

36 die Wassertropfen den Schmutz weg.

37 Forscher haben die Struktur von den Blättern

38 nachgebildet. Sie nennen diese Struktur Lotus-Effekt[4].

39 Man setzt den Lotus-Effekt heute in vielen Bereichen ein:

40 Es gibt Wandfarbe, die Wasser und Schmutz

41 von Hauswänden abperlen lässt. Man hat auch

42 ein Spray entwickelt, das man zum Beispiel

43 auf Dachziegel aufsprühen kann.

[2] **die Riblets:** kleine Rippen
[3] **der Wasserwiderstand:** die Kraft, die beim Schwimmen bremst
[4] **Lotus-Effekt:** schreibt man mit **u**, obwohl die Pflanze **Lotos** heißt

44 Die Klette wendet einen Trick an, um ihre Samen
45 zu verteilen. Wenn ein Tier die Pflanze berührt,
46 heften sich die Früchte der Klette an das Fell.
47 Daraus entstand die Idee für den Klettverschluss.
48 Er besteht aus vielen winzigen Häkchen,
49 so wie die Oberfläche der Klette. Es gibt aber
50 ein Problem: Wenn die Häkchen verschmutzt sind,
51 funktioniert der Verschluss nicht mehr.

52 Aber dann entdeckten Forscher, dass auch Libellen
53 eine Art Klettverschluss benutzen: Ihr Kopf ist
54 sehr schwer. Sie müssen ihn an ihrer Brust befestigen.
55 Deswegen haben sie am Kopf und an der Brust
56 feine Härchen. Die Härchen verhaken sich ineinander
57 und halten so den Kopf gerade.

58 Forscher kamen auf die Idee, zwei verschiedene Bänder
59 für den Klettverschluss zu entwickeln. Das eine Band
60 hat viele kleine Häkchen, das andere hat viele Schlaufen.
61 Wenn man beide Bänder aufeinanderdrückt, haften sie
62 fest. Man kann sie aber wieder lösen. Es gibt also
63 in der Natur zwei Vorbilder für den Klettverschluss.

64 Es gibt bestimmt noch viele andere Vorbilder
65 in der Natur, die man noch nicht entdeckt hat.
66 Bioniker erforschen die Pflanzen und Tiere weiter.
67 Sie möchten die besonderen Techniken nützlich machen.
68 Das ist eine große Herausforderung.

**Der Sachtext besteht aus 10 Absätzen.**
**Bei den Absätzen stehen Bilder.**

 **4** **a.** Sieh dir noch einmal die Bilder an.
**b.** Schreibe auf, was du siehst.

> Bild 1: Ein Hai schwimmt im Meer.
> Bild 2: ...

W ✎ **5** a. Lies jeden Absatz noch einmal genau.

b. Finde für jeden Absatz eine passende Überschrift.
 • Wähle Überschriften aus.
 • Oder überlege dir selbst Überschriften.

c. • Schreibe zu jedem Absatz die Überschrift auf.
 • Schreibe zu jedem Absatz die Schlüsselwörter auf.

| Die Lotosblume | Verbesserung von Klettverschlüssen |

| Vorbild Natur | Der Wissenschaftszweig Bionik |

| Die Häkchen der Klette | Die Haihaut |

| Die Forschung geht weiter | Klettverschlüsse bei Libellen |

| Haihaut als Vorbild für Schwimmanzüge | Der Lotus-Effekt |

➡ 1. Absatz: Vorbild Natur
erfolgreich, Vorbild, auch Pflanzen …

**Manche Texte sind schwer zu verstehen.**
**Sie enthalten unbekannte Wörter.**

 **6** Welche Wörter werden unten auf Seite 32 und 33 erklärt?
Schreibe die Wörter und ihre Bedeutung auf.

**Du hast den Text Absatz für Absatz gelesen.**
**Jetzt kannst du deine Klasse informieren.**

 **4. Schritt: Nach dem Lesen**

W ✎ **7** Wie nutzen Techniker für ihre Erfindungen
Vorbilder aus der Natur?
Wähle aus:
 • Schreibe einen informierenden Text.
 • Oder bereite einen Kurzvortrag vor und halte ihn.
  **Tipp:** Hilfen für den Kurzvortrag erhältst du
      auf Seite 38 und 39.

## z Einen Kurzvortrag vorbereiten und halten

**Wie nutzen Techniker für ihre Erfindungen
Vorbilder aus der Natur?
Diese Frage kannst du in einem Kurzvortrag beantworten.**

W **1** Welche Vorbilder aus der Natur möchtest du vorstellen?
Wähle aus:
- Möchtest du den Hai und die Lotosblume vorstellen?    → Zeile 12–43
- Oder möchtest du die Lotosblume
  und die Klette vorstellen?    → Zeile 24–63

**2** Was hast du über diese Vorbilder erfahren?
Beantworte die folgenden Fragen in Stichworten.
Schreibe auf Karteikarten.
**Tipp:** Lege für jedes Vorbild eine Karteikarte an.
- Welche besondere Eigenschaft hat das Vorbild
  aus der Natur?
- Wofür können Menschen diese Eigenschaft nutzen?
- Was haben die Forscher entwickelt?
- Wie ahmen Forscher diese Eigenschaft nach?

**3** a. Nummeriere die Karteikarten in der richtigen Reihenfolge.
b. Markiere die wichtigen Wörter farbig.

**4** Was sagst du am Anfang?

a. Überlege dir eine spannende Einleitung.
b. Schreibe deine Einleitung auf eine Karteikarte.

*Am Anfang:*
*Kurzvortrag über ...*

**5** Was sagst du zum Schluss?

a. Finde einen abschließenden Satz.
  - Was hat dich am meisten erstaunt?
  - Was könnte man noch genauer erforschen?
b. Schreibe deinen Schluss auf eine Karteikarte.

*Zum Schluss:*

**Du kannst zu deinem Kurzvortrag ein Schaubild gestalten.**

→ Ein Schaubild gestalten: Seite 294

 **6** Überlege, welche Informationen du präsentieren möchtest.

    **a.** Wähle Informationen von deinen Karteikarten aus.
    **b.** Finde passende Bilder.
    **c.** Finde eine passende Überschrift.

 **7**  **a.** Öffne ein Präsentationsprogramm am Computer.
    **b.** Schreibe die Überschrift.
    **c.** Schreibe darunter wichtige Informationen in Stichworten.
    **d.** Gestalte das Schaubild:
       • Verwende unterschiedliche Schriftgrößen.
       • Hebe wichtige Informationen hervor.
       • Ergänze passende Bilder.

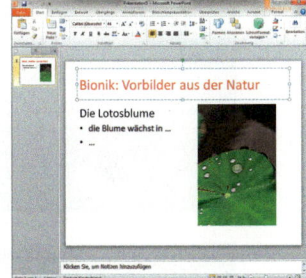

**Bereite dich gut auf deinen Kurzvortrag vor.**
**Das macht dich sicherer.**

 **8** Übe deinen Kurzvortrag allein oder mit einer Partnerin / einem Partner.
Beachtet dabei die Arbeitstechnik **Frei vortragen**.

→ Frei vortragen: Seite 293

**9** Halte deinen Vortrag.
Präsentiere auch dein Schaubild.
Beachte dabei die Arbeitstechnik
**Ein Schaubild präsentieren**.

---

### ⚙️ Arbeitstechnik

**Ein Schaubild präsentieren**

• **Ich stelle mich** so hin, dass ich das **Schaubild nicht verdecke**.
• Ich **spreche frei**.
• Ich spreche **langsam** und **deutlich**.
• Ich **erkläre** mein **Schaubild**.
• Ich **zeige** an passenden Stellen **auf das Schaubild**.
• Ich **beantworte Fragen** aus der Klasse.

# Mich und andere informieren

**1** Lies den Text. Wende die Schritte vom Textknacker an. → Textknacker: Seite 283

## 📖 Nachmachen! – Leichter gesagt als getan

1 Es kann auch Probleme geben, wenn man Vorbilder
2 aus der Natur in der Technik nutzen will.

3 Die Riblet-Struktur[1] der Haihaut ist nicht nur
4 für Schwimmanzüge interessant, sondern auch
5 für Flugzeuge. Man hat eine besondere Folie
6 entwickelt. Sie hat eine ähnliche Oberfläche
7 wie die Haihaut. Flugzeuge sollen damit
8 schneller fliegen. Außerdem verbrauchen sie auch
9 weniger Treibstoff. Aber warum fliegen die Flugzeuge
10 heute immer noch ohne diese Folie?

11 Es gibt Probleme: Leider klebt die Folie nicht fest genug.
12 Und bei Sicherheitskontrollen an den Flugzeugen
13 muss man die Folie jedes Mal abnehmen,
14 damit man auch das Material des Flugzeugs
15 prüfen kann. Danach muss man sie wieder anbringen.
16 Das kostet viel Zeit.

17 Techniker versuchen nun, die Riblet-Struktur
18 auf Flugzeuge zu lackieren. Noch sind also
19 weitere Forschungen nötig.
20 Erst dann können die Fluggesellschaften
21 das Vorbild aus der Natur wirklich nutzen.

[1] **die Riblet-Struktur:** eine Oberfläche, die aus vielen kleinen Rippen besteht

W 👥 **2** Welche Probleme kann es geben,
wenn man Techniken aus der Natur nutzen will?
- Schreibt einen kurzen Informationstext.
- Oder bereitet einen Kurzvortrag vor.
**Tipp:** Ihr könnt auch ein Schaubild gestalten.

→ Einen Kurzvortrag vorbereiten und ein Schaubild gestalten: Seite 38–39

# Im Lexikon nachschlagen

**Beim Nachschlagen im Lexikon helfen dir die Seitenleitwörter oben auf den Seiten. Sie geben das erste und das letzte Wort auf einer Lexikonseite an.**

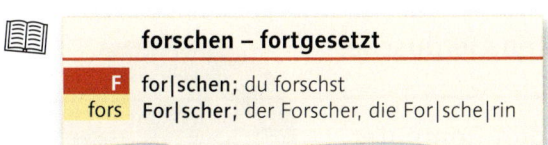

**forschen – fortgesetzt**

> **F** for|schen; du forschst
> **fors** For|scher; der Forscher, die For|sche|rin

**Das sind Seitenleitwörter aus verschiedenen Lexika:**

Biograf bis Bischof
Biotreibstoff bis Bit
Biologie bis Biotechnik

**1** Zwischen welchen Seitenleitwörtern findest du
das Wort **Bionik**?
Schreibe die passenden Seitenleitwörter auf.
**Tipp:** Es gibt mehrere Möglichkeiten.

**2** Welche Wörter stehen vor **Bionik**, welche danach?
Ordne die Wörter nach dem Abc. Schreibe sie auf.

der Biomüll, bionisch, der Biomotor, biometrisch, die Bionik

**So wird das Wort Bionik im Lexikon erklärt:**

> **Bi|o|nik** ein Kurzwort aus den Wörtern → Biologie und → Technik;
> die Wissenschaft, die nach Vorbildern aus der Natur sucht,
> um technische Probleme zu lösen; erforscht Besonderheiten
> der Lebewesen und ahmt diese in der Technik nach.

**3** Was bedeutet das Wort **Bionik**?

a. Lies den Lexikonartikel.
b. Schreibe wichtige Schlüsselwörter auf.
c. Beantworte die folgenden Fragen in Sätzen:
  • Aus welchen Wörtern besteht das Wort **Bionik**?
  • Wonach sucht die **Bionik**?
  • Was tut die **Bionik**?

# Flügel im Computer?

**Auch Bauteile im Computer haben Vorbilder aus der Natur.**

**1** Lies den Text. Wende die Schritte vom Textknacker an.   → Textknacker: Seite 283

1 Wer am Computer arbeitet, kennt die lauten Geräusche.
2 Daran sind die Lüfter im Computer schuld.
3 Man nennt sie Ventilatoren. Sie schützen den Computer
4 vor Überhitzung.

5 Ein Ventilator ist also wichtig für die Kühlung.
6 Er besteht aus einem Rotor[1] mit Rotorblättern.
7 Die Rotorblätter wirbeln die Luft umher und kühlen sie.
8 Dadurch entstehen die störenden Geräusche.

9 Für die Lösung des Problems gibt es ein Vorbild
10 in der Natur: Greifvögel. Der rote Milan ist
11 ein Greifvogel. Er kann sich lautlos durch die Luft
12 bewegen, weil seine Flügel eine besondere Form haben.
13 Sie sind an den Enden gefingert und nicht glatt. So
14 bilden sich keine Luftwirbel und es gibt keine Geräusche.

15 Diesen Effekt nutzten die Techniker. Sie entwickelten
16 einen neuen Rotor, den Schlaufenrotor. Er hat Schlaufen
17 statt Rotorblätter. Die Schlaufen verhindern
18 die Luftwirbel wie die Flügel der Greifvögel.
19 Schlaufenrotoren sorgen dafür,
20 dass die Computer leiser sind.

[1] **der Rotor:** der Teil an Maschinen, der sich dreht

Rotorblätter am Ventilator

Roter Milan

Schlaufenrotor
am Ventilator

**In diesem Text kommen schwierige Fachwörter vor.
Du kannst dir manche Wörter durch Bilder erklären.**

**2** Das Wort **Rotorblatt** wird durch ein Bild erklärt.

   a. Sieh dir noch einmal Bild 1 an.
   b. Lies noch einmal Absatz 2.
   c. Erkläre das Wort mit Hilfe des Bildes.
     Schreibe Sätze auf.

ein Teil von einem
Ventilator,
⟩⟩⟩ Luft umherwirbeln,
Luft kühlen,
Geräusche machen …

**Du findest die Erklärung von manchen Wörtern unter dem Text.**

 **3** Das Wort **Rotor** wird unter dem Text erklärt.

  **a.** Lies die Erklärung.
  **b.** Erkläre das Wort. Schreibe einen Satz.

**Du findest die Erklärung von manchen Wörtern im Text.**

 **4** Das Wort **Schlaufenrotor** wird im Text erklärt.

  **a.** Lies noch einmal Zeile 15 bis 20.
  **b.** Finde den Satz, in dem das Wort **Schlaufenrotor** erklärt wird.
  **c.** Schreibe das Wort mit der Erklärung auf.

**Du kannst manche Wörter im Lexikon nachschlagen.**

**Ventilator,** der, von lateinisch ventilare, Wind erzeugen, eine Maschine, die mit Hilfe eines Rotors Luft absaugt oder bewegt. Man bezeichnet sie auch als Lüfter. Stärkere Ventilatoren nennt man Gebläse. Sie werden z. B. in der Bauwirtschaft zum Trocknen eingesetzt. Auch Klimaanlagen arbeiten mit Gebläsen.

 **5** **a.** Lies den Lexikonartikel zu dem Wort **Ventilator**.
  **b.** Lies noch einmal die Sätze auf Seite 42, in denen das Wort **Ventilator** vorkommt.
  **c.** Was weißt du nun über Ventilatoren? Schreibe Sätze auf.

⚙ **Arbeitstechnik**

**Fachwörter erschließen**

- Ich erkläre mir manche Wörter **durch Bilder**.
- Ich finde die Erklärung von manchen Wörtern **unter dem Text**.
- Ich finde die Erklärung von manchen Wörtern **im Text**.
- Ich kann nach **verwandten Wörtern** suchen, die ich kenne.
- Ich schlage manche Wörter **im Lexikon** nach.

# Training: Einen Sachtext mit dem Textknacker lesen

**Der folgende Sachtext informiert darüber, wie ein Termitenbau zum Vorbild für eine moderne Bauweise wurde.**

**1** Lies den Text. Wende die Schritte vom Textknacker an. → Textknacker: Seite 283

**1. Schritt: Vor dem Lesen**

**2. Schritt: Das erste Lesen**

**3. Schritt: Den Text genau lesen**

›››**1.** die Bilder
die Überschrift

**2.** die Absätze
die Schlüsselwörter

**3.** der ganze Text

## 📖 Tierische und menschliche Baumeister

1  Das Eastgate Centre[1] in Harare[2] ist ein Bürogebäude.
2  In dem Gebäude arbeiten Menschen.
3  Ein Termitenhügel besteht aus Erde und Pflanzenteilen.
4  Dort leben und brüten[3] Termiten. Man denkt,
5  dass die Bauwerke nicht viel gemeinsam haben.
6  Trotzdem gibt es viele Ähnlichkeiten
7  zwischen den Bauwerken.

8  Termiten sind Insekten. Sie werden 2 bis 20 Millimeter
9  lang und leben in Gruppen, die man Staaten nennt.
10 Eine besondere Termitenart lebt in der Elfenbeinküste[4].
11 Sie vollbringt fast Wunder: Die Termiten bauen
12 riesige Hügel, die bis zu acht Meter hoch sind.
13 Dort wohnen manchmal mehrere Millionen Termiten.

[1] **Eastgate Centre:** [sprich: ihstgäit senter]
[2] **Harare:** die Hauptstadt des afrikanischen Staates Simbabwe
[3] **Termiten brüten:** Die Termiten ziehen ihren Nachwuchs auf.
[4] **die Elfenbeinküste:** ein Staat in Westafrika

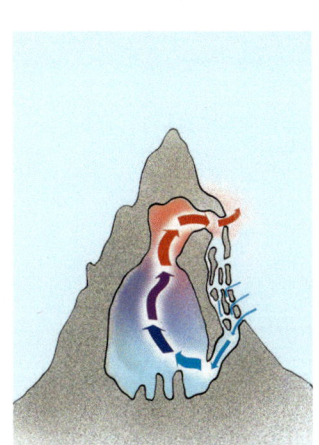

14 Termiten mögen eine Temperatur
15 von 30 Grad Celsius. Wenn es draußen wärmer
16 oder kälter ist, herrscht im Termitenhügel
17 fast immer diese Temperatur. Das liegt
18 an der besonderen Bauweise: Die Außenwände haben
19 kleine Öffnungen. So gelangt immer frische Luft
20 in den Bau. Drinnen wird die Luft warm und steigt
21 durch einen Zentralschacht⁵ nach oben. Von unten
22 kommt frische Luft nach. Sie drückt die warme Luft
23 in seitliche Schächte. Es entsteht ein Kreislauf
24 mit einem ständigen Luftstrom. Deswegen wird es
25 tagsüber im Termitenhügel nicht zu heiß.
26 Am Tag speichern die Wände des Hügels die Wärme
27 der Sonne. Und nachts geben die Wände die Wärme
28 nach innen ab. So bleibt die Temperatur im Hügel
29 auch nachts bei etwa 30 Grad Celsius.

30 Auch im Eastgate Centre in Harare sind die Temperaturen
31 angenehm. Sie liegen bei 23 bis 25 Grad Celsius,
32 obwohl es draußen tagsüber 40 Grad Celsius
33 und nachts 0 Grad Celsius werden kann.
34 Das Vorbild ist die Bauweise der Termitenhügel.
35 Man braucht so keine Klimaanlage und spart Energie.

36 Das Eastgate Centre besteht aus zwei hohen Gebäuden.
37 Zwischen den Gebäuden gibt es ein Atrium. Das ist
38 ein Innenhof mit einem Glasdach. Viele Pflanzen sorgen
39 dort für kühle Luft. Ventilatoren saugen die kühle Luft
40 aus dem Atrium in die Stockwerke. Wie im Termitenbau
41 gibt es einen Zentralschacht. Dort strömt die warme Luft
42 nach oben und entweicht durch den Schornstein.
43 Neue, kühle Luft strömt nach. Es entsteht ein Kreislauf
44 mit einem ständigen Luftstrom,
45 wie in einem Termitenhügel. Die Betonwände
46 werden tagsüber von der Sonne erhitzt und kühlen
47 nachts ab. Morgens sind die Wände wieder kühl
48 und entziehen den Räumen tagsüber Wärme.

⁵ der Zentralschacht: ein großer Schacht in der Mitte von dem Bau

**Der Sachtext besteht aus 5 Absätzen.**
**Was in einem Absatz steht, gehört inhaltlich zusammen.**

 **2** **a.** Lies jeden Absatz noch einmal genau.
**b.** Finde für jeden Absatz eine passende Überschrift.
• Wähle Überschriften aus.
• Oder überlege dir selbst Überschriften.
**c.** • Schreibe zu jedem Absatz die Überschrift auf.
• Schreibe zu jedem Absatz die Schlüsselwörter auf.

> Der riesige Termitenhügel    Bauwerke von Menschen und Tieren

> Frische Luft im Eastgate Centre    Frische Luft im Termitenhügel

> Die Temperaturen im Eastgate Centre

>  1. Absatz: Bauwerke von Menschen und Tieren
> Eastgate Centre, Harare ...

**Manche Texte sind schwer zu verstehen.**
**Sie enthalten unbekannte Wörter.**

 **3** Manche Wörter werden unter dem Text erklärt.

**a.** Lies die Erklärungen von den Wörtern auf Seite 46 und 47.
**b.** Schreibe die Wörter mit den Erklärungen auf.

  **4** Die Wörter **Termiten** und **Atrium** werden im Text erklärt.

**a.** Lies noch einmal Absatz 2 und 5.
Finde die Erklärungen für die Wörter **Termiten** und **Atrium**.
**b.** Schreibe die Wörter mit den Erklärungen auf.

**Zum Sachtext gehören auch zwei Fotos und eine Grafik.**
**Sie erklären einige Textstellen genauer.**

**5** **a.** Sieh dir noch einmal die Fotos und die Grafik
auf den Seiten 46-47 an.
**b.** Welche Textstellen erklären die Fotos und
die Grafik genauer?
 **c.** Schreibe die Textstellen auf.

> der Termitenhügel,
> das Eastgate-Centre
>
> Außenwände mit
> Öffnungen,
> ⟩⟩⟩ ein Zentralschacht,
> frische Luft ...

**Jetzt kannst du erklären, wie das angenehme Klima im Eastgate Centre entsteht.**

**4. Schritt: Nach dem Lesen**

 **6** Erkläre, wie das angenehme Klima entsteht. Ergänze.
**Tipp:** Deine Ergebnisse von Aufgabe 2 bis 5 helfen dir.

Zwischen den beiden Gebäuden vom Eastgate Centre
gibt es einen Innenhof mit einem ░░░.
Man nennt den Innenhof ░░░.
Aus dem Atrium strömt ░░░ in die Stockwerke
der Gebäude ein. Dabei helfen ░░░.
Durch einen ░░░ in den Gebäuden strömt die ░░░
aus den Gebäuden.
Deshalb herrschen im Eastgate Centre immer
angenehme ░░░.
Das Vorbild ist die Bauweise der ░░░.

>>> kühle Luft
warme Luft
Temperaturen
Glasdach
Zentralschacht
Termitenhügel
Atrium
Ventilatoren

**Du kannst dazu auch ein Schaubild zeichnen.**

 **7** **a.** Sieh dir noch einmal die Grafik auf Seite 47 an.
**b.** Zeichne eine Skizze des Termitenhügels.
**Tipp:** Zeichne die kühle Luft mit blauer Farbe und
die warme Luft mit roter Farbe.

 **8** Beschrifte deine Skizze.
Diese Fragen helfen dir:
• Wo strömt frische Luft zu?
• Wohin bewegt sich die Luft?
• Wo strömt die Luft wieder aus?

>>> kleine Öffnungen
die frische Luft
ein Zentralschacht
der Kreislauf

# Magische Orte[1]

[1] magische Orte: verzauberte Orte

anziehend[2]

magisch

wunderbar

rätselhaft

geheimnisvoll     unerklärlich[3]

N W O S

[2] **anziehend:** interessant
[3] **unerklärlich:** Man kann etwas nicht erklären.

1
• Was seht ihr auf den Bildern?
• Worüber wundert ihr euch?
• Was erscheint euch magisch?

》》》 ein großes, altes Haus,
eine alte Stadt
unter Wasser,
eine offene Schranktür,
ein Wald im Winter,
ein altes Tor,
ein goldener Stein,
ein goldener Turm

💬 **2** • An welchen Orten wärt ihr gern? Warum?
• An welchen Orten möchtet ihr lieber nicht sein?
  Warum nicht?

**Dieses Kapitel führt euch an magische Orte.**
**Ihr lest Geschichten und schreibt selbst dazu.**
**Eure Fantasie und eure Ideen sind dabei gefragt.**

# Magische Orte in Bildern und Geschichten

**Manche Orte wirken geheimnisvoll.**
**Was könnte hier passieren?**

Eine Stadt im Meer …

Eine Treppe ins Meer …

 **1** **a.** Beschreibt die Bilder.
    **b.** Überlegt:
      • Was ist magisch an diesem Ort?
      • Was könnte hier passieren?
    **c.** Sammelt Ideen in einem Cluster.

Ein Mann aus Stein …

Man findet einen Schatz.

…

Der Mann aus Stein spricht.

**eine versunkene Stadt**

Eine Treppe führt ins Meer.

…

Schrift verschwindet plötzlich.

**2** Tauscht euch über eure Cluster aus.
    **Tipp:** Ihr könnt auch Karten mit euren Ideen beschriften
      und sie an die Tafel heften.

**Was erlebt Alice in dieser Geschichte? Lies selbst.**

## 📖 Alice hinter den Spiegeln   nach Lewis Carroll

1 Alice nahm ihre Katze auf den Arm und stellte sich
2 vor den Spiegel im Wohnzimmer. „Mieze, hör zu,
3 wie ich mir das Haus hinter dem Spiegel vorstelle.
4 Das Zimmer, das du hinter dem Glas siehst,
5 ist das Wohnzimmer. Eigentlich sieht es dort aus
6 wie in unserem Wohnzimmer."

7 Alice sah ihre Katze an: „Mieze, würdest du gern
8 im Haus hinter dem Spiegel leben? Ach, ich würde
9 so gerne hinübergehen können!"
10 Da geschah plötzlich etwas Seltsames:
11 Das harte Spiegelglas verwandelte sich
12 in einen weichen Nebel. Und bevor Alice
13 sich wundern konnte, war sie auch schon
14 durch den Spiegel geschlüpft.

15 Alice sah sich langsam um. Einige Dinge sahen aus
16 wie in ihrem Wohnzimmer. Aber vieles sah
17 ganz anders aus. Da war eine Uhr, die hatte
18 kein Ziffernblatt, sondern ein Gesicht. Und das Gesicht
19 lächelte sie an. Die Schachfiguren im Haus
20 hinter dem Spiegel waren auch anders
21 als in ihrem Wohnzimmer. Sie waren lebendig
22 und bewegten sich. Dann sprachen sie Alice an.

**3** Was erlebt Alice?
Erzähle die Geschichte mündlich nach.

➜ Mündlich nacherzählen:
Seite 289

**4** Was könnte Alice in dem Haus hinter dem Spiegel
noch sehen und erleben?
• Zeichne einen Spiegel.
• Schreibe deine Ideen hinein.

55

# Ein magischer Ort in einem Jugendbuch

In der folgenden Geschichte finden vier Kinder ein neues Zuhause.
Am Anfang wirkt alles ziemlich normal …

**1** Lies den Auszug aus dem Jugendbuch.
Wende die Schritte vom Textknacker an.

→ Textknacker: Seite 283

> **1. Schritt: Vor dem Lesen**
> **2. Schritt: Das erste Lesen**
> **3. Schritt: Den Text genau lesen**

 **Die Chroniken von Narnia**   nach C. S. Lewis

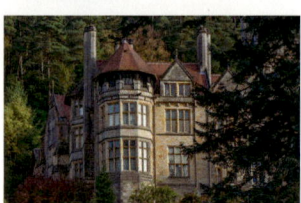

1 Es waren einmal vier Kinder: Peter, Susan, Edmund
2 und Lucy lebten in London. Aber im Zweiten Weltkrieg
3 wurden sie aufs Land in das alte Haus
4 eines Professors geschickt. Diese Geschichte erzählt,
5 welches Abenteuer die Kinder dort erlebten.

6 Der Professor war uralt und hatte
7 struppige, weiße Haare. Die Haare wuchsen ihm überall,
8 auch in seinem Gesicht. Als er am ersten Abend
9 die Tür öffnete und die Kinder begrüßte,
10 fürchtete sich Lucy zuerst ein wenig. Sie war die Jüngste.
11 Ihr Bruder Edmund fand den Professor
12 sehr komisch. Er musste sich das Lachen verkneifen.
13 Aber die Kinder mochten ihn gerne.

14 Später sagten die Kinder dem Professor gute Nacht und
15 gingen nach oben in ihre Zimmer.
16 Peter sagte: „Ich glaube, wir haben Glück gehabt.
17 Wir dürfen hier bestimmt machen, was wir wollen."
18 „Er ist wirklich ein netter alter Mann!", meinte Susan.

 **2** Beantworte die Fragen. Schreibe Stichworte auf.
• Wann spielt die Geschichte?
• Wo spielt die Geschichte?
• Welche Personen kommen in der Geschichte vor?
• Wie finden die Kinder den Professor?

→ Stichworte aufschreiben: Seite 288

📖 **Am nächsten Morgen regnete es draußen.**

19 Nach dem Frühstück mit dem Professor waren die Kinder
20 wieder in ihrem Zimmer. Edmund hatte schlechte Laune,
21 weil es regnete.
22 Susan wollte seine Laune verbessern. „In einer Stunde
23 hört der Regen bestimmt auf. Bis dahin können wir doch
24 Radio hören oder lesen", schlug sie vor.
25 Peter wollte sich lieber das Haus ansehen.

26 Das wollten die Kinder gemeinsam tun.
27 So begannen also ihre Abenteuer.
28 Im Haus warteten lauter Überraschungen.
29 Sie fanden zum Beispiel einen Saal mit Gemälden und
30 einer Ritterrüstung. In mehreren anderen Zimmern
31 standen hunderte von verstaubten Büchern in Regalen.
32 Dann entdeckten die Kinder ein Zimmer,
33 das fast leer war. Nur ein großer Kleiderschrank stand dort.

 **3** Die Kinder sehen sich das Haus an.
• Warum sehen sie sich das Haus an?
• Was entdecken sie alles?
Schreibe Stichworte auf.

→ Stichworte aufschreiben: Seite 288

 📖 **Peter, Susan und Edmund verließen das Zimmer.
Nur Lucy blieb dort. Sie war neugierig, was in dem Schrank war.**

34 Der Schrank war nicht verschlossen. Im Schrank fand
35 Lucy viele Pelzmäntel. Sie liebte Pelzmäntel,
36 weil diese so weich waren. Also stieg Lucy
37 in den Schrank und kuschelte sich
38 zwischen die Mäntel. Sie ging noch weiter in den Schrank
39 und entdeckte hinter den Mänteln noch mehr Mäntel.
40 Hier hinten war es so dunkel, dass sie kaum
41 ihre Hand sehen konnte. Lucy tastete sich vorwärts,
42 damit sie sich nicht den Kopf an der Rückwand stieß.
43 Aber die Rückwand kam und kam nicht.

<sup>44</sup> „Was für ein riesiger Schrank!", dachte Lucy.

<sup>45</sup> Plötzlich knirschte etwas unter ihren Füßen.

<sup>46</sup> „Bestimmt Mottenkugeln", sagte sie sich.

<sup>47</sup> Sie tastete nach dem Boden. Aber sie fühlte nicht mehr

<sup>48</sup> das glatte Holz vom Schrankboden, sondern

<sup>49</sup> etwas Weiches, Kaltes. Sie wunderte sich und ging weiter.

<sup>50</sup> Auf einmal spürte Lucy an ihrem Gesicht etwas Hartes

<sup>51</sup> und Stacheliges. „Seltsam. Das fühlt sich an

<sup>52</sup> wie Baumzweige!", dachte sie. Dann entdeckte sie

<sup>53</sup> weit entfernt einen Lichtschein und merkte,

<sup>54</sup> dass sie mitten in einem Wald stand. Es war Nacht.

<sup>55</sup> Und es war Winter. Schneeflocken fielen herab.

<sup>56</sup> Lucy war ängstlich und neugierig zugleich.

<sup>57</sup> Sie drehte sich um. Zwischen den Bäumen sah sie noch

<sup>58</sup> die offene Schranktür, aus der sie gekommen war.

<sup>59</sup> „Ich kann immer noch zurückgehen",

<sup>60</sup> dachte sie erleichtert. Sie marschierte

<sup>61</sup> auf den Lichtschein zu. Nach etwa zehn Minuten

<sup>62</sup> erreichte sie das Licht. Es war eine Straßenlaterne!

<sup>63</sup> „Warum steht hier denn eine Straßenlaterne?", rief Lucy.

<sup>64</sup> Dann hörte sie das Geräusch von trippelnden Schritten.

<sup>65</sup> Ein eigenartiges Wesen kam zwischen den Bäumen

<sup>66</sup> hervor und auf die Laterne zu.

W ✐ **4** Was erlebte Lucy?

a. Finde passende Überschriften für die Absätze 6 bis 9.
  • Wähle Überschriften aus.
  • Oder überlege dir selbst Überschriften.
b. • Schreibe zu jedem Absatz die Überschrift auf.
  • Schreibe zu jedem Absatz die Schlüsselwörter auf.

| | |
|---|---|
| Lucy stand in einem Wald | Es knirschte unter den Füßen |
| Ein eigenartiges Wesen | Lucy stieg in den Schrank |

➡ Absatz 6: Lucy stieg in den Schrank
Schrank nicht verschlossen …

# Einen Auszug aus dem Jugendbuch weiterschreiben

**Was könnte Lucy in dem geheimnisvollen Wald erleben?
Du kannst die Geschichte über Lucy weiterschreiben.**

### 1. Schritt: Vor dem Schreiben

**1** Lucy sieht in dem Wald ein eigenartiges Wesen.
Wie könnte die Geschichte dann weitergehen?

   **a.** Sammle Ideen.
     • Wen traf Lucy in dem Wald?
     • Was entdeckte Lucy in dem Wald?
     • Was sagte und dachte Lucy?
     • Was fühlte Lucy dabei?
     • Was passierte zum Schluss?
   **b.** Schreibe Stichworte auf.

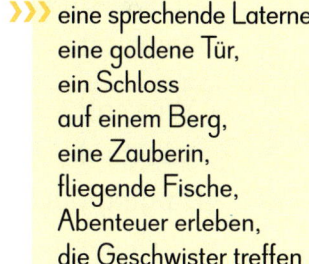

>>> eine sprechende Laterne,
eine goldene Tür,
ein Schloss
auf einem Berg,
eine Zauberin,
fliegende Fische,
Abenteuer erleben,
die Geschwister treffen
…

### 2. Schritt: Beim Schreiben

**2** Schreibe nun die Geschichte weiter.
Verwende deine Stichworte und Sätze aus Aufgabe 1.
**Tipps:** • Formuliere abwechslungsreiche Satzanfänge.
         • Mit Adjektiven kannst du genauer beschreiben.

> Lucy machte vor Überraschung ganz große Augen.
> Plötzlich …
> Dann sagte Lucy: „…

>>> Plötzlich …,
Nun …,
Danach …,
Anschließend …

dunkel, hell, unheimlich,
freundlich, fröhlich,
frech, gefährlich,
ängstlich …

### 3. Schritt: Nach dem Schreiben

**3**  **a.** Kannst du deine Geschichte lesen und verstehen?
    **b.** Überarbeite deine Geschichte.
    **c.** Schreibe eine passende Überschrift auf.

# Eine Geschichte weiterschreiben

**Auf dem Bildschirm von Tobias erscheint ein geheimnisvoller Mann.**

## 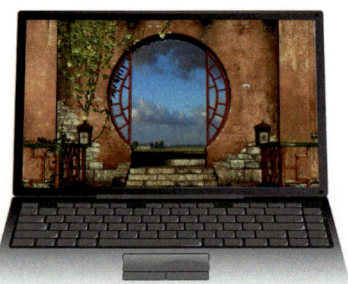 Die @ndere Welt   nach Werner Stengg

1 Tobias starrte auf den Bildschirm. „Angenommen,
2 es gibt dieses Grimmhausen wirklich", sagte er zögernd,
3 „was müsste ich tun, um dort hinzukommen?"
4 „Ganz einfach", antwortete der Alte. „Du tippst
5 auf die Enter-Taste und den Rest überlässt du mir."
6 Tobias sah in die sorgenvollen Augen[1] des Mannes.
7 Da wusste Tobias, dass der Mann die Wahrheit sagte.

8 „Was soll schon passieren!", machte er sich Mut und
9 drückte die Taste. Der Bildschirm wurde dunkel.
10 Da ging auch schon ein heftiges Rucken
11 durch den Drehsessel, auf dem er saß. Erschrocken
12 hielt er sich mit beiden Händen an der Sitzfläche fest.
13 Da begann sich der Sessel im Kreis zu drehen.
14 Zuerst nur langsam, dann schneller. Tobias hielt
15 den Atem an. Im Halbdunkel sah er,
16 wie die ganze Zimmereinrichtung an ihm vorbeiflog:
17 sein Bett, der Kleiderschrank, die Zimmertür, der Computer.
18 Immer rascher drehte er sich im Kreis, bis ihm schwummrig[2]
19 vor den Augen wurde. Inzwischen sah er keine Möbelstücke
20 mehr vor sich: Alles, was er sah, war ein tiefes, dunkles Rot.
21 Da hörte er auch schon eine Stimme hinter sich.
22 „Willkommen in Grimmhausen!"

[1] **die sorgenvollen Augen:** Der Mann sah besorgt aus.
[2] **ihm wurde schwummrig:** Tobias wurde schwindelig.

**Plötzlich ist Tobias in Grimmhausen.
Ist Grimmhausen ein magischer Ort?**

 **1** Schreibe die Geschichte weiter.
- Was fühlte Tobias, als er in Grimmhausen ankam?
- Wem begegnete Tobias in Grimmhausen?
- Was erlebte Tobias?

# Mit Adjektiven genauer beschreiben

**Was ist das Besondere an einem Ort, an einem Gegenstand oder an einer Person?**
**Das kannst du mit Adjektiven genauer beschreiben.**

1 Im Wald stand ein *riesiger* Baum.

2 Der Baum war *alt* und seine Äste waren *lang*.

3 Die Äste des Baumes bewegten sich im *kühlen* Wind.

 **1** Was erfährst du über den Baum?

 **Matti hat eine Geschichte über einen magischen Ort geschrieben.**

1 *Ich ging einen Weg entlang.*

2 *Dann gelangte ich an einen Brunnen.*

3 *Neben dem Brunnen war eine Laterne.*

4 *Ich schaute mich um und sah ein Tor.*

5 *Als ich durch das Tor ging, entdeckte ich ...*

 **2** Wie sah es an dem magischen Ort aus?
Beschreibe es genauer.
• Wie war der Weg?
• Wie war der Brunnen?
• Wie war die Laterne?
• Wie war das Tor?
Schreibe die Sätze neu auf.

⟩⟩⟩ düster, schattig,
schön, seltsam,
tief, groß,
klein, hell,
unheimlich, freundlich ...

 Ich ging einen düsteren Weg entlang.
Dann gelangte ich an einen Brunnen.
Er war tief und ...

Z  **3** Was könnte dann geschehen?
Schreibe die Geschichte von Matti weiter.
Verwende dabei passende Adjektive.

# Eine Nachtwanderung im Nebelwald

**Isa und Marko machen eine Nachtwanderung im Nebelwald.
Auf einmal geschehen seltsame Dinge mit der Kleidung von Isa.
Sie ruft:**

Mein Rucksack ist auf einmal lila.

Meine Jacke leuchtet plötzlich!

Warum ist meine Mütze zu groß?

Marko, mein Schal ist so kurz!

 **1** Was ruft Isa?

    a. Schreibe die Sätze ab.
    b. Markiere **mein**, **meine**.

**Isa sieht Marko an. Auch mit der Kleidung von Marko
geschehen seltsame Dinge. Isa sagt zu Marko:**

Dein Rucksack hat auch eine andere Farbe.

Deine Jacke leuchtet auch!

Warum ist deine Mütze zu klein?

Marko, dein Schal ist so lang!

 **2** Was sagt Isa zu Marko?

    a. Schreibe die Sätze ab.
    b. Markiere **dein**, **deine**.

**Dann verschwinden einige Sachen von Isa und Marko.
Marko ruft:**

Unser Handy ist weg!

Ich finde unsere Taschenlampe nicht.

Wo ist unser Kompass?

Ich vermisse unsere Karte vom Wald.

 **3** Was sagt Marko?

    a. Schreibe die Sätze ab.
    b. Markiere **unser**, **unsere**.

> Manche Wörter sagen, **wem etwas gehört**:
> Das ist **mein** Rucksack. Das ist **dein** Rucksack.
> Das ist **unser** Rucksack. Das ist **euer** Rucksack.

**Am nächsten Tag sieht die Kleidung wieder normal aus.
Aber die Sachen sind noch verschwunden.
Sie suchen mit Juri im Wald. Juri sagt:**

Euer Handy liegt neben dem Baum.

Guckt mal, da ist eure Taschenlampe.

Auf dem Boden ist euer Kompass.

Und hier ist eure Karte vom Wald.

 **4** a. Schreibe die Sätze ab.
b. Markiere **euer**, **eure**.

**Isa, Marko und Juri sprechen über die Nachtwanderung.**

 **5** Bilde Sätze. Schreibe sie auf.

| Juri Isa | meint: „Gut, dass wir | eure | Taschenlampe Karte | gefunden haben!" |
|---|---|---|---|---|
| | | unsere | | |
| | | euren | Kompass | |
| | | unseren | | |

| Marko Juri | sagt: ruft: | „Ich vergesse | unser | Abenteuer | nie!" |
|---|---|---|---|---|---|
| | | | euer | | |
| | | „Ihr vergesst | unsere | Nachtwanderung | |
| | | | eure | | |

| Dann fragt Juri: „Hat | euer | Vater | etwas gemerkt?" |
|---|---|---|---|
| | eure | Mutter | |

| Isa Marko | antwortet: „Nein. | Unser | Vater | hat geschlafen." |
|---|---|---|---|---|
| | | Unsere | Mutter | |

# Training: Texte am Computer überarbeiten

## Eigene Geschichten überarbeiten

**Tanja hat die Geschichte über Lucy weitergeschrieben. Sie möchte ihre Geschichte am Computer überarbeiten.**

**Der Computer zeigt Fehler an und er macht Vorschläge für die richtige Schreibung.**

 **Rote Wellenlinien zeigen Rechtschreibfehler an.**

Der Schnee riselte auf Lucys Haare.

> rieselte
> kriselte
> rieselten
> rieseltet
> Ignorieren

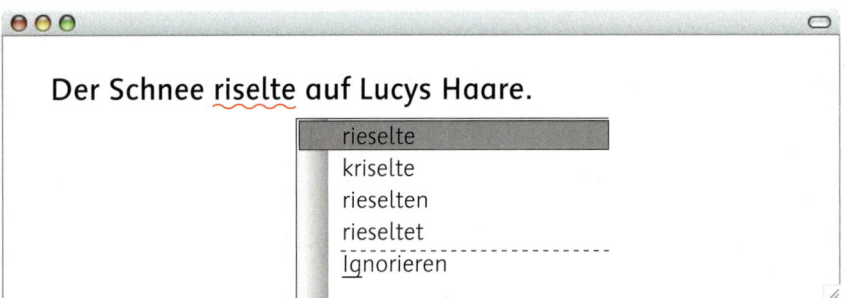

Achtung: Fehler!

1  a. Wähle aus den Vorschlägen die richtige Schreibung aus.
   b. Schreibe den Satz richtig auf.

 **Grüne Wellenlinien zeigen Grammatikfehler an.**

Da begannen die Laterne zu sprechen.

> begann
> Einmal ignorieren
> Grammatik …
> Informationen zu diesem Satz
> Nachschlagen          | ▶

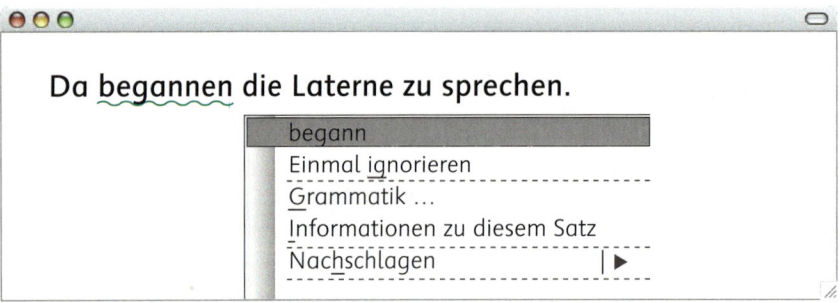

Achtung: Fehler!

2  Schreibe den Satz richtig auf.

 **Du kannst die Geschichte von Tanja am Computer überarbeiten.**

 Achtung: Fehler!

Lucy glaubte nicht an sprechende laternen.

Aber sie täuschtest sich nicht.

Das seltsame Wesen stant stumm daneben.

Es hatte einen sanfte Blick.

Dann sah das Wesen aufmerksamm zu der Laterne hinüber.

 **3** Überarbeite die Sätze mit Hilfe des Computers.
**Tipp:** Beachte dabei die Arbeitstechnik
Texte am Computer überarbeiten.

 **Arbeitstechnik**

**Texte am Computer überarbeiten**

- Ich schreibe die Sätze mit dem Computer ab.
- Ich klicke mit der **rechten Maustaste**
  auf das **markierte Wort** im ersten Satz.
- Ich klicke mit der **linken Maustaste**
  auf die **richtige Schreibung**.
- Ich überarbeite die übrigen markierten Wörter genauso.
- Ich **schlage** das Wort **im Wörterbuch nach**,
  wenn keine Vorschläge für die richtige Schreibung
  gemacht werden.

**Du kannst nun deine eigene Geschichte über Lucy am Computer überarbeiten.**

→ Seite 59

 **4** a. Schreibe deine Geschichte über Lucy
mit dem Computer ab.
b. Korrigiere alle angezeigten Rechtschreibfehler und
Grammatikfehler.
c. Kontrolliere deinen Text mit dem Rechtschreib-Check.

→ Der Rechtschreib-Check: Seite 226–229

# Mein Praktikum

Komm mit!
Begleite uns durchs
Praktikum!

*Vor dem Praktikum:*
*Ich informiere mich.*

Suche | Internet | Bilder | Adressen

**SUMA**
Die SUchMAschine

Praktikumsbörse Schüler      Suchen

💬 **1** Seht euch die Bilder an.
- In welchen Situationen begleitet ihr Olga und Paul?
- Was tun die beiden auf den Bildern?
- Was könnten sie jeweils sagen oder schreiben?

》》》 er/sie informiert sich,
in einer Zeitschrift,
im Internet,
über das Telefon,
er/sie bewirbt sich,
er/sie stellt sich vor

**Für das Praktikum:**
**Ich bewerbe mich.**

**Im Praktikum: Ich gebe alles!**

**2** Was ist wichtig – vor dem Praktikum und im Praktikum?
- Sprecht darüber.
- Macht euch Notizen an der Tafel.
- Tauscht euch über eure eigenen Pläne aus.

>>> sich informieren,
eigene Stärken kennen,
die Höflichkeit,
die Pünktlichkeit,
sorgfältig sein,
zuverlässig sein

**In diesem Kapitel bereitest du dich auf dein Praktikum vor.**
**Du sammelst wichtige Unterlagen in deiner Berufe-Mappe.**

# Vor dem Praktikum: Ich informiere mich

**Olga und Paul überlegen, welches Praktikum zu ihnen passt.**

Verkäuferin fänd ich gut. Aber kann ich das? Ich muss das herausfinden.

Mechatroniker, das wär was. Ich probiere es einfach mal aus. Aber wo?

 **1**
- Worüber denken Olga und Paul nach?
- Wo und wie könnten sich die beiden informieren?

**Für jeden Beruf braucht man besondere Stärken und Fähigkeiten.**

**2**
- Welche Stärken und Fähigkeiten braucht Olga?
- Welche Stärken und Fähigkeiten braucht Paul?

Wähle einen Beruf aus.

Schreibe die Stärken und Fähigkeiten auf. Begründe.

> Kontaktfreude ist für Olga wichtig,
> weil eine Verkäuferin viel mit Kunden sprechen muss. ...
> Technisches Verständnis ist für Paul wichtig, weil ein ...

⟩⟩⟩ Kontaktfreude, Einsatzbereitschaft, technisches Verständnis, Sorgfalt, Genauigkeit, Zuverlässigkeit, Teamfähigkeit, Höflichkeit ...

**Du kannst deine Berufe-Mappe ergänzen.**

 **3** Lege ein **Informationsblatt: Vor dem Praktikum** an.
- Welcher Beruf interessiert dich?
- Wo möchtest du dich über dein Praktikum informieren?
- Welche Stärken und Fähigkeiten hast du?

Schreibe Stichworte auf.

**Tipp:** Schreibe auch Überschriften auf.

⟩⟩⟩ die Geduld, die Kreativität, mehrere Sprachen sprechen, gute Computerkenntnisse haben ...

 Olga hat im Kaufhaus Schlottmann angerufen. Sie hat dort nach einem Praktikumsplatz gefragt. Der Ausbildungsleiter, Herr Kunda, hat sie zu einem Gespräch eingeladen.

Herr Kunda sagt:

① „Guten Morgen, Olga. Was kann ich für dich tun?"

② „In welcher Klasse bist du denn?"

③ „Warum möchtest du dein Praktikum bei uns machen?"

④ „Vielen Dank für dein Interesse an unserem Betrieb.
  Wann findet dein Praktikum statt?"

⑤ „Das ist möglich. Wir brauchen eine schriftliche Bewerbung.
  Kannst du uns deine schriftliche Bewerbung zusenden?"

Olga sagt:

ⓐ „Ich möchte gern Verkäuferin werden und
  ich habe mich über Ihren Betrieb im Netz informiert.
  Ich glaube, dass ein Praktikum bei Ihnen sehr interessant ist."

ⓑ „Guten Morgen, Herr Kunda. Ich möchte fragen,
  ob Sie einen Praktikumsplatz für mich haben."

ⓒ „Ich gehe in die 8. Klasse der Gesamtschule II Paderborn."

ⓓ „Das Praktikum findet vom 2.11.2015 bis zum 20.11.2015 statt."

ⓔ „Die Bewerbung sende ich Ihnen zu.
  Vielen Dank für das Gespräch."

**4** a. Lest die Sätze aus dem Gespräch vor.
 b. Ordnet Olgas Antworten den Fragen von Herrn Kunda zu.
 c. Schreibt das Gespräch auf.

> ① Herr Kunda: „Guten Morgen, Olga. Was kann ich
>   für dich tun?"
> ⓑ Olga: „Guten Morgen, Herr Kunda …

**5** a. Welche Wörter und Wortgruppen
   machen das Gespräch höflich? Markiert.
 b. Spielt das Gespräch mit verteilten Rollen.

**6** Schreibe **ein eigenes Gespräch für deine Berufe-Mappe**.
 **Tipp:** Denke an höfliche Wörter und Wortgruppen.

# Ich bewerbe mich für das Praktikum

**Wie bewirbt man sich richtig?**
**Olga und Paul führen dazu ein Interview**
**mit dem Ausbildungsleiter Herrn Tosun.**

1   Olga:          Guten Tag, Herr Tosun. Danke, dass Sie sich Zeit für uns nehmen.
2   Herr Tosun:    Guten Tag, Olga und Paul. Gern beantworte ich eure Fragen.
3   Paul:          Was gehört denn alles zu einer vollständigen Bewerbung?
4   Herr Tosun:    Zu einer vollständigen Bewerbung gehören ein Anschreiben,
5                  ein tabellarischer[1] Lebenslauf und ein Lichtbild[2].
6                  Und wir möchten eine Kopie vom letzten Zeugnis.
7   Olga:          Wofür möchten Sie eine Kopie vom letzten Zeugnis?
8   Herr Tosun:    Wir möchten schauen, ob jemand Stärken hat in den Fächern,
9                  die man für das Praktikum braucht.
10  Paul:          Können Sie uns ein Beispiel nennen?
11  Herr Tosun:    Klar: Wenn jemand in Mathematik Stärken hat,
12                 liegt ihm oder ihr ein Praktikum bei den technischen Zeichnern.
13                 Wenn man Schwächen hat in Mathematik,
14                 dann würde man dort vermutlich nicht glücklich.
15  Olga:          Was ist bei einer Bewerbung besonders wichtig?
16  Herr Tosun:    Eine fehlerfreie Bewerbung ist mir wichtig. Dann merke ich,
17                 dass du dir Mühe gegeben hast und dass du den Job willst.
18                 Mein Tipp: Lasst auch jemand anderen die Bewerbung überprüfen.
19  Olga:          Danke, das ist ein guter Tipp! Aber was ist noch wichtig?
20  Herr Tosun:    Pünktlichkeit ist auch wichtig. Überlegt euch vor der Bewerbung:
21                 Wie komme ich zum Praktikumsort? Wie viel Zeit brauche ich?
22  Olga und Paul: Vielen Dank für das Gespräch, Herr Tosun.

[1] **tabellarisch:** in Form von einer Tabelle oder einer Liste
[2] **ein Lichtbild:** ein Foto

 **1**  **Was** ist bei einer **Bewerbung wichtig**?
Beantworte die folgenden Fragen für deine Berufe-Mappe.
• Was gehört zu einer vollständigen Bewerbung?
• Weshalb möchten manche Betriebe auch eine Kopie
  vom letzten Zeugnis?
• Warum ist eine fehlerfreie Bewerbung besonders wichtig?
• Was ist noch wichtig?

# Der tabellarische Lebenslauf

**Der tabellarische Lebenslauf gehört
zu einer vollständigen Bewerbung.
Olga hat die Teile von ihrem Lebenslauf abgeschrieben.**

**A**

| | |
|---|---|
| Grundschule: | 2007 – 2011 Grundschule Düsseldorf |
| Gesamtschule: | seit 2011 Gesamtschule II Paderborn |
| Lieblingsfächer: | Deutsch und Kunst |

**B**

Paderborn, 24.05.2015

*Olga Baric*

**C**

| | |
|---|---|
| Sprachkenntnisse: | Deutsch, Englisch und Albanisch |
| Hobbys: | Lesen und Sport |

**D**

| | |
|---|---|
| Name: | Baric |
| Vorname: | Olga |
| Anschrift: | Marktstraße 257 |
| | 33100 Paderborn |
| Telefon: | 052 52/65X X2 10 |
| Geburtsdatum: | 01.02.2001 |
| Geburtsort: | Priština / Kosovo |

 **1** Du kannst die Teile von Olgas Lebenslauf ordnen.

   **a.** Ordne die Teile A bis D in der richtigen Reihenfolge.
      **Tipp:** Die Teilüberschriften vom Rand helfen dir.
   **b.** Schreibe Olgas Lebenslauf
      in der richtigen Reihenfolge auf.

 **2** **a.** Schreibe deinen eigenen **tabellarischen Lebenslauf**.
   **b.** Überprüfe deinen Lebenslauf:
      • Hast du alle Angaben gemacht?
      • Ist alles richtig geschrieben?
      **Tipp:** Lass auch jemand anderen
           den Lebenslauf überprüfen.
   **c.** Überarbeite deinen Lebenslauf.
  **d.** Hefte den Lebenslauf in deine Berufe-Mappe.

**Lebenslauf**
Zur Person

Schulbildung

Besondere Interessen
und Kenntnisse

Datum

Unterschrift

# Das Bewerbungsschreiben

**Paul bewirbt sich mit diesem Schreiben für ein Praktikum.**

der Absender ..........           Paul Lorenzen                                           Paderborn, 28.06.2015 ..........    der Ort, das Datum

Schweigstraße 47
33098 Paderborn
Tel.: 052 51/11 XX 98
E-Mail: plorenzen@mail.de

die Adresse ..........      Autohaus Heise
Bahnhofstraße 48
33102 Paderborn

der Betreff ..........      Bewerbung um eine Praktikumsstelle

die Anrede ..........      Sehr geehrter Herr Heise,

der Textblock .......... 
(1) hiermit bewerbe ich mich bei Ihnen um eine Praktikumsstelle.
(2) Das Schülerbetriebspraktikum findet vom 2.11. bis 20.11.2015 statt.
(3) Zurzeit besuche ich die Klasse 8 c der Gesamtschule II in Paderborn, die ich voraussichtlich im Sommer 2017 mit der Berufsbildungsreife verlassen werde.
(4) In meiner Freizeit repariere ich Fahrräder und Mofas meiner Freunde. Ich helfe auch meinem Vater bei kleineren Reparaturen an unserem PKW.
(5) Über Ihren Betrieb habe ich mich bereits im BIZ informiert und bin neugierig geworden. In einem Praktikum bei Ihnen möchte ich ausprobieren, ob mir der Beruf des Mechatronikers liegt.
(6) Über eine Zusage oder eine Einladung zu einem Gespräch würde ich mich sehr freuen.

der Gruß ..........      Mit freundlichen Grüßen

die Unterschrift ..........      *Paul Lorenzen*

die Anlagen ..........      Anlagen: Lebenslauf, Lichtbild, Kopie vom letzten Zeugnis

**Ein Bewerbungsschreiben hat eine besondere Form.**

 **1**    **a.** Welche Bestandteile gehören zu jedem Bewerbungsschreiben?
            **b.** Schreibt sie in der richtigen Reihenfolge in eine Checkliste.

>  Checkliste: Die Bestandteile eines Bewerbungsschreibens
> der Ort, das Datum

**Bei einem Bewerbungsschreiben ist wichtig, was du schreibst.**

2 Was schreibt Paul im **Textblock** seiner Bewerbung? Ordnet die Überschriften den Textstellen zu.

> die persönlichen Interessen

> der Zeitraum des Praktikums

> die Begründung der Berufswahl

> die Wiederholung des Betreffs

> die Angaben zur Schule und zum Schulabschluss

> die Bitte zum Schluss

**Du kannst nun dein eigenes Bewerbungsschreiben planen und schreiben.**

3 Sprecht über die Anreden und Grüße am Rand:
- Welche Anreden und welcher Gruß sind für ein Bewerbungsschreiben geeignet?
- In welchen Situationen könnt ihr die übrige Anrede und die Grüße verwenden?

> Hallo, Chef!
> Sehr geehrte Damen und Herren,
> Sehr geehrter Herr Timms,
>
> LG
> Tschüss
> Mit freundlichen Grüßen

4 a. Lies noch einmal Abschnitt 4 und 5 in Pauls Anschreiben.
  b. • Welche persönlichen Interessen hast du?
     • Welcher Beruf interessiert dich? Warum?
     • Welches Praktikum interessiert dich? Warum?
     Schreibe Sätze auf.

> ➡ Meine persönlichen Interessen sind …, weil …

**Dein Bewerbungsschreiben soll für dich werben. Deswegen ist auch die äußere Form wichtig.**

5 a. Schreibe dein eigenes **Bewerbungsschreiben**. Schreibe es am Computer.
  b. Überprüfe dein Bewerbungsschreiben:
     • Hast du alle Informationen genannt?
     • Sind deine Formulierungen sachlich?
     • Ist alles richtig geschrieben?
     **Tipp:** Lass es auch jemand anderen überprüfen.
  c. Überprüfe die äußere Form deines Bewerbungsschreibens.
  d. Überarbeite dein Bewerbungsschreiben.

# Das Praktikum beginnt

**Paul erzählt von seinem ersten Praktikumstag.**

**1** Lies den Text. Wende die Schritte vom Textknacker an. → Textknacker: Seite 283

## 📖 Mein erster Praktikumstag

1 Mein Praktikum begann am 2.11.2015. Um 8:00 Uhr
2 betrat ich die Autowerkstatt Heise in Paderborn.
3 Dort begrüßte mich der Meister[1], Herr Kruppke.
4 Ich glaube, dass er sehr streng ist.

5 Am Vormittag half ich dem Gesellen[2] Franz Meiwes.
6 Er zeigte mir, wie man bei einem PKW einen Reifen
7 wechselt. Ich durfte selbst einen Reifen wechseln.
8 Ich löste die Muttern mit dem Schraubenschlüssel und
9 fuhr das Auto auf der Hebebühne hoch. Ich nahm
10 den alten Reifen ab und steckte den neuen auf.
11 Dann zog ich die Muttern an und fuhr das Auto herunter.

12 Das Wechseln der Reifen war ganz schön anstrengend.
13 Herr Meiwes war sehr nett und lobte mich. Ich war stolz,
14 dass alles geklappt hatte. Aber ich war auch müde.

15 Am Nachmittag half ich Herrn Meiwes beim Reparieren.

16 Die Mittagspause dauerte von 12:00 Uhr bis 13:00 Uhr.
17 Um 16:30 Uhr hatte ich Feierabend.

[1] **der Meister:** ein Handwerker, der andere Leute ausbilden darf
[2] **der Geselle:** ein Handwerker, der seine Lehrzeit erfolgreich abgeschlossen hat

**2** • Wo machte Paul sein Praktikum?
• Was durfte Paul selbstständig tun?
• Was tat Paul am Nachmittag?

# Einen Tagesbericht schreiben

**Paul möchte über seinen ersten Praktikumstag berichten.
In den Tagesbericht gehören die folgenden Informationen:**

- Beginn der Arbeitszeit
- Datum
- wichtige Personen
- Werkzeuge und Hilfsmittel

- Ende der Arbeitszeit
- Ort des Praktikums
- Erklärung der Tätigkeiten
- Pausen

 **1**
a. Lies noch einmal Pauls Tagesbericht auf Seite 79.
b. Prüfe, ob alle wichtigen Informationen enthalten sind.
c. Schreibe die Informationen untereinander auf.
   Schreibe die Zeile daneben.

➡ Beginn der Arbeitszeit: 8:00 Uhr (Zeile 1)

**Du berichtest in der richtigen Reihenfolge.**

**2** Wo berichtet Paul nicht in der richtigen Reihenfolge?
Schreibe die Sätze in der richtigen Reihenfolge auf.

》》 Zuerst …,
Am Vormittag …,
Dann …,
Am Nachmittag …,
Zum Schluss …

**In einen Tagesbericht gehören nur sachliche Angaben.**

**3**
a. Welche Angaben sind **sachlich**?
b. Welche Angaben sind **unsachlich**?

→ Zeile 4, 12–14

➡ sachliche Angaben: das Praktikum, am 2.11.2015 …
unsachliche Angaben: anstrengend …

**4** Schreibe **Pauls Tagesbericht**.
**Tipp:** Lass unsachliche Äußerungen weg.

➡ Tagesbericht über meinen ersten Praktikumstag
Name:  Paul Lorenzen
Datum: …
Am 2.11.2015 begann mein Praktikum …

 **5** Überprüfe deinen Tagesbericht über Pauls Tag mit Hilfe
der Arbeitstechnik **Einen Tagesbericht schreiben**.

→ Einen Tagesbericht
schreiben: Seite 290

# Einen Tagesbericht schreiben

**Elian machte sein Praktikum in der Bäckerei Hagen.**

Um 6:00 Uhr betrat ich die Bäckerei.

Zuerst formte ich den Backteig zu Brötchen.

Danach schob ich die Bleche mit den Brötchen in den Ofen.

**1** Was tat Elian an seinem ersten Tag im Praktikum?
Schreibe die Sätze auf.

**2** Was tat Elian an diesem Tag noch?

    **a.** Lies Elians Notizen.
    **b.** Schreibe Sätze für den Tagesbericht auf.
       **Tipps:** • Schreibe in der Ich-Form.
              • Verwende das Präteritum.

> *der Meister, Herr Preuß, führte mich herum*
> *half der Gesellin Frau Samet beim Backen von Brötchen*
> *legte Brötchen auf Backbleche*
> *stellte die Zeit am Backofen ein*
> *9:30 Uhr: Pause*
> *12:30 Uhr: reinigte alles gründlich*
> *13:00 Uhr: Feierabend*

**3** Was tat Elian nacheinander?
Ordne deine Ergebnisse von Aufgabe 1 und 2
in die richtige Reihenfolge.

> Zuerst ...,
> Am Vormittag ...,
> Dann ...,
> Am Nachmittag ...,
> Zum Schluss ...

**4**  **a.** Schreibe Elians Tagesbericht.
    **b.** Überprüfe den Tagesbericht mit Hilfe
       der Arbeitstechnik **Einen Tagesbericht schreiben**.
    **c.** Überarbeite den Tagesbericht.

→ Einen Tagesbericht schreiben: Seite 290

# Über Vergangenes berichten

**Paul berichtet über den ersten Tag seines Praktikums.**

1 Am Montag begann mein Praktikum. Ich fuhr
2 um 7:30 Uhr mit dem Fahrrad los. Um 8:00 Uhr
3 betrat ich die Autowerkstatt Heise. Der Meister,
4 Herr Kruppke, stand in der Tür und gab mir die Hand.
5 Dann bekam ich eine Führung durch die Werkstatt.
6 Ich sah mir alles genau an. Anschließend brachte mich
7 Herr Kruppke zu den Kollegen. Um 9:00 Uhr
8 trafen sich alle Mitarbeiter zu einer Besprechung.

**1** Was tat Herr Kruppke, als Paul die Autowerkstatt betrat?

**In einem Tagesbericht stehen alle Verben im Präteritum.**

**2** a. Schreibe alle Verben aus dem Tagesbericht
untereinander auf.
b. Bilde zu jedem Verb im Präteritum
das passende Verb im Präsens.
c. Lies die Paare. Markiere, was jeweils anders ist.

> es begann – es beginnt

>>> es beginnt
ich fahre
ich betrete
er steht
er gibt
ich bekomme
ich sehe
er bringt
sie treffen sich

 Wenn wir **über Vergangenes schreiben**,
benutzen wir Verben im **Präteritum**: ich begann.

**3** Paul möchte seinen Bericht weiterschreiben.
Dazu muss er Verben im Präteritum bilden.

a. Schreibe die Verben untereinander auf.
b. Bilde die Verben im Präteritum. Schreibe sie daneben.   → Wörterliste: Seite 306–315

ich helfe      wir tragen      er nimmt      sie rufen
er kommt      ich darf      ich weiß      ich gehe

> ich helfe – ich half
> ich bringe – ...

# Stellt eine Beiköchin Lieferscheine aus?

**Zarko macht ein Praktikum als Fachlagerist,
Shaira macht ein Praktikum als Beiköchin.
Sie lernen typische Tätigkeiten der Berufe kennen.**

die Inventur[1] durchführen

das Essen anrichten

die Waren zusammenstellen

den Lieferschein ausstellen

die Zutaten vorbereiten

das Mehl abwiegen

die Bestellungen einpacken

die Soße zubereiten

die Lieferung annehmen

das Zubehör bereitlegen

die Waren ausladen

das Verladen absprechen

[1] **die Inventur:**
Waren werden gezählt und
auf Vollständigkeit geprüft.

 **1** • Welche Tätigkeiten führen Fachlageristen aus?
• Welche Tätigkeiten führen Beiköche aus?
Ordne die Tätigkeiten in eine Tabelle ein.
**Tipp:** Manche Tätigkeiten passen zu beiden Berufen.

| Tätigkeiten von Fachlageristen | Tätigkeiten von Beiköchen |
|---|---|
| – die Lieferung annehmen<br>– ... | – die Bestellungen einpacken<br>– ... |

 Einige **Verben** sind **zusammengesetzt:**
durch + führen ➜ durchführen.
In der Grundform schreibst du die Verben zusammen.

Im **Satz** werden die Verben meistens **getrennt:**
Fachlageristen <u>führen</u> die Inventur <u>durch</u>.

 **2** Schreibe zu jeder Grundform (Infinitiv) das passende Verb mit wir.

 durchführen – wir führen durch

**Du kannst die Tätigkeiten von einem Fachlageristen und einem Beikoch in Sätzen beschreiben.**

W  **3** a. Wähle einen Beruf aus.
b. Beschreibe die Tätigkeiten in Sätzen.
c. Markiere die Teile der Verben in deinen Sätzen.

 Ein Fachlagerist führt die Inventur durch …
Ein Beikoch …

**Dann fragen die Mitschüler:**

Stellt ein Beikoch Lieferscheine aus?

Wiegt ein Fachlagerist Mehl ab?

 **4** a. Schreibe die Fragen ab.
b. Markiere die Teile der Verben in den Fragen.

 **5** a. Schreibe 5 Fragen zu den Tätigkeiten eines Beikochs oder eines Fachlageristen auf.
b. Markiere die Teile der Verben in deinen Fragen.

Packt ein Beikoch die Bestellung ein?

Z **Tanja macht ein Praktikum als Wachfrau:**

1 **Tanja führt den Kontrollgang durch.**
2 **Sie schließt die Hintertür ab.**
3 **Sie schaltet zum Schluss das Licht im Flur aus.**

 **6** Was muss eine Wachfrau tun?
Schreibe die Tätigkeiten von Tanja in Stichworten auf.

– den Kontrollgang durchführen

# Training:
# Einen Tagesbericht schreiben

**Becky macht ihr Praktikum im Krankenhaus Rosenhöhe.**

**7**
**Oktober**
2015

 Was erlebte Becky an ihrem ersten Tag im Praktikum?

**a.** Sieh dir die Bilder an.
**b.** Lies die Sätze unter den Bildern.

Um 6:30 Uhr fuhr ich von zu Hause los.

Um 7:00 Uhr gab mir die Schwester die Aufgaben für den Vormittag.

Um 8:00 Uhr teilte ich das Frühstück aus.

Um 12:00 Uhr hatte ich eine halbe Stunde Mittagspause.

Nach der Mittagspause besprachen wir die Aufgaben für den Nachmittag.

Um 15:30 Uhr hatte ich Feierabend.

 **2** Was berichtet Becky von ihrem ersten Tag im Praktikum?
Schreibe die Sätze auf.

**3** Was tat Becky an dem Tag noch?

a. Lies Beckys Notizen.
b. Schreibe Sätze für den Tagesbericht auf.
**Tipp:** Schreibe in der Ich-Form.

> – bis 9:00 Uhr: machte Betten und bezog sie
> – 11:00 Uhr: brachte zwei Patienten in den Operationssaal
> – ab 14:00 Uhr: brachte mehrere Besucher zu den Patienten

**4** Was tat Becky nacheinander?
Ordne deine Ergebnisse von Aufgabe 2 und 3
in die richtige Reihenfolge.

**5** Schreibe Beckys Tagesbericht.
Verwende die Arbeitstechnik **Einen Tagesbericht schreiben**. → Einen Tagesbericht schreiben: Seite 290

> Tagesbericht über …
> Name:  …
> Datum: …
> Am 7. Oktober begann …

**6** Überprüfe deinen Tagesbericht mit Hilfe der Checkliste:
• Was ist gut gelungen?
• Was kannst du noch verbessern?

| Checkliste: Einen Tagesbericht schreiben | ja | nein |
|---|---|---|
| Nenne ich die wichtigsten Informationen? | ▪ | ▪ |
| Nenne ich Beginn und Ende der Arbeitszeit? | ▪ | ▪ |
| Berichte ich in der richtigen Reihenfolge? | ▪ | ▪ |
| Nenne ich alle wichtigen Personen, Werkzeuge und Hilfsmittel? | ▪ | ▪ |
| Berichte ich sachlich? | ▪ | ▪ |
| Berichte ich in ganzen Sätzen und in der Ich-Form? | ▪ | ▪ |
| Berichte ich im Präteritum? | ▪ | ▪ |
| Ist alles richtig geschrieben? | ▪ | ▪ |

**7** Überarbeite deinen Tagesbericht
mit dem **Rechtschreib-Check**. → Der Rechtschreib-Check: Seite 226–229

# Training:
# Einen Tagesbericht überarbeiten

**Für ihre Berufe-Mappe hat Eva einen Tagesbericht
über ihren ersten Praktikumstag geschrieben.**

Achtung:<br>Fehler!

1 *Tagesbericht über den ersten Praktikumstag*

2 *von: Eva Berger*

3 *Datum: 2.11.2015*

4 *Heute begann mein Praktikum in der Praxis für Kinder*

5 *und Jugendliche von Doktor Schlüter.*

6 *Um 8:00 Uhr erreichte ich die Praxis.*

7 *Doktor Schlüter und die medizinische Fachangestellte[1],*

8 *Frau Funke, begrüßten mich freundlich.*

9 *Frau Funke zeigte mir die Räume.*

10 *Sie erklärte mir meine Aufgaben für den Vormittag.*

11 *Sie gab mir die Unterlagen von den Patienten.*

12 *Ich durfte die Unterlagen sortieren.*

13 *Ich mache von 12:30 Uhr bis 13:00 Uhr eine Mittagspause.*

14 *Nachmittags darf ich bei der Patientenaufnahme zusehen.*

15 *Frau Funke spricht mit einem Patienten.*

16 *Sie schreibt alle Informationen für Doktor Schlüter auf.*

17 *Am Nachmittag räumte ich das Wartezimmer auf.*

18 *Um 17:00 Uhr hatte ich Feierabend. Ich war richtig k.o.*

19 *Aber ich hatte Spaß und der Tag war sehr spannend.*

[1] **der/die medizinische Fachangestellte:** neue Bezeichnung für den Beruf
des Arzthelfers oder der Arzthelferin

**Eva möchte ihren Tagesbericht überarbeiten.**

**In Absatz 2 möchte Eva genauer beschreiben,
was sie nacheinander getan hat.**

9  *Frau Funke zeigte mir die Räume.*

10  *Sie erklärte mir meine Aufgaben für den Vormittag.*

11  *Sie gab mir die Unterlagen von den Patienten.*

12  *Ich durfte die Unterlagen sortieren.*

 **1** Was tat Eva nacheinander?

   **a.** Wie kann Eva die Reihenfolge genauer beschreiben?
   Probiert verschiedene Möglichkeiten aus.
   **b.** Schreibt die Sätze neu auf.

>>> Zuerst …,
Am Vormittag …,
Dann …,
Am Nachmittag …,
Zum Schluss …

**In einem Tagesbericht berichtet man im Präteritum.
In Absatz 3 hat Eva das Präsens verwendet.**

13  *Ich mache von 12:30 Uhr bis 13:00 Uhr eine Mittagspause.*

14  *Nachmittags darf ich bei der Patientenaufnahme zusehen.*

15  *Frau Funke spricht mit einem Patienten.*

16  *Sie schreibt alle Informationen für Doktor Schlüter auf.*

 **2** **a.** Schreibt die Verben aus Absatz 3 untereinander auf.
   **b.** Schreibt zu jedem Verb die passende Form im Präteritum.

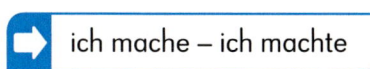 ich mache – ich machte

   **c.** Schreibt die Sätze neu auf.

**In einen Tagesbericht gehören nur sachliche Angaben.
In Absatz 4 hat Eva auch ihre Gefühle beschrieben.**

 **3** • In welchen Sätzen beschreibt Eva ihre Gefühle?
   • Welche Sätze sind sachlich?
   Schreibt die sachlichen Sätze auf.

 **4** Schreibe den überarbeiteten Tagesbericht auf.
   Verwende die Ergebnisse von Aufgabe 1 bis 3.

# Wüste

 **1** a. Was seht ihr auf den Bildern?
b. Was zeigt euch die Weltkarte?

>>> die Dünen, das Eis,
der Kaktus, die Kamele,
die Oase, der Sand

der Kontinent,
die Nordhalbkugel,
die Südhalbkugel,
der Äquator

| mongolisch:<br>**Schamo** | chinesisch:<br>**Gobi** | arabisch:<br>**Sahara** صَحَراء [1] |

[1] Sahara:
[sprich: sa-h-ra]

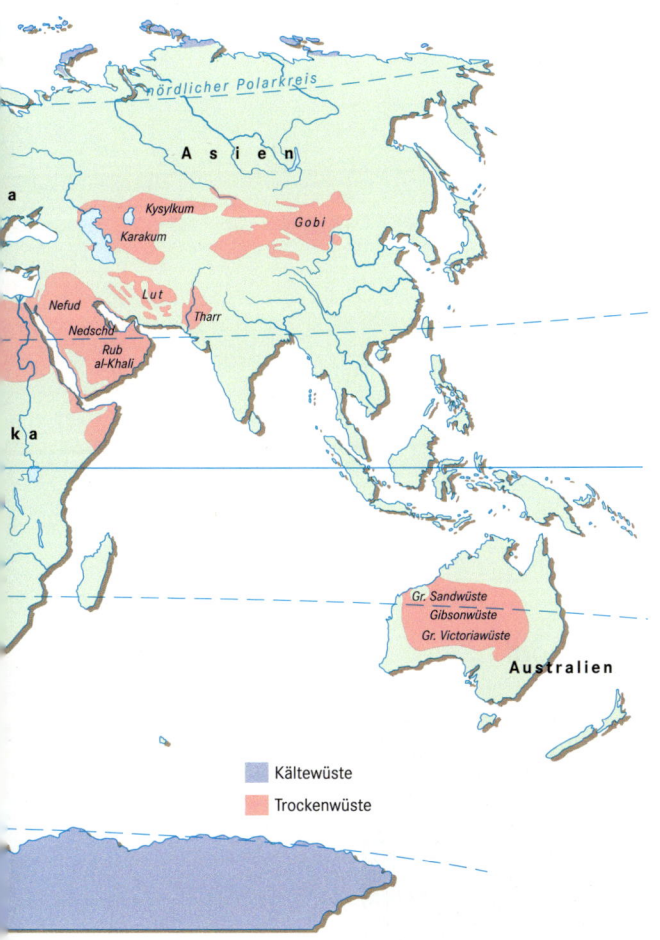

4

5

💬 **2** Wörter für **Wüste** gibt es in vielen Sprachen.

    **a.** Lest die Wörter auf dieser Seite vor.
    **b.** Sammelt Wörter für Wüste
       in weiteren Sprachen.

💬 **3** Was bedeutet Wüste für **euch**?

➡️   Eine Wüste ist für mich ein Ort, an dem …

**In diesem Kapitel informiert ihr euch über das Thema Wüste.
Ihr erfahrt Wissenswertes und Erstaunliches und ihr schreibt
einen informierenden Text für eine Informationsmappe.**

# Informationen über Wüsten sammeln

**Wüste kann für jeden etwas anderes bedeuten.**

 **1** Was bedeutet Wüste für euch?

   a. Schreibt jeder ein Wort oder eine Wortgruppe
   auf ein Blatt Papier.
   b. Heftet die Blätter an die Tafel.

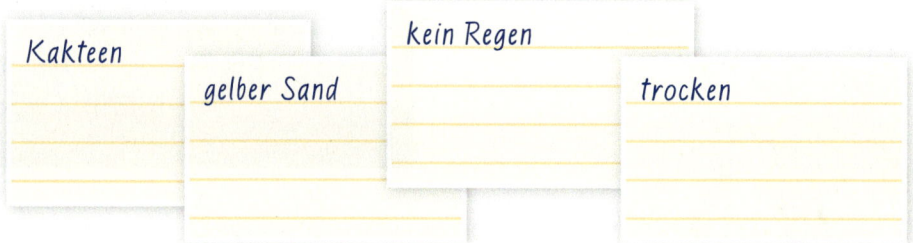

 **2** Ordnet eure Blätter zum Thema Wüste.

   a. Überlegt euch Überschriften.
   b. Zeichnet eine Tabelle an der Tafel.
   Schreibt die Überschriften in den Tabellenkopf.
   c. Heftet die Blätter in die passenden Spalten.

   ⟩⟩⟩ Pflanzen und Tiere,
   Behausungen,
   Gefahren …

**Große Teile der Erde sind von Wüsten bedeckt.
Aber es gibt verschiedene Formen von Wüsten.**

**3** Welche Formen von Wüsten gibt es?

   a. Notiere Stichworte zu dem folgenden Lexikonartikel.
   b. Ordne den Wüstenformen die Fotos von
   Seite 94 und 95 zu.

 **Wüs|te**, die: → ein Gebiet mit wenig oder keinen Pflanzen,
verursacht entweder durch fehlende Wärme (Kältewüsten)
oder durch zu wenig Niederschlag (Trockenwüsten).

**Wüsten sind ganz besondere Landschaften.**

→ Textknacker: Seite 283

**4** Lies die folgenden Sachtexte.
Wende die Schritte vom Textknacker an.

 **Die größte Sandwüste**

1 Die Rub al-Khali[1] ist die größte Sandwüste der Welt.
2 Sie liegt auf der arabischen Halbinsel und
3 ist mehr als doppelt so groß wie Deutschland.
4 Winde haben in der Rub al-Khali riesige Dünen
5 aufgetürmt. Sie sind bis zu 300 Meter hoch. Im Sommer
6 steigen die Temperaturen bis zu 50 Grad Celsius.
7 Am Boden kann es dann 80 Grad heiß werden.
8 Deswegen ist Leben in dieser Wüste kaum möglich.

[1] **Rub al-Khali:** [sprich: rub alchali]

 **Die extremsten Temperaturen**

1 Die Eiswüsten in der Arktis und in der Antarktis
2 sind die größten Wüsten der Erde. Sie sind auch
3 die kältesten Wüsten der Erde. Die Temperaturen
4 liegen dort meist bei minus 50 Grad Celsius.
5 In der Arktis hat man einen Kälterekord
6 von minus 89,2 Grad Celsius gemessen.
7 Im Iran gibt es eine der heißesten Wüsten der Erde:
8 die Dascht-e Lut. Dort wird es bis zu 70 Grad heiß.
9 Auch in der Wüste Gobi gibt es extreme Temperaturen.
10 Am Tag herrschen dort plus 30 Grad
11 und in der Nacht minus 65 Grad.
12 Das sind 95 Grad Unterschied!

 **5** Warum sind Wüsten ganz besondere Landschaften?

a. Schreibe zu jedem Sachtext die Schlüsselwörter auf.
b. Schreibe mit Hilfe der Schlüsselwörter zu jedem Sachtext
   zwei bis drei Sätze auf.

# Mit einer Informationsmappe informieren

Deine Klasse nimmt am Schulprojekt Unsere Erde teil.
Ihr erarbeitet eine Informationsmappe zum Thema Wüste.

In der folgenden Aufgabe erfährst du,
was du für die Informationsmappe erarbeitest.

**1. Schritt: Genau lesen**

 **1** a. Lies Aufgabe 1 genau.
Achte besonders auf die Verben (Tunwort).
   b. Aus wie vielen Teilen besteht die Aufgabe?

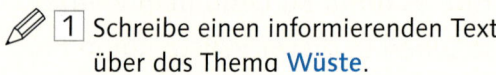 **1** Schreibe einen informierenden Text
über das Thema Wüste.
Die Materialien M1 bis M4 helfen dir.
a. Zähle auf, welche Wüstenformen es gibt.
b. Begründe, warum es in Wüsten nur selten regnet.
c. Beschreibe das Leben in der Wüste:
   • Wie passen sich Pflanzen und Tiere an?
   • Wie passen sich Menschen an?
d. Nenne die Informationen, die für dich
   am spannendsten waren. Begründe.
e. Schreibe auf, welche Quellen du benutzt hast.

 **2** a. Schreibe das Verb aus jeder Teilaufgabe auf.
   b. Schreibe den Infinitiv (die Grundform) dazu.

**2. Schritt: Überlegen, was zur Lösung gehört**

 **3** a. Lies Aufgabe 1 noch einmal.
   b. **Was genau** sollst du tun?
   c. **Wie** sollst du es tun?

Bei Aufgabe 1a. soll ich
die Wüstenformen aufzählen.
Bei Aufgabe 1b. soll ich …

>>> allein, mit einem Partner,
in einer Gruppe
mündlich, schriftlich

**3. Schritt: Mit eigenen Worten wiedergeben**

**4** Was sollst du in Aufgabe ☐1☐a bis ☐1☐e tun?
Schreibe die Sätze auf. Ergänze die Lücken.

Ich bearbeite die Aufgabe ▨▨▨▨.
Bei Aufgabe 1a. soll ich aufschreiben, welche ▨▨▨▨ es gibt.
Bei Aufgabe 1b. soll ich Gründe nennen, warum ▨▨▨▨.
Bei Aufgabe 1c. soll ich wiedergeben, wie ▨▨▨▨ in der Wüste
ist. Ich soll Beispiele nennen, wie ▨▨▨▨, ▨▨▨▨ und ▨▨▨▨
sich anpassen.
Bei Aufgabe 1d. soll ich aufschreiben,
welche ▨▨▨▨ am spannendsten waren.
Bei Aufgabe 1e. soll ich aufzählen, welche ▨▨▨▨
ich benutzt habe.

**Die folgenden Materialien informieren dich
über das Klima und das Leben in der Wüste.**

**5** Lies die Materialien ☐M1☐ bis ☐M4☐.
Wende die Schritte vom Textknacker an.

➡ Textknacker: Seite 283

 ☐M1☐ **Die Wüsten der Erde**

1 Wüsten sind Gebiete mit wenig oder keinen Pflanzen.

2 Es gibt Kältewüsten und Trockenwüsten.

3 Kältewüsten bestehen aus Eis und Schnee.

4 Bei den Trockenwüsten gibt es viele verschiedene Arten.

5 Es gibt zum Beispiel Kieswüsten, Geröllwüsten,

6 Steinwüsten, Felswüsten und Sandwüsten.

 **6** **a.** Welche Wüstenformen gibt es?
Schreibe einen Satz auf.
**b.** Welche Arten von Trockenwüsten gibt es?
Schreibe eine Liste.

➡ Trockenwüsten
– Kieswüsten …

**M2 Das Klima in Trockenwüsten**

1 In Trockenwüsten herrschen extreme Temperaturen:
2 Am Tag brennt die Sonne und es kann
3 bis zu 70 Grad Celsius heiß werden.
4 In der Nacht fällt die Temperatur oft
5 auf unter 0 Grad.

6 In den meisten Trockenwüsten regnet es sehr selten.
7 Dafür gibt es verschiedene Gründe: Die Wüste Gobi[1]
8 liegt sehr weit vom Meer entfernt. Und der Regen kommt
9 vom Meer. Er fällt, bevor er die Wüste erreicht.
10 In der Sahara[2] gibt es auch kaum Regen. Dort wehen
11 trockene Winde, zum Beispiel die Passatwinde[3].
12 Sie verhindern, dass sich Wolken über der Wüste bilden.

[1] **die Gobi:** eine Trockenwüste in China und in der Mongolei
[2] **die Sahara:** eine Trockenwüste in Nordafrika
[3] **die Passatwinde:** besondere Winde, die regelmäßig wehen.
Es gibt sie vor allem in den Tropen.

**7** Warum regnet es in der Wüste nur selten?
Schreibe Stichworte auf.
**Tipp:** Die Schlüsselwörter helfen dir.

→ Stichworte aufschreiben:
Seite 288

 **M3 Pflanzen und Tiere in der Wüste**

1 Pflanzen in der Wüste sind Überlebenskünstler.
2 Eine typische Pflanze in amerikanischen Wüsten
3 ist der Kaktus[1]. Wenn es einmal regnet, gelangt
4 das Wasser nur wenige Zentimeter in die Erde.
5 Denn es verdunstet wieder sehr schnell.
6 Die Wurzeln der Kakteen liegen wie ein Netz
7 direkt unter der Erdoberfläche. So können sie
8 möglichst viel Wasser aufsaugen.
9 Denn der dicke Pflanzenkörper speichert viel Wasser.
10 Kakteen können so 10 Monate Trockenzeit überstehen.

[1] **der Kaktus – die Kakteen:** eine Pflanze, die Wasser speichert und
oft Dornen hat

11 Auch Tiere haben sich an die Hitze und die Trockenheit

12 angepasst: Kamele haben in ihrem Körper

13 eine Art Wasserspeicher. Deswegen können sie

14 länger als eine Woche ohne Wasser überleben.

15 Kamele speichern das Wasser in besonderen Zellen

16 in der Magenwand. Man dachte lange,

17 dass sich der Wasserspeicher in den Höckern[2] befindet.

18 Aber dort speichern die Tiere Fett. Das Fett

19 können sie in Energie umsetzen.

20 Die Wüstenschildkröte hat sich auch dem Leben

21 in der Wüste angepasst. Sie ist ein Reptil[3].

22 Reptilien sind wechselwarme Tiere. Sie nehmen Wärme

23 aus der Umgebung auf oder geben sie

24 an die Umgebung ab. So kontrollieren sie

25 ihre Körpertemperatur. Deswegen verbrauchen sie

26 wenig Energie und müssen nicht oft einatmen und

27 ausatmen. Das ist ein Vorteil in der Wüste,

28 denn beim Atmen verbrauchen die Tiere Feuchtigkeit.

29 Deswegen braucht die Wüstenschildkröte wenig Wasser.

30 Auch die hornige Haut schützt die Reptilien

31 vor Feuchtigkeitsverlust.

[2] **der Höcker – die Höcker:** der Buckel auf dem Rücken von den Tieren
[3] **das Reptil – die Reptilien:** Kriechtiere wie Schlangen und Schildkröten

W  **8** Wie passen sich Pflanzen und Tiere
an das Leben in der Wüste an?
Schreibe einen kurzen Text.
Wähle aus:
- Erkläre, wie **Kakteen** Wasser speichern.
- Oder erkläre, wie **Kamele** Wasser speichern.
- Oder erkläre, wieso **Wüstenschildkröten**
  wenig Wasser brauchen.
**Tipp:** Die Schlüsselwörter helfen dir.

》》》 ein dicker
Pflanzenkörper

eine Art Wasserspeicher

die Körpertemperatur
kontrollieren

⇨ Die ... passen sich an das Leben in der Wüste an.
Sie brauchen wenig Wasser, weil ...

 M4 **Eine schwere Reise**

**Im Jahr 2010 durchquerte der Engländer Adam Lloyd[1] die Wüste Rub-al Khali. Darüber schrieb er einen Bericht.**

1 Zwei Wochen lang reiste ich mit den Beduinen[2]
2 durch die Wüste. Wir trugen lange, dünne Kleidung.
3 Die Kleidung sollte luftig sein und trotzdem die Haut
4 vor Sonnenbrand schützen. Eine Kopfbedeckung
5 war besonders wichtig, damit man keinen Sonnenstich
6 bekam. Ich dachte, dass die Hitze mich verrückt macht.

7 An jeder Oase füllten wir unsere Wasservorräte auf.
8 Das war lebensnotwendig. Denn es war so heiß,
9 dass ich immerzu durstig war. Wir mussten viel trinken.
10 Und es gab nicht viele Wasserstellen.
11 Es hatte schließlich zehn Jahre lang nicht geregnet.

12 Ich war froh, dass wir Kamele hatten. Sie trugen
13 unser Gepäck. Und man konnte auf ihnen reiten.
14 Dann musste man nicht selber laufen. So verbraucht
15 man weniger Energie und man muss nicht so viel trinken.
16 Das erklärten mir die Beduinen. Auch für die Beduinen
17 war die Reise anstrengend. Aber als Europäer war ich
18 so eine Hitze nicht gewöhnt.
19 Sie brachte mich ans Ende meiner Kräfte.

[1] **Adam Lloyd:** [sprich: Ädäm Loid]
[2] **die Beduinen:** Wüstenbewohner, die umherziehen
und nicht an einem Ort leben

 **9** Was schreibt Adam Lloyd in seinem Bericht?

a. Wie beschreibt Adam Lloyd das Leben für Menschen
in der Wüste?
• Was dachte er?
• Wie fühlte er sich?
b. Wie passte sich Adam Lloyd an die Hitze
in der Wüste an?
Schreibe Sätze auf.

>>> dünne Kleidung tragen, eine Kopfbedeckung tragen, die Wasservorräte auffüllen, Kamele reiten …

**Du hast die Materialien ▯M1▯ bis ▯M4▯ gelesen.**

**4. Schritt: nach dem Lesen**

 **10** Was ist deine Schreibaufgabe?

    a. Lies noch einmal Aufgabe 1.
    b. Lies noch einmal deine Ergebnisse von Aufgabe 1 bis 4
       auf Seite 98 und 99.

> ✎ ▯1▯ Schreibe einen informierenden Text
> über das Thema Wüste.
> Die Materialien ▯M1▯ bis ▯M4▯ helfen dir.
>   a. Zähle auf, welche Wüstenformen es gibt.
>   b. Begründe, warum es in Wüsten nur selten regnet.
>   c. Beschreibe das Leben in der Wüste:
>      • Wie passen sich Pflanzen und Tiere an?
>      • Wie passen sich Menschen an?
>   d. Nenne die Informationen, die für dich
>      am spannendsten waren. Begründe.
>   e. Schreibe auf, welche Quellen du benutzt hast.

 **11** Was hast du über Wüsten gelernt?
  • Welche Wüstenformen gibt es?
  • Warum regnet es so selten in der Wüste?
  • Welche Pflanzen und Tiere gibt es in der Wüste?
  • Was müssen Menschen beachten,
    wenn sie in der Wüste sind?
Schreibe Stichworte auf.

 **12** Schreibe einen informierenden Text über Wüsten.
**Tipp:** Beachte dabei die Arbeitstechnik
     **Einen informierenden Text schreiben**.

**13** a. Prüfe deinen Text mit einer Partnerin / einem Partner.
     • Hast du alle Teilaufgaben von Aufgabe ▯1▯ bearbeitet?
     • Ist alles richtig geschrieben?
  b. Überarbeite deinen Text.
    Finde eine passende Überschrift.

 → Stichworte aufschreiben:
Seite 288

→ Einen informierenden Text
schreiben: Seite 293

# Einen informierenden Text überarbeiten

**Layla hat einen informierenden Text über die Sahara geschrieben. Den Anfang kannst du hier lesen.**

1 *Die Sahara ist eine Trockenwüste in Nordafrika.*
2 *Dort kann es bis zu 70 Grad Celsius heiß werden.*
3 *Es gibt auch kaum Wolken über der Wüste,*
4 *weil es in der Sahara sehr windig ist.*
5 *Deswegen regnet es fast nie.*

6 *Man muss sich anpassen, wenn man in der Wüste*
7 *leben möchte. Kamele haben sich angepasst.*
8 *Sie speichern Wasser. So können sie*
9 *länger als eine Woche ohne Wasser auskommen.*
10 *Ich finde das erstaunlich. ...*

> **Achtung:
> Fehler!**

**Layla möchte nun den Text überarbeiten.**

**Sie möchte genauer beschreiben,
wie sich Kamele anpassen.**

  Beschreibe genauer, wie Kamele sich anpassen.
- Wie speichern sie Wasser?
- Was speichern sie in ihrem Höcker?
**Tipp:** Lies noch einmal Zeile 11 bis 19 auf Seite 101.

> ➡️ Kamele speichern Wasser in …
> In ihrem Höcker …

>>> besondere Zellen in der Magenwand, Fett speichern, Fett in Energie umsetzen …

**Layla möchte dem Text eine Überschrift geben.**

 **2** Überlege dir eine passende Überschrift.
Schreibe sie auf.

 **3** Schreibe den überarbeiteten Text auf.
Verwende deine Ergebnisse von Aufgabe 1 und 2.

# Einen informierenden Text gliedern

**Zoran hat Informationen für seinen Text ausgewählt.**
**Das sind Ausschnitte aus Zorans informierendem Text:**

> *Ich finde besonders erstaunlich, dass ein Kaktus*
> *so lange ohne Wasser auskommt. Denn unsere Pflanzen*
> *brauchen sehr häufig Wasser.*

> *In Wüsten gibt es fast keine Pflanzen. Dort ist es sehr kalt*
> *oder sehr trocken.*

> *In Trockenwüsten gibt es Kakteen. Sie können dort wachsen,*
> *weil sie sehr lange Wasser speichern können.*

**Die Ausschnitte aus Zorans Text sind noch ungeordnet.**
**Er möchte sie nun in einer sinnvollen Reihenfolge ordnen.**

**1** Überlegt gemeinsam:
Welche Reihenfolge ist sinnvoll?
- Was schreibt ihr **am Anfang**?
- Was schreibt ihr **im Hauptteil**?
- Was schreibt ihr **zum Schluss**?

>>> das Thema
das Leben
in der Wüste
die Meinung

**2 a.** Ordne die Ausschnitte aus Zorans Text
in die sinnvolle Reihenfolge.
Die folgenden Fragen helfen dir dabei:
- In welchem Ausschnitt erfährt man etwas
über das Thema?
- In welchem Ausschnitt erfährt man etwas
über das Leben in der Wüste?
- In welchem Ausschnitt schreibt Zoran seine Meinung?

**b.** Schreibe Zorans Informationen
in der sinnvollen Reihenfolge auf.

# Das Kamel ist angepasst, weil ...

## 📖 Das Kamel – ein Wunder der Natur

1  Auch das Dromedar ist ein Kamel. Das Dromedar hat
2  nur einen Höcker. Es lebt in Nordafrika und in Arabien.
3  Das zweihöckrige Kamel lebt in Asien, Afrika und
4  Australien. Forscher interessieren sich für diese Tiere,
5  weil sie unter extremen Bedingungen leben.
6  Kamele können die Hitze und die Trockenheit überstehen,
7  weil sie einen besonderen Körperbau haben.

✏️ **1** Welche Arten von Kamelen gibt es?

a. Schreibe sie untereinander auf.
b. Schreibe neben jede Art, wo sie lebt.

✏️ **2** In dem Text stehen zwei Sätze mit **weil**.

a. Schreibe die Sätze auf.
b. Markiere die Kommas mit einem Pfeil.
c. Kreise **weil** ein.

Forscher interessieren sich für diese Tiere, (weil) ...

✏️ **3** Welche Besonderheiten hat das Kamel? Warum?

a. Welche Sätze passen zusammen? Schreibe sie auf.
b. Markiere die Kommas mit einem Pfeil.
c. Kreise **weil** ein.

| | | |
|---|---|---|
| Die Augen sind vor Flugsand geschützt, | | das Kamel seine Nasenlöcher verschließen kann. |
| Die Atemwege werden im Sandsturm geschützt, | weil | das Kamel eine dicke Haut an den Füßen hat. |
| Die Füße werden vor dem heißen Boden geschützt, | | Kamele lange Wimpern haben. |

**Hier gehören immer zwei Sätze zusammen.**
**Der zweite Satz gibt eine Begründung an.**

 **4** Welche Besonderheiten hat das Kamel noch? Warum?
Lies die Sätze.

> Kamele sinken im sandigen Boden nicht ein.
> Die Füße sind tellerförmig.

> Der Körper ist vor dem heißen Sand geschützt.
> Das Kamel hat lange Beine.

> Das Kamel kann in Notzeiten überleben.
> Es speichert im Höcker Fett.

**Du kannst die Sätze mit weil verbinden.**
**Dann versteht man die Begründung leichter.**

 **5** Verbinde die Sätze. Schreibe sie auf.

 Kamele sinken im sandigen Boden nicht ein,
weil die Füße tellerförmig sind.

 Mit **weil** können wir etwas **begründen**.
Vor weil steht ein Komma.

**Wenn du eine Begründung noch mehr betonen möchtest,**
**kannst du die Sätze auch umstellen.**

> <u>Weil Kamele lange Wimpern haben,</u>
> sind ihre Augen vor Flugsand geschützt.

 **6** a. Stelle vier Sätze aus Aufgabe 3 und 5 um.
b. Schreibe die umgestellten Sätze auf.
Denke an das Komma.
c. Markiere die Begründung.

# Training: Einen informierenden Text schreiben

## Besondere Wüsten

**Jede Wüste ist besonders. Mit einem Text kannst du über die Besonderheiten der Wüsten informieren.**

**1** Was ist deine Aufgabe?

**a.** Lies die folgende Aufgabe.
Wende die Schritte vom Aufgabenknacker an.

**b.** Mache dir Notizen.

→ Aufgabenknacker:
Seite 202–203

> **1** Schreibe einen informierenden Text
> über das Thema „Wüsten der Erde".
> Die Materialien M1 bis M4 helfen dir.
> • Zähle die Wüsten auf.
> • Erkläre, wo die Wüsten sich befinden.
> • Erkläre, was die Wüsten besonders macht.

**2** Was weißt du schon über Wüsten?
Sammle Informationen. Ordne sie in einer Mindmap.

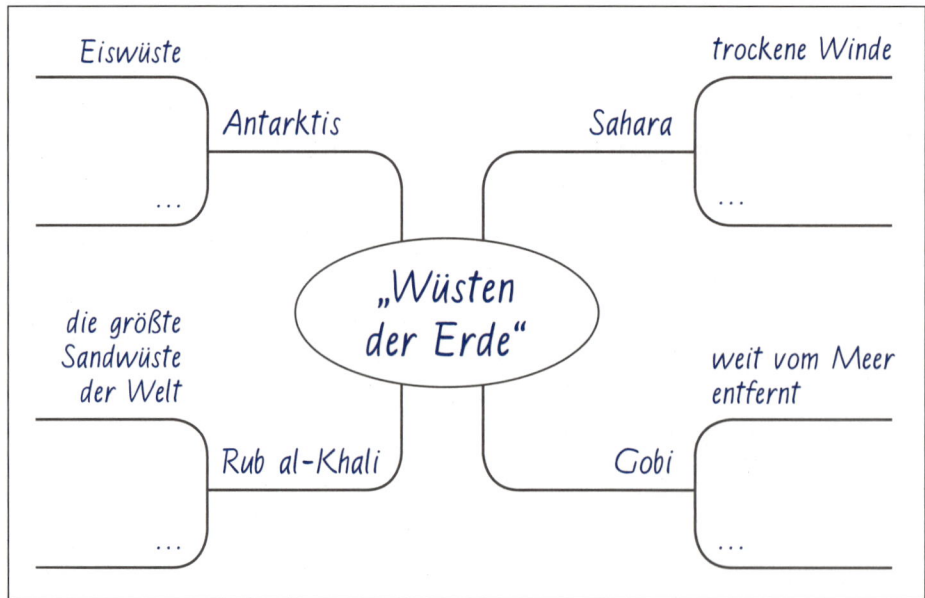

In den Materialien M1 bis M4 findest du
Informationen über Wüsten.
Du erfährst, was diese Wüsten besonders macht.

**3** Lies die Materialien M1 bis M4.
Wende die Schritte vom Textknacker an. → Textknacker: Seite 283

### 📖 M1 Namib: die älteste Wüste

1 Die Wüste Namib in Afrika ist 55 Millionen Jahre alt.
2 Damals war die Namib ein 220 Meter tiefes Becken,
3 das mit Sand gefüllt war. Später dehnte sie sich aus.
4 Heute erstreckt sie sich über 2 000 Kilometer an der Küste
5 von Namibia. Der Meereswind türmt riesige Dünen
6 in der Wüste auf. Sie werden bis zu 380 Meter hoch.

**4** Was macht die Namib besonders?
Schreibe Stichworte auf. → Stichworte aufschreiben:
Seite 288

### 📖 M2 Mojave[1]: die rätselhafteste Wüste

1 Die Mojave-Wüste liegt in den USA. Dort geschehen
2 rätselhafte Dinge: Riesige Felsbrocken bewegen sich
3 wie von Zauberhand. Sie sind bis zu 300 Kilogramm
4 schwer und sie hinterlassen Schleifspuren.
5 Die Schleifspuren verlaufen im Zickzack, in Kurven
6 und sogar im Kreis. Forscher gaben den Felsbrocken
7 sogar Namen. Diane[2] wanderte in einem Monat
8 880 Meter weit. Das ist ein Rekord.

[1] **Mojave:** [sprich: mohawi]
[2] **Diane:** [sprich: dajän]

**5** Was geschieht in der Mojave-Wüste Besonderes?
Schreibe Stichworte auf. → Stichworte aufschreiben:
Seite 288

 **M3 Sahara: die größte Wüste**

1 Die Sahara in Nordafrika ist die größte Trockenwüste
2 der Erde. Sie ist neun Millionen Quadratkilometer groß.
3 Sie ist damit fast so groß wie Europa.
4 Die meisten Menschen glauben, dass die Sahara
5 ein riesiges Sandgebiet ist. In Wirklichkeit besteht
6 diese Wüste zu großen Teilen aus Felsen und Geröll.

 **6** Was ist das Besondere an der Sahara?
Schreibe Stichworte auf.

➡ Stichworte aufschreiben:
Seite 288

 **M4 Die Entstehungszeit der Wüsten**

| Namib | | Mojave | Sahara |
|---|---|---|---|
| vor 55 Millionen Jahren | | vor 10 500 Jahren | vor 6 700 Jahren |

 **7** • Welche Wüste ist die älteste?
• Wann sind die drei Wüsten entstanden?
Schreibe einen kurzen Text.

➡ Die ... ist die älteste Wüste.
Sie ist vor ... Jahren entstanden. Die ...

**Mit Hilfe deiner Notizen kannst du nun
einen zusammenhängenden Text schreiben.**

 **8** Was ist deine Schreibaufgabe?

a. Lies noch einmal die Aufgabe 1 auf Seite 110.
b. Lies noch einmal deine Ergebnisse von Aufgabe 1
auf Seite 110.

 **9** Schreibe eine Einleitung.
Schreibe einen ersten Satz, der deine Leser neugierig macht.

➡ Wusstet ihr, dass jede Wüste besonders ist? ...

**10** Schreibe nun den Hauptteil.
Beantworte die folgenden Fragen:
• Wie heißen die Wüsten?
• Wo befinden sich die Wüsten?
• Was ist das Besondere an jeder einzelnen Wüste?
Verwende deine Ergebnisse von Aufgabe 4 bis 7.

**11** Schreibe nun den Schluss.
Finde einen abschließenden Satz.
• Welche Informationen haben dich am meisten erstaunt?
• Welche Informationen waren für dich am spannendsten?

**12** Finde eine passende Überschrift.
Schreibe sie über deinen Text.

**13** Welche Quellen hast du benutzt?
Schreibe sie unter deinen Text.

>>> M1, M2 …

**14** Überarbeite deinen informierenden Text
mit Hilfe der Checkliste.
**Tipp:** Prüfe die Rechtschreibung
mit dem **Rechtschreib-Check**.

→ Der Rechtschreib-Check:
Seite 226–229

| Checkliste: Einen informierenden Text schreiben | ja | nein |
|---|---|---|
| Habe ich das Thema genannt? | ▪ | ▪ |
| Habe ich die wichtigen Informationen genannt? | ▪ | ▪ |
| Habe ich die Informationen in einer sinnvollen Reihenfolge geordnet? | ▪ | ▪ |
| Habe ich eine passende Überschrift aufgeschrieben? | ▪ | ▪ |
| Habe ich meine Quellen genannt? | ▪ | ▪ |
| Ist der Text sachlich geschrieben? | ▪ | ▪ |
| Ist alles richtig geschrieben? | ▪ | ▪ |

**15** Gestaltet gemeinsam eine Wandzeitung.
• Welche Texte möchtet ihr aushängen?
• Welche Bilder möchtet ihr zeigen?
• Wie sollen die Texte und Bilder angeordnet werden?

# Unterwegs

💬 **1** Beschreibt die Bilder.
- Wer ist unterwegs?
- Was tun die Personen?

📖💬 **2** Lest die Sprechblasen, die Denkblasen und die SMS.
- Um welche Situationen geht es?
- Welche Situationen kennt ihr?

》》》 die Fußgänger,
die Fahrgäste,
die Autofahrer,
die Fahrradfahrer …

im Stau stehen,
auf den Verkehr achten,
streiten,
Streit schlichten …

Endlich unabhängig!

Prüfbescheinigung

zum Fahren von Mofas

Ruhig bleiben!

Was ist los?

 **3** • Wohin seid ihr oft unterwegs?
• Welche Verkehrsmittel nutzt ihr häufig? Welche selten?
• Mit wem seid ihr unterwegs?
• Wie lange seid ihr täglich unterwegs?

**Wie sind Menschen heute und in Zukunft unterwegs?**
**Ihr lernt verschiedene Ideen kennen.**
**Ihr bildet euch eine Meinung und**
**ihr nehmt schriftlich Stellung.**

>>> zur Schule, nach Hause, zu Freunden …

das Fahrrad, den Bus nutzen, die Bahn, das Auto, zu Fuß gehen …

mit Freunden, allein …

# Täglich von A nach B

**Schülerinnen und Schüler sind täglich unterwegs.
Wie denken sie darüber? Hier sind einige Meinungen:**

> 2 Ich laufe gern in der Stadt herum. Egal wohin, weil es einfach Spaß macht.

> 3 Ich finde meinen Schulweg zu lang: Ich bin täglich zwei Stunden unterwegs.

> 4 Ich bleibe am liebsten zu Hause. Im Straßenverkehr und in den öffentlichen Verkehrsmitteln sind die Leute oft so gereizt.

> 1 Mir ist es egal, wie lange ich unterwegs bin. Ich kann in der Bahn lesen oder Musik hören.

> 5 Ich fahre gern Fahrrad. Ich muss mich dann nicht darum kümmern, wann der Bus fährt.

Nina    Fabienne    Maja    André    Björn

---

💬 **1** • Wer ist gern unterwegs? Wer nicht?
• Warum?

💬 **2** Ordnet diese Aussagen den Meinungen in den Sprechblasen zu.
• Ich bin gern unterwegs, auch ohne ein bestimmtes Ziel.
• Ich möchte in der Nähe der Schule wohnen.
• Mir ist es wichtig, dass ich unabhängig unterwegs bin.
• Es macht mir nichts aus, wenn ich lange unterwegs bin.
• Ich fahre nicht gern Bus oder Bahn.

> ➡ Ich bin gern unterwegs, auch ohne ein bestimmtes Ziel.
> – Sprechblase 2

**Was ist eure Meinung zum Thema Unterwegs sein?**
**Dazu könnt ihr euch gegenseitig interviewen.**

 **3** Schreibt Fragen für das Interview auf.
  **Tipp:** Ihr könnt die Meinungen und Aussagen
      auf Seite 116 nutzen.

>>> Wann ...?
Wie ...?
Wie oft ...?

➡ Bist du gern unterwegs?

**4** a. Stellt euch gegenseitig die Fragen und beantwortet sie.
  b. Begründet eure Antworten.

**Jedes Jahr werden neue Verkehrsmittel erfunden.**

das Solowheel: [sprich: solo-uil]:
ein elektrisches Einrad. Das Rad fährt los,
wenn man sich nach vorne lehnt.
Es bremst, wenn man sich nach hinten lehnt.

das Flyrad: [sprich: flei-rad]:
ein Rad mit einem Lenker und einem Motor.
Man fährt das Flyrad mit Inline-Skatern.

W 🖊 **5** **Solowheel** oder **Flyrad**:
  Mit welchem Verkehrsmittel wärst du gern unterwegs?

  a. Wähle ein Verkehrsmittel aus. Begründe deine Wahl.
  b. Informiere dich im Internet über das Verkehrsmittel.
     Schreibe Stichworte auf.
  c. Stelle deine Ergebnisse in der Klasse vor.

➜ Stichworte aufschreiben:
Seite 288

# Einen Sachtext lesen und verstehen

**Die Menschen wollen schnell und sicher unterwegs sein.**
**Neue Ideen für den Verkehr sollen das einfacher machen.**

**1** Lies den Text. Wende die Schritte vom Textknacker an. → Textknacker: Seite 283

## 📖 Mobil unterwegs

> Verspäte mich – bin in 10 Minuten da ...

1 Selma liest die Nachricht von Daniel.
2 Jeden Tag treffen sie sich vor Schulbeginn
3 an der Bushaltestelle und legen den letzten Kilometer
4 gemeinsam zurück: zu Fuß oder auf Inlinern.
5 „Das war knapp", sagt Daniel. „Wir standen
6 mit dem Bus im Stau."
7 Daniel möchte gerne schneller unterwegs sein.
8 Auch anderen Menschen geht das so.

9 Jedes Jahr werden neue Verkehrsmittel erfunden.
10 Ein Beispiel ist das Solowheel. Es ist ein Elektro-Einrad.
11 Das Rad fährt los, wenn man sich nach vorne lehnt.
12 Es bremst, wenn man sich nach hinten lehnt.
13 Das Solowheel wird mit einer Batterie angetrieben,
14 die an einer normalen Steckdose aufgeladen werden kann.
15 Ein großer Vorteil ist auch, dass sich das Solowheel
16 mit anderen Transportmitteln kombinieren lässt.
17 Es ist leicht und handlich. Man kann es einpacken
18 und in den Bus oder die Bahn mitnehmen.

19 Die Computertechnik macht Fahrzeuge möglich,
20 die ohne Fahrer auskommen. In Estland
21 wurden fahrerlose Busse erfolgreich
22 im Straßenverkehr erprobt. Die Busse fuhren
23 an 22 Arbeitstagen insgesamt 1300 Kilometer
24 und beförderten etwa 5500 Fahrgäste.
25 Die Busse haben kein Lenkrad und keine Pedale.
26 Sie lernen durch künstliche Intelligenz beim Fahren
27 dazu und werden so klüger, sicherer und schneller.

Fahrerloser Shuttle-Bus
in Tallin, Estland

<sup>28</sup> Ob sich solche Ideen durchsetzen, wird sich noch zeigen.

<sup>29</sup> Klar ist aber, dass immer mehr Menschen

<sup>30</sup> öffentliche Verkehrsmittel nutzen.

<sup>31</sup> Verkehrsforscher empfehlen, den Wechsel

<sup>32</sup> zwischen den Verkehrsmitteln zu erleichtern:

<sup>33</sup> Man leiht sich ein Fahrrad an einer Leihstation

<sup>34</sup> und fährt damit zur Bahn. Während der Bahnfahrt

<sup>35</sup> sucht man per Handy Busverbindungen für die Fahrt

<sup>36</sup> vom Bahnhof zum gewünschten Ziel.

<sup>37</sup> Lärm, Stau, Abgase, Unfallgefahr: Darauf reagieren

<sup>38</sup> Menschen oft gestresst im Straßenverkehr und

<sup>39</sup> sie gehen unfreundlich miteinander um.

<sup>40</sup> Auch dafür hat man eine Idee. Sie heißt Shared Space[1]:

<sup>41</sup> Im Stadtzentrum nutzen alle Verkehrsteilnehmer

<sup>42</sup> einen Raum gemeinsam. Verkehrsschilder und Ampeln

<sup>43</sup> werden abgebaut. Die Verkehrsregel rechts vor links

<sup>44</sup> bleibt gültig. Die Geschwindigkeit für Fahrzeuge ist

<sup>45</sup> auf 20 Stundenkilometer begrenzt.

<sup>46</sup> Die Verkehrsteilnehmer müssen sich

<sup>47</sup> miteinander verständigen, durch Zuruf, Blickkontakt

<sup>48</sup> oder mit Hilfe von Handzeichen.

<sup>49</sup> Das Ergebnis: Die meisten Menschen verhalten sich

<sup>50</sup> aufmerksamer und rücksichtsvoller. Der Verkehr

<sup>51</sup> fließt langsamer, aber gleichmäßiger. Dadurch werden

<sup>52</sup> weniger Schadstoffe ausgestoßen und der Lärm

<sup>53</sup> wird verringert. Die Anzahl der Unfälle bleibt gleich,

<sup>54</sup> aber es sind meist nur Blechschäden.

<sup>55</sup> Als Selma und Daniel in der Schule ankommen,

<sup>56</sup> entdecken sie einen Aushang am Schwarzen Brett:

<sup>57</sup> Herr Lenz bietet einen Mofa-Kurs an.

[1] **der Shared Space:** [sprich: schärd späis]: gemeinsam genutzter Raum

 **2** Der Sachtext stellt Ideen für neue Verkehrsmittel vor.

**a.** Welche Idee findest du besonders interessant?
Begründe.

**b.** Schreibe Stichworte zu deiner gewählten Idee auf.

→ Stichworte aufschreiben:
Seite 288

# Mit der Argumentationskette überzeugen

**In Shared-Space-Zonen nutzen
alle Verkehrsteilnehmer denselben Raum.
Die Klasse 8.1 diskutiert über diese Idee.**

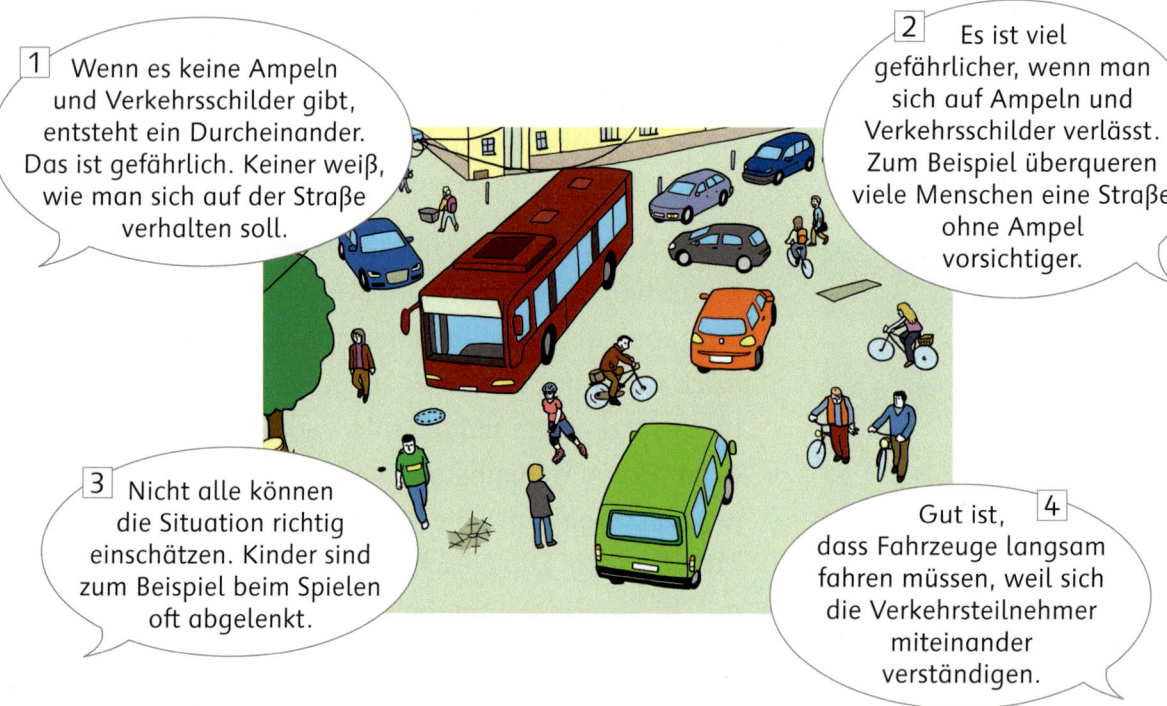

1 Wenn es keine Ampeln und Verkehrsschilder gibt, entsteht ein Durcheinander. Das ist gefährlich. Keiner weiß, wie man sich auf der Straße verhalten soll.

2 Es ist viel gefährlicher, wenn man sich auf Ampeln und Verkehrsschilder verlässt. Zum Beispiel überqueren viele Menschen eine Straße ohne Ampel vorsichtiger.

3 Nicht alle können die Situation richtig einschätzen. Kinder sind zum Beispiel beim Spielen oft abgelenkt.

4 Gut ist, dass Fahrzeuge langsam fahren müssen, weil sich die Verkehrsteilnehmer miteinander verständigen.

1 Welche Äußerungen sind **für** eine Shared-Space-Zone?
Welche **dagegen**?

> Meinung

2 Wie begründen die Schülerinnen und Schüler ihre Meinung?
Ordne die **Gründe** (Argumente) in eine Tabelle ein.
**Tipp:** Lass unter jedem Grund zwei Zeilen frei.

> Grund

| Gründe für die Zone | Gründe gegen die Zone |
|---|---|
| Auf Ampeln und Verkehrsschilder kann man sich nicht verlassen. | Es entsteht ein Durcheinander, wenn … |

3 Die Schülerinnen und Schüler nennen auch **Beispiele**.

> Beispiel

a. Finde die Beispiele in den Äußerungen.
b. Schreibe die Beispiele unter die passenden Gründe.

**Mit einer Argumentationskette kannst du andere überzeugen.**

 **Ich finde, dass** eine Shared-Space-Zone gefährlich sein kann,

**weil** nicht alle die Situation rechtzeitig einschätzen können.

Kinder sind **zum Beispiel** beim Spielen oft abgelenkt.

**Deswegen** bin ich gegen Shared-Space-Zonen.

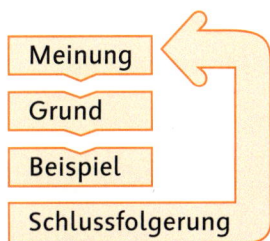

| Meinung |
| Grund |
| Beispiel |
| Schlussfolgerung |

**4** Wie ist die Argumentationskette aufgebaut?

    **a.** In welcher Reihenfolge stehen Meinung, Grund und Beispiel?
    **b.** Was ist eine Schlussfolgerung?

>>> die Meinung deutlicher machen, bestärken

**Mit einer Schlussfolgerung kannst du deine Meinung bestärken und deine Argumentationskette ergänzen.**

**5** Ergänzt die folgenden Argumentationsketten.

    **a.** Schreibt sie ab.
    **b.** Formuliert eine Schlussfolgerung.

Ich denke, dass eine Shared-Space-Zone gut ist,
weil Ampeln und Verkehrsschilder viel Geld kosten.
Das Geld könnte man zum Beispiel für Parks ausgeben.
Deswegen bin ich ▭

Ich finde, man kann nicht auf Verkehrsregeln verzichten,
da Handzeichen und Blickkontakt nicht immer eindeutig sind.
Man kann sich beispielsweise leicht missverstehen.
Deswegen bin ich ▭

**Z** **6** Formuliere eine eigene Argumentationskette.
Beachte dabei die Arbeitstechnik
**Eine Argumentationskette entwickeln**.

---

**⚙ Arbeitstechnik**

**Eine Argumentationskette entwickeln**

- Ich schreibe meine **Meinung** in einem Satz auf.
- Ich finde einen **Grund** (Argument) für meine Meinung.
- Ich unterstütze meinen Grund mit einem **Beispiel**.
- Ich bestärke meine Meinung mit einer **Schlussfolgerung**.

---

# Schriftlich Stellung nehmen

**Lena hat einen Leserbrief zu Shared Space geschrieben.
Eine Jugendzeitschrift hat den Brief veröffentlicht.**

### Teilen muss man lernen

1 In unserem Stadtzentrum wird
2 eine Shared-Space-Zone gebaut. Wir werden
3 diese Zone bald gemeinsam nutzen.
4 Der Verkehr soll sicherer werden, obwohl es
5 weniger Regeln gibt. Ich finde diese Idee
6 nicht gut. Ich denke, dass viele Menschen
7 unsicher sein werden.

8 Niemand kann immer aufmerksam und rücksichtsvoll sein. Wenn ich
9 zum Beispiel in Gedanken bin, kann ich mich nach den Ampeln richten.
10 Natürlich können trotzdem Unfälle passieren. Aber Ampeln und
11 Verkehrsschilder sind nicht nur Vorschriften. Sie sind auch Hilfen.

12 Klar, Gehwege oder Fahrbahn-Markierungen schreiben uns vor,
13 wo wir gehen und fahren dürfen. Aber sie verhindern auch Streit,
14 denn Teilen ist nicht immer leicht. Deshalb finde ich es nicht gut,
15 dass es im Shared Space fast gar keine Regeln geben soll. Ich finde,
16 dass man rücksichtsvolles Verhalten durch Regeln ergänzen sollte.

*(von Lena K.)*

 **1** Welche Meinung hat Lena zu Shared Space?
Schreibe ihre Meinung in einem Satz auf.

> Meinung

**2** • Welche Gründe nennt Lena?
• Welche Beispiele nennt sie?

> Grund
> Beispiel

**3** Welche Gründe und Beispiele überzeugen euch?
Begründet.

➡ Mich überzeugt, dass ..., weil ...

**In einem Leserbrief kannst du Stellung nehmen.**

→ Einen Leserbrief schreiben: Seite 194–197

 **4** Welche Meinung hast du zu der Frage:
**Shared Space macht den Verkehr sicherer – ja oder nein?**
Schreibe deine **Meinung** auf.

Meinung

**5** Welche **Gründe** passen zu deiner Meinung?

Grund

 **a.** Lies noch einmal die Gründe auf Seite 120 und 121.
**b.** Wähle drei Gründe aus, die deine Meinung unterstützen.

> ➡ Shared Space macht den Verkehr sicherer,
> weil Fahrzeuge langsam fahren müssen.
>
> Shared Space macht den Verkehr nicht sicherer,
> da nicht alle die Situation rechtzeitig einschätzen können.

 **6** **Ordne deine Gründe**. Schreibe den schwächsten zuerst,
den stärksten zuletzt auf.

 **7** Schreibe zu deinen drei wichtigsten Gründen **Beispiele** auf.

Beispiel

> ➡ Die Autofahrer müssen sich zum Beispiel
> mit Fußgängern verständigen.

 **8** Formuliere eine **Schlussfolgerung**,
die deine Meinung bestärkt.

Schlussfolgerung

> ➡ Deswegen bin ich für/gegen …

 **9** Nimm Stellung zu dem Thema:
**Shared Space macht den Verkehr sicherer – ja oder nein?**
Verwende deine Ergebnisse von Aufgabe 4 bis 8.
- Nenne zuerst das Thema.
- Schreibe dann deine Meinung in einem Satz auf.
- Schreibe deine Gründe in Sätzen auf.
- Veranschauliche deine Gründe mit Beispielen.
- Schreibe deine Schlussfolgerung in einem Satz auf.

→ Schriftlich Stellung nehmen: Seite 291

 **10** Überarbeite deinen Leserbrief.
Prüfe die Rechtschreibung mit dem **Rechtschreib-Check**.

→ Der Rechtschreib-Check: Seite 226–229

# Schriftlich Stellung nehmen

**An manchen Schulen werden Mofa-Kurse angeboten.**

### Mofa-Führerschein erwerben!

Du bist 15 Jahre alt?
Melde dich für den Mofa-Kurs in deiner Schule an!

**Vorteile:**
– Du bist unabhängig von deinen Eltern.
– Du lernst, wie man Gefahren erkennt und vermeidet.
– Du fährst auch bei Stress sicher.

**Was hältst du von einem Mofa-Kurs an deiner Schule?
Du kannst dazu Stellung nehmen.**

 **1** Was hältst du von einem Mofa-Kurs an deiner Schule?
Schreibe deine Meinung auf.

 **2** Welche Gründe passen zu deiner Meinung?

    **a.** Lies die Gründe auf Seite 124 und 125.
 **b.** Wähle zwei Gründe aus, die deine Meinung unterstützen.

 **3** Schreibe deine Stellungnahme.
Beachte dabei die Arbeitstechnik
**Schriftlich Stellung nehmen**.

---

**⚙ Arbeitstechnik**

**Schriftlich Stellung nehmen**

- Ich **nenne** zuerst das **Thema**.
- Ich **schreibe** dann **meine Meinung** auf.
- Ich **finde** für meine Meinung **passende Gründe** (Argumente):
  Gründe dafür oder Gründe dagegen.
- Ich **schreibe** die Gründe zu meiner Meinung.
- Ich **veranschauliche** meine Gründe **mit Beispielen**.
  Ich verknüpfe die Sätze mit **zum Beispiel**, **beispielsweise**.
- Ich **schreibe** eine **Schlussfolgerung** auf,
  die meine Meinung bestärkt.

# Argumentationsketten entwickeln

 **Selma und Daniel diskutieren über den Mofa-Kurs an ihrer Schule. Daniel ist gegen einen Mofa-Kurs:**

Ich finde einen Mofa-Führerschein überflüssig.

Denn man darf mit einem Mofa nur 25 Kilometer pro Stunde fahren.

Mit dem Fahrrad bin ich zum Beispiel fast genauso schnell.

Deswegen bin ich gegen einen Mofa-Kurs.

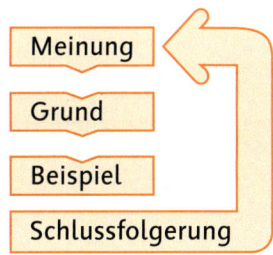

Meinung

Grund

Beispiel

Schlussfolgerung

**1** • Was sagt Daniel über den Mofa-Kurs?
• In welcher Reihenfolge stehen Meinung, Grund, Beispiel und Schlussfolgerung?

 **Das sagt Selma über den Mofa-Kurs:**

Ich finde es praktisch, dass man an der Schule einen Mofa-Führerschein machen kann.

Mit einem Mofa bin ich beispielsweise nicht mehr vom Bus abhängig.

Denn ich bin viel unterwegs.

Deswegen bin ich für einen Mofa-Kurs an unserer Schule.

**2** a. • Welche Meinung hat Selma?
• Was ist ihr Grund, ihr Beispiel und ihre Schlussfolgerung?
b. Ordne Selmas Argumentationskette.
Schreibe sie in der richtigen Reihenfolge auf.

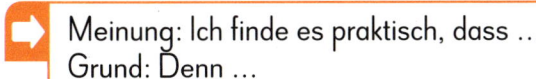
> Meinung: Ich finde es praktisch, dass …
> Grund: Denn …

W **3** Schreibe eine eigene Argumentationskette auf.
Du kannst einen der folgenden Gründe verwenden.

> Im Kurs lernt man, wie man sich sicher im Straßenverkehr bewegt.

> Wenn man später ein Mofa fahren möchte, muss man auch für das Mofa, die Versicherung und das Benzin bezahlen.

# Was empfiehlst du?

📖 **Schnell und sicher unterwegs sein ist nicht leicht.
Darüber sprechen Klara, Kim und Marek:**

**1** Ich möchte einen Mofa-Kurs machen. Mein Vater ist gegen den Kurs. Er findet ihn zu teuer.

**2** Wenn ich mit Freunden ausgehen will, gibt es oft Ärger. Meine Mutter möchte nicht, dass ich abends lange unterwegs bin. Sie findet es gefährlich.

Kim

Klara

**3** Meine Freunde wohnen weit entfernt. Wenn ich mich mit ihnen treffen will, muss mich jemand fahren.

Marek

 **1** Welche Probleme haben Klara, Kim und Marek?
Schreibe die Probleme mit eigenen Worten auf.

➡️ Klaras Vater ist gegen …

📖 **Klara, Kim und Marek geben sich gegenseitig Empfehlungen:**

Such dir einen Job.
Mit dem Geld kannst du den Mofa-Führerschein bezahlen.

Vereinbare feste Zeiten mit deiner Mutter.
Dann muss sie sich keine Sorgen machen.

Lade deine Freunde zu dir nach Hause ein.
Dann musst du nicht immer gefahren werden.

 **2** Wer bekommt welche Empfehlung?

    **a.** Ordne die Empfehlungen den Sprechblasen zu.
    **b.** Schreibe die Empfehlungen zu deinen Ergebnissen von Aufgabe 1.

📖 **Mit einem passenden Satzanfang kannst du deine Empfehlung anschaulicher machen.**

Ich empfehle, dass …

Mein Tipp ist, dass …

Ich rate, dass …

Ich schlage vor, dass …

✏️ **3** Schreibe die Empfehlungen von Aufgabe 2 mit einem passenden Satzanfang auf.

➡️ Ich empfehle, dass du dir einen Job suchst.
Mit dem Geld kannst du den Mofa-Führerschein bezahlen.

✏️ **4** a. • Warum ist unterwegs sein manchmal nicht leicht?
    • Welche Empfehlungen kann man dazu geben?
  b. Schreibe die Sätze ab.
  c. Ergänze zu jedem Satz einen Satz mit einer Empfehlung.
     **Tipp:** Verwende dabei einen passenden Satzanfang.

Die Straßen sind zu voll.

Immer mit dem Bus fahren ist langweilig.

Es gibt viele Unfälle.

Mit dem Fahrrad fahren ist gefährlich.

➤➤➤ häufiger die Bahn nutzen,
im Straßenverkehr aufpassen,
neue Verkehrsmittel ausprobieren,
einen Helm tragen …

➡️ Die Straßen sind zu voll. – Ich schlage vor, dass man häufiger die Bahn nutzt.

W ✏️ **5** Und was empfiehlst **du**?

  a. Wähle einen der Sätze aus.
  b. Schreibe deine Empfehlung dazu auf.

Jedes Jahr werden viele neue Verkehrsmittel erfunden.

Mofas und Autos belasten die Umwelt.

➡️ Ich rate dir, dass …

# Training:
# Stadtpläne und Fahrpläne lesen

## Unterwegs zum Praktikumsplatz

📖 **Milana beginnt bald ihr Praktikum in einem Malerbetrieb.**

> Wo befindet sich ...?

> Wie viel Zeit brauche ich ...?

> Wie komme ich ...?

> Wann muss ich ...?

🖉 **1** Schreibe Milanas Fragen ab und ergänze sie.

**Milana orientiert sich mit Hilfe eines Stadtplans.**

📖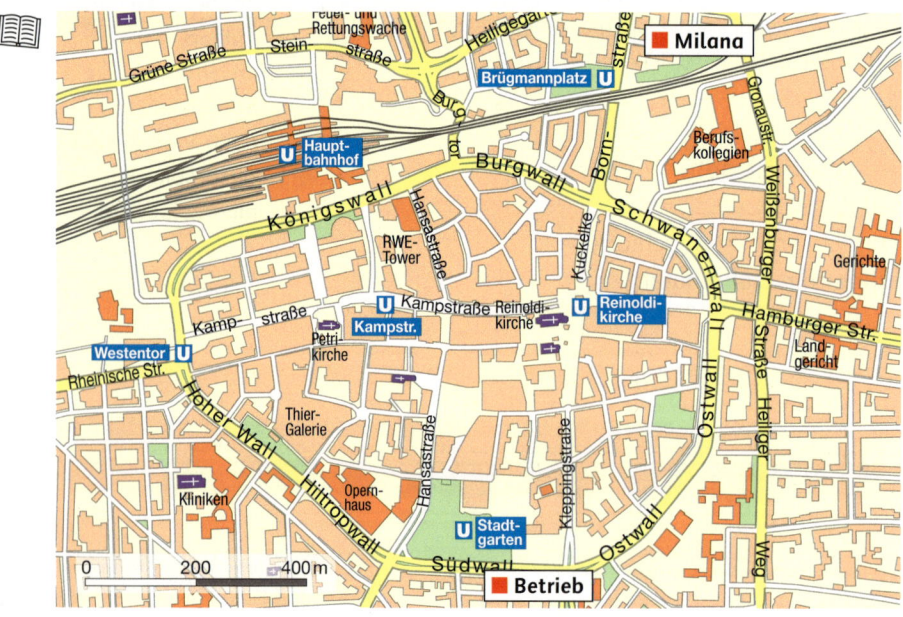

🖉 **2** Wo wohnt Milana? Wo befindet sich der Betrieb?

    **a.** Finde beides auf dem Stadtplan.

    **b.** Schreibe die nächstgelegenen 🅄-Bahn-Haltestellen auf.

## Mit dem Netzplan sucht Milana eine U-Bahn-Linie.

Stand: Juni 2014

**3** Welche U-Bahn-Linie kann Milana nutzen?

a. Suche die Haltestellen **Brügmannplatz** und **Stadtgarten**
   auf dem Plan.
b. Schreibe auf, welche U-Bahn-Linie die beiden Haltestellen
   verbindet.
c. Schreibe auf, wie viele Stationen Milana fahren muss.

## Mit dem Fahrplan informiert sich Milana über die Fahrzeiten.

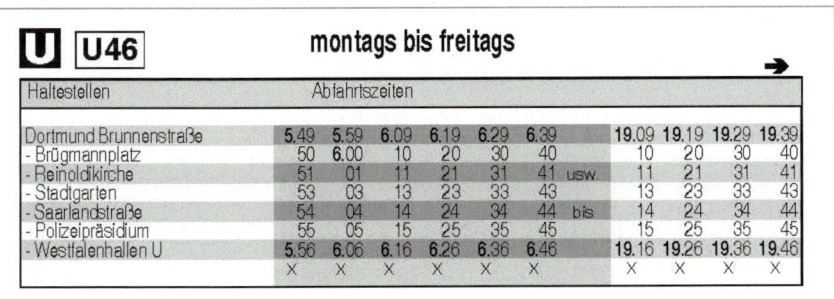

Stand: Juni 2014

**4** Milana will um 6:40 Uhr am Brügmannplatz losfahren.
   • Wann wird sie mit dieser Bahn am Stadtgarten ankommen?
   • Wie lange dauert die Fahrt?

# Gedichte: Im Bann der Großstadt

## Eine Großstadt hören, riechen, fühlen

**In einer Großstadt kannst du viel entdecken,
wenn du genau hinhörst.**

 **Ich höre Istanbul**   Orhan Veli

1  Ich höre Istanbul, meine Augen geschlossen.
2     Zuerst weht ein leichter Wind.
3  Leicht bewegen sich die Blätter in den Bäumen.
4     In der Ferne, weit in der Ferne.
5  Pausenlos die Glocke des Wasserverkäufers.
6  Ich höre Istanbul, meine Augen geschlossen.

7  Ich höre Istanbul, meine Augen geschlossen.
8  Menschen am Meer.
9     In der Höhe die Schreie der Vögel,
10    die in Scharen fliegen.
11 Die großen Fischernetze werden eingezogen,
12 die Füße einer Frau berühren das Wasser.
13 Ich höre Istanbul, meine Augen geschlossen.

14 Ich höre Istanbul, meine Augen geschlossen.
15    Der kühle Basar,
16 Mahmutpascha[1] mit dem Geschrei der Verkäufer,
17    die Höfe voll Tauben.
18    Das Gehämmer von den Docks[2] her;
19 Im Frühlingswind der Geruch von Schweiß.
20 Ich höre Istanbul, meine Augen geschlossen.

21 Ich höre Istanbul, meine Augen geschlossen.
22    Im Kopf der Rausch vergangener Feste.
23 Eine Strandvilla mit halbdunklen Bootshäusern,
24    das Sausen der Südwinde legt sich.
25 Ich höre Istanbul, meine Augen geschlossen.
26 […]

[1] **Mahmutpascha:** Geschäfts- und Basarviertel in Istanbul
[2] **die Docks:** Dort können Schiffe repariert werden.

1 **a.** Lest das Gedicht in der Klasse vor.
  - Einer liest vor.
  - Die anderen schließen die Augen und stellen sich die Geräusche vor.

  **b.** Wie klingt Istanbul für euch? Beschreibt es.

> windig, laut, bunt, aufregend, groß, >>> viele Menschen …

**Der Sprecher im Gedicht hört, riecht und fühlt Istanbul.**

> Merkmal:
> Gedichte haben einen Sprecher.

2 Finde passende Textstellen. Lies sie vor.
  - Was kann der Sprecher hören?
  - Was kann er riechen?
  - Was kann er fühlen?

  **Tipp:** Lege eine Folie über das Gedicht
  und markiere die Stellen.

**Der Sprecher im Gedicht beschreibt viele Geräusche.
Ihr könnt die Geräusche sichtbar machen.**

> Merkmal:
> Gedichte haben eine besondere Form und eine besondere Sprache.

3 Wie könnt ihr die Geräusche sichtbar machen?

  **a.** Einer diktiert nacheinander die Geräusche im Gedicht.
  Der andere schließt die Augen und malt das Geräusch:
  - Zeichnet kleine, zarte Striche für leise Geräusche.
  - Zeichnet große, kräftige Striche für laute Geräusche.

  **b.** Tauscht die Rollen.

  **c.** Vergleicht: Welche Geräusche habt ihr ähnlich gezeichnet?
  Welche nicht?

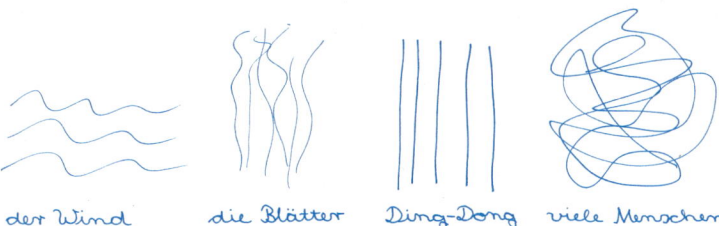

der Wind   die Blätter   Ding-Dong   viele Menschen

**Ihr könnt die Geräusche auch hörbar machen.**

4 Wie könnt ihr die Geräusche hörbar machen?
  - Lest manche Geräusche laut vor, manche leise.
  - Lest manche Geräusche schnell vor, manche langsam.
  - Betont wichtige Wörter.

5 Trage das Gedicht ausdrucksvoll vor.
  **Tipp:** Beachte die Arbeitstechnik **Ausdrucksvoll vortragen**. ➜ Ausdrucksvoll vortragen: Seite 281

# Nachts schläft die Stadt

**Wie ist es nachts in einer Großstadt, wenn alles schläft?**

📖 **Spät nachts**   Mascha Kaléko

1 Jetzt ruhn auch schon die letzten Großstadthäuser.
2 Im Tanzpalast ist die Musik verstummt.
3 Bis auf den Boy, der einen Schlager summt.
4 Und hinter Schenkentüren[1] wird es leiser.

5 Es schläft der Lärm der Autos und Maschinen,
6 Und blasse Kinder träumen still vom Glück.
7 Ein Ehepaar kehrt stumm vom Fest zurück,
8 Die dürren Schatten zittern auf Gardinen.

9 Ein Omnibus[2] durchrattert tote Straßen.
10 Auf kalter Parkbank schnarcht ein Vagabund[3].
11 Durch dunkle Tore irrt ein fremder Hund
12 Und weint um Menschen, die ihn blind vergaßen.

13 In schwarzen Fetzen hängt die Nacht zerrissen,
14 Und wer ein Bett hat, ging schon längst zur Ruh.
15 Jetzt fallen selbst dem Mond die Augen zu …
16 Nur Kranke stöhnen wach in ihren Kissen.

17 Es ist so still, als könnte nichts geschehen.
18 Jetzt schweigt des Tages Lied vom Kampf ums Brot[4].
19 – Nur irgendwo geht einer in den Tod.
20 Und morgen wird es in der Zeitung stehen …

[1] **die Schenke:** das Wirtshaus, die Bar
[2] **der Omnibus:** der Bus
[3] **der Vagabund:** jemand ohne festen Wohnsitz
[4] **der Kampf ums Brot:** der Kampf um Essen und Geld für das tägliche Leben

📖 **1**   Wie ist es in der Großstadt spät nachts?

**a.** Lies den Text mehrmals leise.
✎ **b.** Beantworte die Fragen mit passenden Textstellen:
   • Was geschieht nachts?
   • Was kann man nachts sehen und hören?
   **Tipp:** Lege eine Folie über das Gedicht und markiere
      die Stellen.

**Im Gedicht ruhen die Großstadthäuser.**
**Das nennen wir ein sprachliches Bild oder eine Metapher.**

**Merkmal:**
Sprachliche Bilder,
z. B. Metaphern,
machen ein Gedicht
anschaulich.

**2** Können Großstadthäuser **ruhen** (Zeile 1)?

   a. Erklärt dieses sprachliche Bild.
   b. Auch die folgenden sprachlichen Bilder stehen
      in dem Gedicht.
      Vermutet, was damit gemeint ist.

**Es schläft der Lärm der Autos und Maschinen.**

**Die dürren Schatten zittern auf Gardinen.**

›››  nachts,
     Menschen schlafen …
     kein Licht,
     dunkel sein …

**verstummt, summt** – Das Gedicht reimt sich.

**Merkmal:**
Gedichte reimen sich
häufig.

**3** Sieh dir die Reime im Gedicht genauer an.

   a. Schreibe jeweils das letzte Wort aus jeder Zeile
      untereinander auf.
   b. Markiere die Reimwörter gleich, die zusammengehören.
   c. Welche Reimform hat das Gedicht?

**Reimformen:**

| der Paarreim | der Kreuzreim | der umarmende Reim |
|---|---|---|
| a ⌉ | a ⌉ | a ⌉ |
| a ⌋ | b ⌉ | b ⌉ |
| b ⌉ | a ⌋ | b ⌋ |
| b ⌋ | b ⌋ | a ⌋ |

**Z  Die Reime verbinden bestimmte Verse (Zeilen)**
**in dem Gedicht miteinander.**

**4** Warum verbinden die Reime bestimmte Verse miteinander?
Was haben die Verse jeweils gemeinsam?

   a. • Lies in jeder Strophe erst die äußeren Verse.
      • Lies dann die Verse in der Mitte.
   b. Worum geht es in den äußeren Versen?
   c. Worum geht es in den inneren Versen?

➡ In den äußeren Versen … darum, wie …
   In den inneren Versen … darum, was …

›››  Wie sieht die Stadt aus?
     Wie wirkt die Stadt
     auf die Menschen?

     Was passiert
     in der Stadt?
     Was tun die Menschen?

# Ein Song an (m)eine Stadt

**Herbert Grönemeyer singt in dem Song Bochum über seine Heimatstadt.**

📖 **Bochum**   Herbert Grönemeyer

1 Tief im Westen,
2 wo die Sonne verstaubt!
3 Ist es besser,
4 viel besser, als man glaubt!
5 Tief im Westen.

6 Du bist keine Schönheit
7 vor Arbeit ganz grau!
8 Liebst dich ohne Schminke;
9 bist 'ne ehrliche Haut[1];
10 leider total verbaut[2];
11 aber gerade das macht dich aus!

12 Du hast 'n Pulsschlag aus Stahl.
13 Man hört ihn laut in der Nacht.
14 Bist einfach zu bescheiden!
15 Dein Grubengold
16 hat uns wieder hochgeholt[3],
17 du Blume im Revier[4]!

18 Bochum
19 ich komm aus dir!
20 Bochum
21 ich häng an dir!
22 Glück auf[5], Bochum.

23 Du bist keine Weltstadt!
24 Auf deiner Königsallee
25 finden keine Modenschauen statt.
26 Hier, wo das Herz noch zählt,
27 nicht das große Geld!
28 Wer wohnt schon in Düsseldorf?

29 Bochum
30 ich komm aus dir!
31 Bochum
32 ich häng an dir!
33 Glück auf, Bochum.

34 Du bist das Himmelbett für Tauben!
35 Und ständig auf Koks[6]!
36 Hast im Schrebergarten deine Laube.
37 Machst mit dem Doppelpass
38 jeden Gegner nass,
39 du und dein VfL[7]!

40 Bochum
41 ich komm aus dir!
42 Bochum
43 ich häng an dir!
44 Glück auf, Bochum.

[1] **eine ehrliche Haut:** eine ehrliche Person
[2] **verbaut:** störende oder hässliche Gebäude
[3] **es hat uns wieder hochgeholt:**
   Es hat wirtschaftlichen Erfolg gebracht.
[4] **das Revier:** hier: das Ruhrgebiet
[5] **Glück auf:** ein Gruß der Bergleute

[6] **der Koks:** ein Material aus Kohle, das man
   zum Heizen und in der Stahlindustrie verwendet
[7] **dein VfL:** Gemeint ist hier der Fußballverein
   VfL Bochum.

 **1** a. Hört euch den Song an. Oder lest den Songtext vor.
💬 b. Worum geht es in dem Song? Sprecht darüber.

die Heimatstadt,
der Bergbau,
keine schöne Stadt,
〉〉〉 eine Liebeserklärung …

**Bochum liegt im Ruhrgebiet. Viele Menschen haben dort bis in die 1970er Jahre im Bergbau und in der Stahlindustrie gearbeitet.**

 **2** Welche Wörter und Wortgruppen im Songtext haben mit Bergbau und Stahlindustrie zu tun?

   **a.** Schreibe sie untereinander auf.
      **Tipp:** Die Fußnoten helfen dir.
   **b.** Schreibe die Zeilenangaben daneben.

**Du bist 'ne ehrliche Haut, singt Herbert Grönemeyer. Er stellt Bochum wie eine Person dar. Das nennen wir Personifikation.**

> **Merkmal:**
> In manchen Gedichten gibt es Personifikationen.

 **3** In welchen Textstellen wird Bochum wie eine Person dargestellt?

   **a.** Schreibe die Textstellen untereinander auf.
      **Tipp:** Achte auf die Wörter **du**, **dir**, **deine**, **dich**.
   **b.** Schreibe die Zeilenangaben daneben.

 Du bist keine Schönheit (Zeile 6)
Liebst dich …

> »» wie eine Person sein,
> lebendig sein,
> Schwächen haben,
> Stärken haben …

 **4** Warum wird Bochum wie eine Person dargestellt? Begründe.

 Herbert Grönemeyer wurde 1956 geboren. Er ist ein bekannter Sänger, Musikproduzent und Schauspieler. Er wuchs in Bochum auf und lebte dort viele Jahre. Sein erstes Album hieß **4630 Bochum**. Der Musiker ist außerdem ein großer Fan des Fußballvereins VfL Bochum.

 **5** **a.** Warum könnte Herbert Grönemeyer einen Song über Bochum geschrieben haben? Vermute.
   **b.** Begründe deine Vermutung mit Hilfe von dem Gedicht und dem Infotext.

> »» die Heimatstadt,
> dort aufwachsen,
> vertraut sein,
> zu Hause sein …

# Training:
# Ein Gedicht zusammenfassen

**Worum geht es in dem Gedicht Ich höre Istanbul?**
**Du kannst hier Schritt für Schritt**
**eine Zusammenfassung schreiben.**

→ Ich höre Istanbul: Seite 134

 **1** a. Denke über den Titel von dem Gedicht nach:
**Ich höre Istanbul**
b. Worum könnte es in dem Gedicht gehen?
Vermute.

**2** Lies das Gedicht **Ich höre Istanbul** auf Seite 134.
Lies es genau und Strophe für Strophe.

 **3** Schreibe wichtige Stichworte zu dem Gedicht auf.
Beantworte dazu die folgenden Fragen:

| | |
|---|---|
| **Was** ist das für ein Text? | Um **wen** oder **was** geht es in dem Gedicht? |
| **Wie** ist der Titel des Textes? | Kannst du einen **Ort** und eine **Zeit** erkennen? |
| **Wer** ist der Autor? | Gibt es eine **Hauptperson**? |
| **Wie** wirkt das Gedicht auf dich? | Gibt es eine **Handlung**? |
| | Oder wird etwas **genauer beschrieben**? |
| | Gibt es einen **Sprecher**? **Wie** spricht er? |

**Du kannst auch das Thema von dem Gedicht nennen.**

W  **4** Was ist das Thema von dem Gedicht?
• Finde passende Wörter oder Wortgruppen.
Schreibe mehrere Möglichkeiten auf.
Wähle davon eine aus.
• Oder wähle eine passende Wortgruppe vom Rand.

> Istanbul und die Natur
> die Geräusche in Istanbul

**Zuerst schreibst du die Einleitung.**

 **5** Schreibe nun die Einleitung in einem Satz auf. Ergänze.
**Tipp:** Schreibe im Präsens.

In dem Gedicht ▭ von ▭ geht es um die ▭.

> Orhan Veli
> Geräusche in Istanbul
> ⟩⟩⟩ Ich höre Istanbul

**Nun schreibst du den Hauptteil.**

 **6** Gedichte haben oft einen Sprecher.
- **Wer** spricht im Gedicht? Gibt es einen Sprecher?
- **Wie** spricht der Sprecher?

In dem Gedicht gibt es ▰▰▰. Er spricht ▰▰▰ mit
dem Leser. Er beschreibt, was er in der Stadt ▰▰▰,
▰▰▰ und ▰▰▰.

>>> riecht
ruhig
einen Sprecher
fühlt
hört

 **7** **Was** genau sagt der Sprecher zum Thema?
Fasse zusammen. Ergänze.

Der Sprecher sagt, dass er ▰▰▰ zuhört. Dabei sind seine
Augen ▰▰▰. Er beschreibt die ▰▰▰. Er hört die ▰▰▰:
den Wind, das Meer und die ▰▰▰. Aber er hört auch das
Leben und die ▰▰▰. Der Sprecher beschreibt, wie ▰▰▰
auf dem Basar schreien und Fischer ihre ▰▰▰ einziehen.

>>> Netze
geschlossen
Verkäufer
Natur
Geräusche
Istanbul
Vögel
Menschen

 **8**
- Wie gefällt dir der Titel **Ich höre Istanbul**?
- Passt er gut zu dem Gedicht?
Überprüfe deine Vermutung von Aufgabe 1 b.

 Bei dem Titel … denke ich an …
In dem Gedicht geht es um …

**Zum Schluss schreibst du, wie das Gedicht auf dich wirkt.**

 **9**
- Wie wirkt das Gedicht auf dich?
- Was gefällt dir? Was nicht?
Beschreibe. Verwende passende Adjektive.

➡ Das Gedicht wirkt auf mich … Mir gefällt …

 **10** a. Überprüfe deine Inhaltsangabe:
- Gibt die Inhaltsangabe das Wichtigste
aus dem Text wieder?
- Hast du das Präsens verwendet?
b. Prüfe die Rechtschreibung mit dem **Rechtschreib-Check**.
c. Überarbeite deine Inhaltsangabe.

→ Der Rechtschreib-Check:
Seite 226–229

# Wahre Geschichten in Balladen und Berichten

## Von listigen Frauen und ungewöhnlichen Lasten

**Ein altes Sprichwort sagt: Not macht erfinderisch.
Das zeigt auch eine wahre Begebenheit aus dem Jahr 1140.
Sie wurde in Bildern, Berichten und Balladen überliefert.**

**1** **a.** Was seht ihr auf dem Bild?
   • Welche Personen erkennt ihr?
   • Was tun die Personen?
   • Welche Gebäude erkennt ihr?
   • Wie sieht der Ort aus?
   • In welcher Situation befinden sich die Menschen?
   Beschreibt.
   **b.** Was könnte passiert sein? Vermutet.

>>> die Frauen, die Männer,
die Soldaten,
die Speere, der Krieg,
die Burg, die Zelte,
auf dem Berg, im Tal …

auf dem Rücken tragen,
aus der Burg
herauskommen …

📖 **Einer der Soldaten hat das Geschehen beobachtet.**
**Er erzählt, was er gesehen und gehört hat:**

1 Wir belagerten die Burg Weinsberg. Wir waren im Krieg.
2 Kaiser Konrad wollte die Burg einnehmen. Eines Morgens
3 sah ich etwas Erstaunliches: Die Frauen kamen den Berg
4 hinunter. Sie trugen Männer auf ihren Rücken!

5 Ein anderer Soldat erzählte mir dann, was hier passierte:
6 Die Bewohner der Burg hatten sich gewehrt,
7 doch irgendwann hatten sie nichts mehr zu essen.
8 Also gingen die schönsten Frauen der Burg zum Kaiser.
9 Sie fragten, ob die Leute die Burg verlassen dürfen.
10 Dann schloss der Kaiser einen Vertrag mit den Frauen.

11 Ich habe nicht ganz verstanden, was in dem Vertrag stand.
12 Der Kaiser hatte wohl versprochen, dass die Frauen
13 die Burg verlassen dürfen. Aber sie durften nur mitnehmen,
14 was sie auf dem Rücken tragen konnten. Alles andere
15 wollte der Kaiser zerstören. Und was haben sie getan?
16 Sie haben ihre Männer getragen.

👥💬 **2** • Was sah der Soldat Erstaunliches?
• Was hat er nicht verstanden?

👥💬 **3** Der Kaiser hat mit den Frauen einen Vertrag geschlossen.
Was könnte in dem Vertrag stehen?
• Was haben die Frauen verlangt?
• Was hat der Kaiser den Frauen versprochen?
• Was durften die Frauen nur mitnehmen?

W 👥 **4** Was haben der Kaiser und die Frauen vereinbart?

a. • Ergänzt den Vertrag.
• Oder schreibt einen eigenen Vertrag.

| den Frauen | | die Burg verlassen | | die Sachen |

| dem Kaiser | | auf dem Rücken tragen können |

b. Stellt euren Vertrag in der Klasse vor.

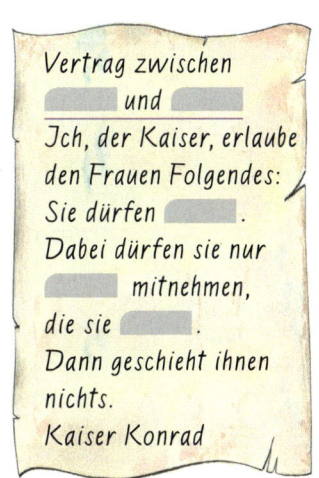

Vertrag zwischen
░░░░░ und ░░░░░
Jch, der Kaiser, erlaube
den Frauen Folgendes:
Sie dürfen ░░░░░.
Dabei dürfen sie nur
░░░░░ mitnehmen,
die sie ░░░░░.
Dann geschieht ihnen
nichts.
Kaiser Konrad

**Die Geschichte von den listigen Frauen in Weinsberg
hat sich im Jahr 1140 tatsächlich ereignet.**

6 Was geschah in Weinsberg im Jahr 1140?
Beschreibt die Bilder.

》》》 die Burg belagern,
etwas verhandeln,
einen Vertrag vorlesen,
die Burg verlassen,
auf dem Rücken tragen
…

**Die Ballade Die Weiber von Weinsberg erzählt
die dramatische Geschichte von den listigen Frauen.
Du liest die Ballade und
du wiederholst Merkmale von Balladen.**

Merkmal:
In einer Ballade
geht es oft um
ein dramatisches
Geschehen.

7 Lies die Ballade auf Seite 149.

8 Die Bilder helfen dir dabei, die Ballade zu verstehen.

    **a.** Ordne jedem Bild die passende Strophe zu.
    **b.** Schreibe zu jedem Bild und der Strophe einen Satz.

Merkmal:
Eine Ballade ist ein
besonderes Gedicht,
meist mit mehreren
Strophen.

➡ Bild 2, Strophe 4: Der Kaiser liest …

9 **a.** Lies die Ballade noch einmal genau.
    Lies auch die Worterklärungen unter der Ballade.
    **b.** Schreibe für jede Strophe die Schlüsselwörter auf.
    **c.** In zwei Strophen findest du wörtliche Rede.
    **Wer** spricht? **Was** sagt er?
    Schreibe es auf.

Merkmal:
In einer Ballade gibt
es oft wörtliche Rede.

10 • Wie geht die Geschichte aus?
    • Welche List wenden die Frauen an?
      Was verhindern sie damit?
    • Warum unternimmt der Kaiser nichts gegen die List?

》》》 die Burg verlassen,
etwas tragen,
etwas versprechen,
einen Vertrag erfüllen
müssen …

## 📖 Die Weiber von Weinsberg — Gottfried August Bürger

1 Wer sagt mir an, wo Weinsberg liegt?
2 Soll sein ein wackres¹ Städtchen,
3 Soll haben, fromm und klug gewiegt²,
4 Viel Weiberchen und Mädchen.
5 [...]

**Eines Tages wollte Kaiser Konrad
Weinsberg erobern.
Seine Ritter umlagerten die Stadt.**

**Die Bewohner sollten sich ergeben.
Sonst wollte der Kaiser sie töten.**

6 Ein junges Weibchen lobesan³,
7 Seit gestern erst getrauet⁴,
8 Gibt einen klugen Einfall an,
9 Der alles Volk erbauet⁵;
10 Den ihr, sofern ihr anders wollt,
11 Belachen und beklatschen sollt.

12 Zur Zeit der stillen Mitternacht
13 Die schönste Ambassade⁶
14 Von Weibern sich ins Lager macht
15 Und bettelt dort um Gnade.
16 Sie bettelt sanft, sie bettelt süß,
17 Erhält doch aber nichts als dies:

18 „Die Weiber sollten Abzug han⁷
19 Mit ihren besten Schätzen,
20 Was übrig bliebe, wollte man
21 Zerhauen und zerfetzen."
22 [...]

23 Drauf, als der Morgen bricht hervor,
24 Gebt Achtung! Was geschiehet?
25 Es öffnet sich das nächste Tor,
26 Und jedes Weibchen ziehet,
27 Mit ihrem Männchen schwer im Sack,
28 So wahr ich lebe! Huckepack. –

29 Manch Hofschranz⁸ suchte zwar sofort
30 Das Kniffchen zu vereiteln⁹;
31 Doch Konrad sprach: „Ein Kaiserwort
32 Soll man nicht drehn noch deuteln¹⁰.
33 Ha bravo!", rief er, „bravo so!
34 Meint' unsre Frau es auch nur so¹¹!"
35 [...]

36 Ei! sagt mir doch, wo Weinsberg liegt?
37 Ist gar ein wackres Städtchen.
38 Hat, treu und fromm und klug gewiegt,
39 Viel Weiberchen und Mädchen.
40 Ich muss, kömmt mir das Freien¹² ein,
41 Fürwahr! muss eins aus Weinsberg frein.

---

¹ **wacker:** mutig, tapfer
² **viel Weiberchen klug gewiegt:**
   Dort lebten viele kluge Frauen.
³ **lobesan:** lobenswert
⁴ **getrauet:** verheiratet
⁵ **erbauen:** Mut geben, trösten
⁶ **die Ambassade:** eine Gruppe,
   die für alle Bewohner spricht

⁷ **han:** Abkürzung für haben
⁸ **der Hofschranz:** ein Mitarbeiter des Kaisers,
   den die Leute nicht mögen
⁹ **das Kniffchen vereiteln:** den Trick verhindern
¹⁰ **deuteln:** etwas zu genau deuten
¹¹ **Meint' unsre Frau es auch nur so:** Der Kaiser
   wünscht sich, dass seine Frau auch so treu ist.
¹² **kömmt mir das Freien ein:**
   wenn ich um eine Frau werben möchte

---

 💬 **11** Vergleicht die Ballade mit der Erzählung auf Seite 147.
• **Was** erzählen die Texte?
  Was ist gleich? Was ist anders?
• **Wie** erzählen die beiden Texte?
  Vergleicht die Sprache und die äußere Form.

>>> eine Burg belagern,
um etwas bitten ...

die Ich-Form,
die Strophen, die Verse,
sich reimen,
unbekannte Wörter ...

# Von einem, der fliegen wollte

👁✏ **1** a. Sieh dir das Bild an.
     b. Lies die Überschrift.
     c. Worum geht es in der Ballade? Vermute.

📖 **Der Schneider von Ulm**    Bertolt Brecht

*(Ulm 1592)*

1   Bischof, ich kann fliegen
2   Sagte der Schneider zum Bischof.
3   Paß auf, wie ich's mach'!
4   Und er stieg mit so 'nen Dingen
5   Die aussahn wie Schwingen[1]
6   Auf das große, große Kirchendach.

7      Der Bischof ging weiter.
8      Das sind lauter so Lügen
9      Der Mensch ist kein Vogel
10     Es wird nie ein Mensch fliegen
11     Sagte der Bischof vom Schneider.

12   Der Schneider ist verschieden[2]
13   Sagten die Leute dem Bischof.
14   Es war eine Hatz[3].
15   Seine Flügel sind zerspellet[4]
16   Und er lag zerschellet[5]
17   Auf dem harten, harten Kirchenplatz.

18     Die Glocken sollen läuten
19     Es waren nichts als Lügen
20     Der Mensch ist kein Vogel
21     Es wird nie ein Mensch fliegen
22     Sagte der Bischof den Leuten.    Ⓡ

[1] **die Schwingen**: die Flügel
[2] **verschieden**: gestorben
[3] **die Hatz**: hier: Alle Leute sprachen darüber.
[4] **zerspellet**: zersplittert
[5] **zerschellet**: nach starkem Aufprall zerstört

**In der Ballade Der Schneider von Ulm sprechen verschiedene Personen.**

 **2** a. Die Ballade könnt ihr mit verteilten Rollen lesen.
       • Welche Personen kommen außer dem Erzähler vor?
       • Was sagen die Personen?
     b. Verteilt die Rollen. Übt das Lesen und Vortragen.

➜ Ausdrucksvoll vortragen: Seite 281

**Der Flugversuch des Schneiders von Ulm ist eine wahre Begebenheit.**

Der Flugversuch des Schneiders Berblinger am 31.5.1811

 **3** **a.** Was seht ihr auf den Bildern? Beschreibt.
**b.** Was könnte passiert sein? Vermutet.

**Das Ereignis machte in allen Zeitungen Schlagzeilen:**

**Der Schneider Berblinger hält sich für einen Vogel**

**Glück gehabt! Fischer ziehen geflügelten Schneider aus der Donau**

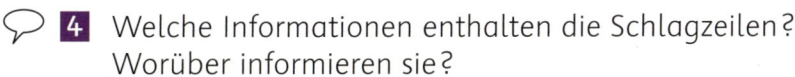

*Mann stürzt beim Flugversuch ins Wasser*

**4** Welche Informationen enthalten die Schlagzeilen?
Worüber informieren sie?

>>> der Name,
wie ein Vogel fliegen,
abstürzen,
jemanden retten,
der Fluss …

# Augenblicke in kurzen Geschichten

**Für den Busfahrer ist es ein Tag wie jeder andere.
Doch dann ändert ein einziger Augenblick vieles.**

 **Der Busfahrer**   nach Pea Fröhlich

1  Er wusste, dass sie an der nächsten Station
2  einsteigen würde, und freute sich. Wenn Platz war,
3  saß sie immer so, dass er sie im Rückspiegel
4  sehen konnte. Meistens las sie, manchmal schaute sie
5  auch auf die Straße. Er konnte an ihrem Gesicht ablesen,
6  ob es ihr gut ging.

7  Einmal hatte sie die Haare aufgesteckt, es stand ihr
8  nicht und jemand musste es ihr gesagt haben,
9  denn am nächsten Tag sah sie wieder aus wie sonst.
10 Sie war ihm sehr vertraut und er hätte sie gern
11 angesprochen, aber er wagte es nicht. Er fürchtete sich
12 nur davor, dass sie einmal nicht mehr einsteigen würde.
13 Für ihn war das die schönste Zeit am Tag,
14 die fünf Stationen, die sie immer mit ihm fuhr.

15 Diesmal sah er sie schon von Weitem. Sie stand da und
16 lachte einen Mann an, der den Arm um sie gelegt hatte.
17 Sie verpasste das Einsteigen, weil der Mann sie küsste.

 **1**   • Worum geht es in der Kurzgeschichte?
    • Was ist an diesem Tag wie immer?
    • Wie lange dauert der Moment, von dem erzählt wird?

**2**   An diesem Tag ist auf einmal etwas ganz anders.
    • Was ist anders? Woran erkennt ihr das?
    • Werden die anderen Tage jetzt auch anders sein?
      Begründet.
    Sammelt eure Gedanken an der Tafel.

>>> der Busfahrer, die Frau,
in den Bus einsteigen,
vertraut sein,
die schönste Zeit am
Tag,
doch diesmal ...

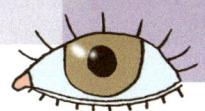

**Die folgende Geschichte erzählt auch
von einem kurzen Augenblick.**

 **Eifersucht**   nach Tanja Zimmermann

1   Diese Tussi! Denkt wohl, sie wäre die Schönste.

2   Juhu, die Dauerwelle wächst schon heraus.

3   Und diese Stiefelchen von ihr sind auch albern.

4   Immer, wenn sie ihn sieht, schmeißt sie die Haare zurück

5   wie 'ne Filmdiva. Das sieht doch ein Blinder,

6   was die für 'ne Show abzieht.

7   Nee, jetzt legt er auch noch den Arm um die.

8   Ich will hier weg! Aber aufstehen und gehen,

9   das könnte der so passen.

10   Auf dem Klo sehe ich in den Spiegel,

11   finde meine Augen widerlich und auch sonst,

12   ich könnte kotzen. Genau, ich müsste jetzt

13   in Ohnmacht fallen, dann wird ihm das schon

14   leidtun, sich stundenlang mit der zu unterhalten.

15   Als ich aus dem Klo komme, steht er da:

16   „Sollen wir gehen?"

17   Ich kann gar nicht sagen, wie froh ich bin.

18   An der Tür frage ich, was denn mit Kirsten ist.

19   „Oh Gott, diese Nervtante, nee, vielen Dank!" ...

20   „Och, ich find die ganz nett, eigentlich",

21   murmle ich.

 **1**   Die Hauptperson ist am Anfang
in einer besonderen Stimmung.
   • Wer ist die Hauptperson?
   • In welcher Situation ist sie?
   • Was fühlt und denkt die Hauptperson?

**2**   Plötzlich ist alles ganz anders.
   a. Lest noch einmal Zeile 15 bis 21.
   b. • Was ist plötzlich passiert?
      • Was ist nun anders? Warum?

der Junge,
auf das Mädchen
>>> warten,
nicht eifersüchtig sein …

# Die Merkmale einer Kurzgeschichte kennen lernen

Yasunari Kawabata erzählt in seiner Kurzgeschichte aus Japan von einem besonderen Augenblick zwischen einem Mädchen und einem Jungen.

**1** Lies die Kurzgeschichte.
Wende die Schritte vom Textknacker an.

→ Textknacker: Seite 283

| 1. Schritt: Vor dem Lesen |

| 2. Schritt: Das erste Lesen |

| 3. Schritt: Den Text genau lesen |

>>> 1. die Bilder
     die Überschrift
   2. die Absätze
     die Schlüsselwörter
   3. der ganze Text

 **Der Regenschirm**   nach Yasunari Kawabata

1   Das Mädchen trat auf die Straße, wo der Junge
2   wartete. Es sah den Regenschirm in seiner Hand
3   und bemerkte, dass es regnete.

4   Der Junge hielt dem Mädchen den Schirm hin.
5   Trotzdem wurden der Junge und das Mädchen
6   beide nass. Sie trauten sich nicht, unter dem Schirm
7   näher aneinanderzurücken. Der Junge wollte sagen:
8   „Komm doch ganz unter den Schirm!"
9   Doch er brachte kein Wort heraus.
10  Das Mädchen wäre auch gerne näher gerückt.
11  Aber es war zu schüchtern.

12  Die beiden gingen zum Fotografen. Sie wollten
13  ein Abschiedsfoto machen, denn der Vater
14  des Jungen hatte Arbeit in einer anderen Stadt
15  bekommen. Der Fotograf zeigte auf das Sofa und
16  sagte: „Setzen Sie sich hier bitte nebeneinander."
17  Das Mädchen setzte sich. Der Junge traute sich nicht.
18  Stattdessen stellte er sich hinter das Sofa. Mit
19  seinen Fingern berührte er die Jacke des Mädchens.

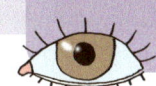

20 Als der Fotograf ein zweites Foto machen wollte,

21 sagte der Junge zu dem Mädchen: „Deine Haare …"

22 Das Mädchen wurde kurz rot. Dann lächelte es

23 und ging zum Spiegel in der Toilette.

24 Es hatte keine Zeit, vor dem Treffen die Frisur zu richten.

25 Und es konnte sich nicht eitel die Haare machen,

26 wenn ein Junge dabei war. Das gehörte sich nicht.

27 Der Junge sah erleichtert, dass seine Bitte

28 dem Mädchen nicht peinlich war. Er war froh,

29 dass es nicht sauer war. Das Mädchen kam

30 von der Toilette zurück. Und plötzlich setzten sich

31 die beiden fröhlich direkt nebeneinander.

32 Als sie das Fotostudio verließen, suchte der Junge

33 den Regenschirm. Da sah er, dass das Mädchen

34 den Schirm in der Hand hielt. Erstaunt schaute er

35 das Mädchen an. Plötzlich merkte das Mädchen,

36 dass es selbst den Schirm hielt. Es hatte den Schirm

37 ganz unbewusst genommen. Aber das zeigte:

38 Das Mädchen fühlte, dass es zu dem Jungen gehörte.

39 Der Junge traute sich nicht, den Schirm zu nehmen.

40 Und das Mädchen wollte den Schirm nicht loslassen.

41 Doch anders als auf dem Hinweg gingen die beiden nun

42 dicht beieinander unter dem Regenschirm.

43 Sie fühlten sich auf einmal wie Erwachsene,

44 fast wie ein Ehepaar. So viel zum Thema Regenschirm …

**Plötzlich bist du mitten im Leben von zwei jungen Leuten.**

 **2** Worum geht es in der Kurzgeschichte?
    • Wer sind die Hauptpersonen?
    • Warum treffen sich die beiden?
    • Was hat dich vielleicht überrascht?
    Schreibe Stichworte auf.

> Merkmal:
> plötzlich mittendrin

➜ Stichworte aufschreiben:
Seite 288

**Die Geschichte spielt an einem ganz gewöhnlichen Tag.**

> Merkmal:
> ein alltägliches
> Geschehen

 **3** Was geschieht an diesem Tag?
Schreibe zu jedem Absatz das Wichtigste auf.
**Tipp:** Die Schlüsselwörter helfen dir.

> ➡ Absatz 1: Junge holt Mädchen ab, es regnet
> Absatz 2: beide halb unter dem Schirm,
> beide werden nass …

**Manchmal kann in einem kurzen Augenblick viel geschehen.**

> Merkmal:
> ein Augenblick –
> ein kurzer Ausschnitt
> aus dem Leben

**4** Wie viel Zeit könnte zwischen dem Anfang
und dem Ende der Geschichte vergangen sein?

**In einem Moment kann sich alles ändern.
Der Junge und das Mädchen verhalten sich anders.**

> Merkmal:
> ein entscheidender
> Moment –
> ein Wendepunkt

**5** a. Was ist auf dem ersten Foto anders als auf dem zweiten?
b. Beschreibt, was auf den Fotos zu sehen ist.

> ➡ Auf dem ersten Foto sitzt nur das Mädchen auf dem Sofa.
> Der Junge …
> Auf dem zweiten Foto …

c. Findet die Textstellen. Lest sie vor.

**6** Unter dem Regenschirm verraten der Junge
und das Mädchen, was sich geändert hat.
• Wie gehen die beiden am Anfang unter dem Regenschirm?
• Wie gehen sie am Schluss unter dem Regenschirm?

**Am Ende fühlen sich der Junge und das Mädchen
fast wie ein Ehepaar.
Aber man weiß nicht, wie es weitergeht.**

> Merkmal:
> ein offenes Ende

**7** Das Mädchen und der Junge sind sich nähergekommen.
Aber wie wird es weitergehen? Vermutet.

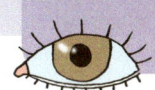

# Ⓩ Eine Kurzgeschichte zusammenfassen

Mit einer Inhaltsangabe kannst du andere über
die Kurzgeschichte **Der Regenschirm** informieren.

### 1. Schritt: Vor dem Schreiben

 **1** Worum geht es in der Kurzgeschichte **Der Regenschirm**?

    **a.** Lies noch einmal auf den Seiten 156 und 157.
    **b.** Beantworte die folgenden W-Fragen in Stichworten.
    **Tipp:** Verwende deine Ergebnisse von Aufgabe 2 bis 7
               auf Seite 157 und 158.

> **Wer** sind die Hauptpersonen?     **Was** tun die Personen?
> **Wann** spielt die Geschichte?     **Wie fühlen** sich die Personen?
> **Was** passiert der Reihe nach?     **Was ändert sich** auf einmal?

>>> ein Junge,
ein Mädchen,
ein Regentag,
schüchtern sein,
ein Abschiedsfoto
machen,
die Frisur richten,
nebeneinandersetzen …

 **2** Schreibe Stichworte für die Einleitung auf.
    • Wie ist der Titel des Textes?
    • Was ist das für ein Text?
    • Wer ist der Autor?
    **Tipp:** Auf Seite 156 oben findest du die Antworten.

→ Stichworte aufschreiben:
   Seite 288

 **3** Schreibe Stichworte für den Schluss auf.
    Schreibe, wie dir die Kurzgeschichte gefallen hat.

### 2. Schritt: Beim Schreiben

 **4** Schreibe nun die Inhaltsangabe.
    Verwende deine Stichworte von Aufgabe 1 bis 3.

>  Die Kurzgeschichte … von … spielt in …
> Die Hauptpersonen sind … und …
> In der Kurzgeschichte geht es um …

### 3. Schritt: Nach dem Schreiben

 **5** Kannst du deine Inhaltsangabe lesen und verstehen?
    Überarbeite deine Inhaltsangabe.

# Training: Eine Kurzgeschichte zusammenfassen

**Diese Kurzgeschichte erzählt von wahrer Freundschaft.**

**1** Lies den Text. Wende die Schritte vom Textknacker an. → Textknacker: Seite 283

 **Das Wiedersehen** nach Gertrud Schneller

1 Peters Hand zittert leicht, als er sie auf die Türklinke legt.
2 Rascher als nötig geht er auf den hintersten,
3 in der rechten Ecke des Cafés stehenden Tisch zu.
4 Dann bleibt er stehen und sagt: „Ich wusste,
5 dass ich dich hier finden werde."
6 Der Angeredete blickt überrascht
7 hinter dem großen Zeitungsblatt hervor.
8 Als er Peter sieht, lässt er das Blatt fallen und ruft:
9 „Du! Bist du schon wieder …"
10 Das letzte Wort lässt er unausgesprochen.
11 „Drei Jahre sind genug", meint Peter leise. Jean[1] nickt,
12 rückt den Stuhl zurecht und heißt ihn, Platz zu nehmen.

¹ Jean: [sprich: Schon]

13 Der Kellner kommt. Sein Blick richtet sich suchend
14 auf den Gast. Dann plötzlich scheint ein Erinnern
15 auf sein Gesicht zu kommen.
16 „Der wusste es auch, nicht wahr?", sagt Peter.
17 „Ach", erwidert Jean, „Kellner wissen alles.
18 Mach dir nichts daraus." Sie schweigen.
19 Dann sagt Peter leise: „Bist du noch immer auf der Bank?"
20 „Ja."
21 „Ich wusste es. So sicher, wie ich wusste,
22 dich zu dieser Tageszeit hier beim Lesen der Zeitung
23 anzutreffen."
24 „Hast du schon Arbeit?", fragt der andere.
25 „Ja, ja. Dafür hat man gesorgt. Morgen kann ich bereits
26 anfangen. Und du … du bist Prokurist[2] geworden,
27 nicht wahr?" Jean nickt.

² der Prokurist:
Er darf Entscheidungen
treffen und unterschreiben.

28 „Ich würde es nie mehr tun", sagt Peter leise. „Nie mehr."

29 Jean nickt wieder.

30 „Wirst du wieder bei Frau Ruegg wohnen?"

31 „Nein! Ich wollte. Aber sie hatte alle möglichen Ausreden.

32 Die wirkliche Strafe, weißt du, die kommt erst jetzt."

33 „Nein, nein. Das ist es sicher nicht", sagt Jean rasch.

34 „Bedenke, es herrscht ein großer Zimmermangel."

35 Sie schweigen wieder. Jean spielt mit dem Blatt

36 der Zeitung, während Peter

37 nachdenklich in seinem Schwarzen rührt.

38 Plötzlich blickt Jean auf die Uhr, ruft den Kellner

39 und zahlt. „Ich muss jetzt gehen. Verzeih bitte.

40 Mein Zug fährt in einer halben Stunde. Ich fahre

41 für drei Wochen aufs Land." Peter wird blass.

42 Auch der, denkt er bitter, auch der hat Ausreden.

43 Mein einziger Freund. Er gibt Jean die Hand und

44 wünscht ihm gute Erholung. Obwohl er

45 nicht an diese Reise und an seine Erholung glaubt.

46 Peter sitzt nun allein am Tisch. Sein Blick ist gesenkt.

47 Er sieht deshalb nicht, wie Jean sich bei der Tür

48 entschlossen umwendet und auf den Tisch zusteuert.

49 Erst als er dicht vor ihm steht, blickt er überrascht auf.

50 „Hast du etwas vergessen?", fragt Peter.

51 „Ja! Ich habe vergessen, dir den Schlüssel zu geben."

52 „Den Schlüssel. Welchen Schlüssel?"

53 „Den Schlüssel zu meiner Wohnung. Du kannst,

54 solange ich weg bin, bei mir wohnen."

**Die Hauptpersonen Peter und Jean sehen sich
nach drei Jahren zum ersten Mal wieder.**

 **2** • Warum haben sich die beiden Freunde
so lange nicht gesehen?
• Wo war Peter die letzten drei Jahre?
• Wie verhalten sich Peter und Jean beim Wiedersehen?
• Woran erkennt Peter, dass Jean ein guter Freund ist?
Schreibt Stichworte auf.

➔ Stichworte aufschreiben:
Seite 288

**Kurzgeschichten haben bestimmte Merkmale.**

 **3** Welche Merkmale von Kurzgeschichten habt ihr erkannt? Schreibt passende Sätze aus dem Text auf.

> ➡ Merkmale von Kurzgeschichten:
> plötzlich mittendrin: Peters Hand zittert leicht, als er …

> **Merkmale von Kurzgeschichten:**
> • plötzlich mittendrin
> • ein alltägliches Geschehen
> • ein Augenblick
> • ein entscheidender Moment
> • ein offenes Ende

**Du kannst eine Inhaltsangabe zu der Kurzgeschichte schreiben. Damit kannst du andere informieren.**

 **4** Worum geht es in der Kurzgeschichte **Das Wiedersehen**?

    **a.** Lies noch einmal auf den Seiten 164 und 165.
    **b.** Beantworte die folgenden W-Fragen in Stichworten.

| | |
|---|---|
| **Wer** sind die Hauptpersonen? | **Was denken** oder **sagen** die Hauptpersonen? |
| **Was möchten** die Hauptpersonen? | **Was tun** die Hauptpersonen? |
| **Wo** spielt die Geschichte? | **Wie fühlen** sich die Hauptpersonen? |
| **Wann** spielt die Geschichte? | **Was ändert sich** auf einmal? |
| **Was** passiert der Reihe nach? | |

**Für die Einleitung brauchst du noch weitere Angaben.**

 **5** Beantworte auch folgende Fragen in Stichworten:
    • Wie ist der Titel des Textes?
    • Was ist das für ein Text?
    • Wer ist der Autor?

**Zuerst schreibst du die Einleitung.**

 **6** Schreibe die Einleitung in Sätzen auf. Ergänze. Schreibe im Präsens.

Die ▭ Das Wiedersehen von ▭ spielt an ▭ in einem Café.

Die Hauptpersonen sind ▭ und ▭. In der Kurzgeschichte geht es darum, wie zwei Freunde ▭ und darum, dass Jean ein ▭ ist.

> ⟩⟩⟩ Kurzgeschichte
> Peter
> Jean
> Gertrud Schneller
> sich wiedersehen
> einem gewöhnlichen Tag
> guter Freund

**Nun schreibst du den Hauptteil.**

✏️ **7** Fasse den Inhalt der Kurzgeschichte zusammen. Ergänze.

Peter ▭ seinen alten Freund Jean in einem Café.

Die beiden haben sich seit ▭ nicht gesehen,

weil Peter im ▭ war. Peter hat ▭. Er glaubt,

dass seine alte Vermieterin ihn weggeschickt hat, weil

er im Gefängnis war. Jean hört Peter zu und sagt dann,

dass er ▭. Er will verreisen. An der Tür dreht sich

Jean ▭ um.

Er gibt Peter den ▭ für seine Wohnung.

>>> trifft
auf einmal
Gefängnis
Schlüssel
drei Jahren
gehen muss
keine Wohnung

**Den Schluss kannst du unterschiedlich schreiben.**

W ✏️ **8** Wähle aus:
- Schreibe, wie dir die Kurzgeschichte gefallen hat
  und warum.
- Oder schreibe, welche Fragen du noch an den Text hast.

✏️ **9** Überarbeite deine Inhaltsangabe mit Hilfe der Checkliste.
**Tipp:** Prüfe die Rechtschreibung
       mit dem **Rechtschreib-Check**.

→ Der Rechtschreib-Check:
Seite 226–229

| Checkliste: Eine Inhaltsangabe schreiben | ja | nein |
|---|---|---|
| Gibt meine Inhaltsangabe das Wichtigste aus dem Text wieder? | ▪ | ▪ |
| Habe ich in der Einleitung Titel, Textart, Autor genannt? | ▪ | ▪ |
| Habe ich gesagt, wo und wann die Handlung spielt? | ▪ | ▪ |
| Habe ich kurz gesagt, worum es in dem Text geht? | ▪ | ▪ |
| Habe ich gesagt, wer die Hauptperson ist und welche Personen noch dabei sind? | ▪ | ▪ |
| Habe ich gesagt, was die Personen sagen und tun? | ▪ | ▪ |
| Habe ich einen Schluss geschrieben? | ▪ | ▪ |
| Habe ich sachlich geschrieben? | ▪ | ▪ |
| Habe ich das Präsens verwendet? | ▪ | ▪ |

# Leseecke: Jugendbücher zum Verlieben

**Bist du auf der Suche nach einem interessanten Buch?
Vielleicht findest du es in diesem Kapitel.**

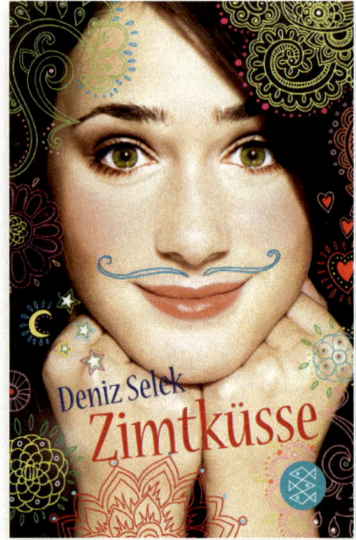

**1** Hier seht ihr zwei verschiedene Buchcover.
Was verraten euch die Buchcover über die Bücher?
• Seht euch die Buchcover an. Lest die Buchtitel.
• Worum könnte es in den Büchern gehen? Vermutet.

**2** Lest die Klappentexte.
Welches Buch könnte euch interessieren? Warum?

Der 15-jährige Stefan fühlt sich zu Hause überfordert: Auf die kleine Schwester aufpassen, im Haushalt mithelfen …
Als er in der Schule allmählich abrutscht, drückt er sich vor Klassenarbeiten und macht blau. Schwänzen ist viel einfacher und spannender als Schule – und dann trifft er auch noch Larissa …

Mit einem neuen Pickel auf der Nase fängt alles an, dann trennen sich Sahras Eltern, und die beste Freundin schnappt sich Sahras Schwarm. Sahra flieht in die offenen Arme ihrer Oma in Istanbul. Aber da ahnt sie noch nicht, dass Tiago, der neu an ihrer Schule ist, verdammt gut küssen kann.

**Z** **Und wer hat die Bücher geschrieben?**
**Hier könnt ihr euch über die Autorinnen informieren.**

W  **3** Informiert euch über die Autorinnen.

    **a.** Bildet Gruppen. Wählt eine Autorin aus:
      • Eine Gruppe informiert sich über Deniz Selek.
      • Die andere Gruppe informiert sich über Annette Weber.
    **b.** Lest den Text zu eurer Autorin.

**Deniz Selek** wurde im Jahr 1967 in Hannover geboren.
Sie lebte als Kind einige Jahre in Istanbul in der Türkei.
Deniz Selek arbeitete zunächst in verschiedenen Berufen.
Später widmete sie sich ganz dem Schreiben von Büchern.
Deniz Selek lebt mit ihrer Familie in Berlin.

**Annette Weber** wurde 1956 geboren und war viele Jahre
als Lehrerin an einer Grundschule tätig. Seit 2002
arbeitet sie als Autorin. Seitdem schreibt sie erfolgreich
Theaterstücke, Krimis, reale Geschichten und
Fantasyromane für Kinder und Jugendliche.
Außerdem begleitet sie Jugendliche beim Schreiben
von eigenen Biografien.

**4** Was erfahrt ihr über eure Autorin? Macht euch Notizen.

>>> Wie heißt die Autorin?
Wann und wo ist sie
geboren? …

**Z** **5** Findet weitere Informationen über eure Autorin im Internet.
Ergänzt eure Notizen.

**6** Stellt die Autorinnen in der Klasse vor.

**In einer Lesemappe kannst du deine Arbeitsergebnisse,
die Notizen zu den Büchern und zu den Autorinnen sammeln.**

**7** **a.** Lege dir eine Lesemappe an.
    Verwende dazu eine Mappe in deiner Lieblingsfarbe.
    **b.** Hefte das Blatt mit den Notizen zu der Autorin
    in die Mappe.

# Zu viel Verantwortung

**In diesem Auszug aus dem Jugendbuch
geht es um Stefan.
Sein Vater ist nach einer Reise nach Hause gekommen.
Stefan und seine Geschwister erzählen, was es Neues gibt.**

 Lies den Auszug aus dem Jugendbuch.
Wende die Schritte vom Textknacker an.

➜ Textknacker: Seite 283

## 📖 Merkt doch keiner, wenn ich schwänze  Annette Weber

1 Katharina berichtete vom Kindergarten,

2 Felix von der Einschulung ins erste Schuljahr,

3 Paul von seinem Job als Prospektverteiler,

4 auf den er so stolz war.

5 Stefan überlegte, was er erzählen sollte.

6 „Wir machen Ende des Schuljahres eine Klassenfahrt

7 nach Berlin", sagte er schließlich. „Für fünf Tage."

8 „Das ist ja toll. Mensch, Berlin, da war ich auch

9 vor ein paar Monaten. Tolle Stadt."

10 Der Vater schien wirklich die ganze Welt zu kennen.

11 „Ich habe heute den Zettel dazu gekriegt. Frau Lempert

12 will nämlich nächste Woche das Geld einsammeln.

13 Zehn Euro im Monat, damit es am Ende des Schuljahres

14 nicht zu viel wird."

15 „Zehn Euro? Wie teuer soll die Fahrt denn werden?"

16 „Ich hole mal den Zettel." Stefan ahnte,

17 dass es jetzt ungemütlich wurde. Wenn's um Geld ging,

18 machte der Vater schnell ein riesiges Drama.

 • Wofür möchte Stefans Lehrerin Geld einsammeln?
• Wie reagiert Stefans Vater?

 Stefan ahnte, dass es jetzt ungemütlich wurde.
• Was könnte der Vater sagen?
• Was könnte Stefan antworten?

Stefans Familie hat wenig Geld und muss sparen, seitdem die Miete für die Wohnung erhöht wurde. Deshalb macht die Mutter beim Essen einen Vorschlag.

19 „Ich könnte bei uns im Edeka-Laden den ganzen Tag

20 arbeiten. Also volle acht Stunden. Hilde ist doch

21 letzte Woche gegangen. Ich könnte für sie einspringen.

22 Für euch heißt das allerdings, viel Verantwortung

23 zu übernehmen. Packt ihr das?"

24 Paul und Stefan sahen sich kurz an.

25 Verantwortung übernehmen? Das hieß kochen und

26 einkaufen, Kathi vom Kindergarten abholen,

27 Hausaufgaben mit Felix machen. Und vielleicht

28 noch vieles andere mehr.

29 „Du könntest dann auch auf Klassenfahrt gehen",

30 versuchte die Mutter, die beiden zu überreden.

31 „Und für dich, Paul, wäre endlich mal eine E-Gitarre drin."

32 Stefan und Paul sagten nichts. Verantwortung,

33 das hieß auch, keine LAN-Session bei André,

34 keine Treffen mit der Clique, kein Fußball

35 am Schulzentrum und kein Inliner-Fahren auf der Rampe.

36 „Klar packen die das", sagte der Vater.

37 „Sind doch keine kleinen Kinder mehr."

 **4** Stefans Mutter schlägt vor, dass sie mehr arbeitet.
Was denken Stefan und Paul darüber?
Schreibe ihre Gedanken jeweils in eine Denkblase.

 **Stefan muss nun viel im Haushalt helfen.**
**Für seine Freunde hat er kaum noch Zeit.**
**Die Schule macht keinen Spaß mehr. Er schwänzt oft.**
**Eines Morgens trifft er am Kiosk ein Mädchen.**

38  „Musst du nicht zur Schule?", fragte Stefan.

39  Das Mädchen hatte keine Schultasche dabei.

40  Nur einen kleinen Rucksack, der nicht nach Schule aussah.

41  „Heute nicht", sagte sie cool. „Unsere Lehrer sind krank."

42  „Aha." Stefan grinste. „Die Grippe, ne?

43  Die geht bei unseren Lehrern auch rum."

44  „Gehst du heute auch nicht hin?", fragte sie.

45  „Ich weiß noch nicht." Stefan dachte an die Englischarbeit

46  und den Ärger mit den Freunden. Er dachte

47  an die Doppelstunde Chemie, in der er immer kein Wort

48  kapierte und, an diese unendliche Geschichtsstunde,

49  bei der der Lehrer schneller eingeschlafen war

50  als die Schüler. „Wo gehst du denn hin?"

51  „In die Stadt. Durch die Kaufhäuser. Und dann vielleicht

52  zum Bahnhof."

53  „Okay. Ich komme mit."

**5** • Wen trifft Stefan?
• Warum schwänzt Stefan die Schule?
• Warum möchte er wohl mit dem Mädchen mitgehen? Vermutet.

📖 **Stefan und das Mädchen steigen in eine Straßenbahn.**

54 Stefan setzte sich nach hinten auf einen Zweiersitz.

55 Das Mädchen neben ihn.

56 „Wie heißt du eigentlich?"

57 „Larissa. Larissa Baumann. Und du?"

58 „Stefan."

59 Sie fuhren die Schweizer Straße entlang. Durchquerten

60 den Kreisverkehr. Die Sonne schien erstaunlich warm

61 für April. Stefan spürte ihr Bein neben seinem.

62 War irgendwie kein unangenehmes Gefühl.

63 Der kleine Rucksack sah nach Wanderrucksack

64 mit Thermoskanne, frischen Socken und Zahnpasta aus.

65 Ob sie abgehauen war?

66 „Achtung!", zischte sie plötzlich. „Los! Raus!"

67 Die Straßenbahn hielt. Sie öffnete die Tür und sprang

68 mit einem Satz ins Freie. Stefan hinterher.

69 Obwohl – wo waren sie denn eigentlich? Sie wollten doch

70 in die Innenstadt. „Ich denke, wir wollten …"

71 „Wollen wir doch auch."

72 „Aber warum …?"

73 „Oh Mensch, Typ, kapierst du denn gar nichts?" Sie schien

74 jetzt richtig sauer zu sein. Stefan war ganz durcheinander.

75 Was war das für ein Mädchen, bei dem man

76 noch nicht einmal seine Gedanken zu Ende bringen konnte,

77 weil sie schon wusste, was er sagen wollte.

✏️ **6** • Was erleben Stefan und Larissa zusammen?
  • Was erfährst du über Larissa?
  • Was denkt Stefan über Larissa?

✏️ **7** Was könnten Stefan und Larissa erleben?

👥 **a.** Sammelt Ideen.
   **b.** Schreibe die Geschichte weiter.

›››in der Stadt ankommen, durch die Kaufhäuser bummeln, am Bahnhof Freunde treffen …

✋ **8** Hefte deine Ergebnisse in deine Lesemappe.

# Eine ferne Liebe

**Auf diesen Seiten hat Deniz Selek einen Auszug
aus ihrem Jugendbuch Zimtküsse nacherzählt.**

**In den Ferien besucht Sahra ihre Babaanne[1] in Istanbul.
Bei einem Ausflug erzählt ihr die Babaanne ein Geheimnis.**

[1] Babaanne:
türkisch für Großmutter

## 📖 Zimtküsse  Deniz Selek

1 Die Kutsche biegt in eine ruhige Allee ein.
2 Außer uns ist niemand auf der Straße.
3 „Hier sind wir damals auch langgefahren.",
4 sagt Babaanne.
5 „Mit Dede[2]?", frage ich.
6 „Nein", antwortet sie leise, „nicht mit Dede."
7 „Mit wem?"
8 „Mit jemandem, der mir sehr wichtig war. Er war Kapitän
9 eines Handelsschiffes und ist vor langer Zeit gestorben."
10 Babaanne berührt die Kette mit dem kleinen Anker
11 an ihrem Hals.
12 „Ist sie von ihm?"
13 „Ja, er hat sie mir geschenkt, auf dieser Insel."

[2] Dede:
türkisch für Großvater

14 Sie schweigt kurz, dann lächelt sie. „Früher gab es
15 für Männer und Frauen andere Regeln als heute.
16 Bei uns bestimmten die Eltern, wen man heiratete.
17 Wir konnten uns das nicht aussuchen, weißt du?"
18 Ich nicke stumm.
19 „Dein Dede war ein guter Mensch. Seine und
20 meine Eltern wollten, dass wir heiraten.
21 Es war damals normal, dass wir uns nicht kannten.
22 Nie hätte ich ihnen widersprochen oder mich geweigert.
23 Und viele Jahre war ich sehr zufrieden mit meinem Leben."
24 „Was geschah dann?"
25 Babaanne übergeht[3] meine Frage. „Der Kapitän war auch
26 verheiratet und hatte Kinder. Er und seine Frau mochten
27 sich nicht besonders. Aber er konnte sich nicht scheiden
28 lassen. So etwas machte man einfach nicht."

[3] Babaanne übergeht
die Frage: Sie beantwortet
die Frage nicht.

29 **Ungläubig** sehe ich sie an. Meine Oma?!

30 „Ich habe diese Geschichte nie jemandem erzählt."

31 Verlegen sieht sie an mir vorbei.

32 „**Wusste Dede davon?**", frage ich. „Und die Frau

33 des Kapitäns?"

34 Babaanne schüttelt den Kopf. „**Nein**. Wir haben uns ja

35 auch nur von Weitem angesehen und kaum miteinander

36 gesprochen. Es war **nicht wie heute**, Sahra. Es gab

37 **strenge Gesetze**. Wir waren an unsere Partner gebunden.

38 Außerdem hätte es sofort böses Gerede gegeben,

39 das wollten wir nicht. Wir wussten, dass wir füreinander

40 bestimmt sind, aber nicht in diesem Leben. Er hat nur

41 einmal meine Hand gehalten. Hier auf der Insel, als wir

42 **uns ein einziges Mal trafen**. Wir hatten unsere Familien

43 belogen und uns davongeschlichen. Es waren

44 **die schönsten und schrecklichsten Stunden meines Lebens**.

45 Wir hatten das Gefühl **etwas Unrechtes** zu tun.

46 Und gleichzeitig war es so gut und richtig neben ihm

47 in der Kutsche zu sitzen. Das machte uns sehr glücklich.

48 In diesem Augenblick wusste ich,

49 dass unsere Herzen immer zusammen sein würden,

50 egal mit wem wir verheiratet waren.

51 Das gab mir viel Kraft, besonders als er starb."

52 So hat Babaanne **noch nie zu mir gesprochen**. Auf einmal

53 **ist sie mir fremd**, nicht mehr wie meine Oma, sondern

54 **eher wie meine Mutter**. Oder ist das etwas ganz anderes?

 **1** Babaanne erzählt Sahra, wie es früher war.
 • Welche Regeln gab es damals für Männer und Frauen?
 • Was war anders als heute?

 **2** a. Warum ist es etwas ganz Besonderes, dass Babaanne
   Sahra ihr Geheimnis anvertraut? Begründet.
   b. Welche Fragen könnte Sahra ihrer Großmutter stellen?
   Schreibt Fragen auf.

 **3** Hefte deine Ergebnisse in deine Lesemappe.

# Z Einen Jugendbuchauszug zusammenfassen

**1** Worum geht es in dem Jugendbuchauszug **Zimtküsse**? Lies noch einmal auf den Seiten 176 und 177.

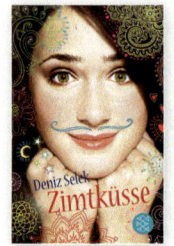

**2** Schreibe wichtige Stichworte zu dem Jugendbuchauszug auf. Beantworte dazu die folgenden W-Fragen:

> **Wer** ist die Hauptperson?
>
> **Was** möchte die Hauptperson?
>
> **Was denkt** oder **sagt** die Hauptperson?
>
> **Welche** Personen sind noch dabei?
>
> **Was** tun die Personen?
>
> **Wo** spielt die Geschichte?
>
> **Wann** spielt die Geschichte?
>
> **Was** geschieht?

**Mit einer Inhaltsangabe informierst du andere über eine Geschichte. Für eine Inhaltsangabe brauchst du noch weitere Angaben zum Text.**

**3** Beantworte die folgenden Fragen in Stichworten:
- Wie ist der Titel des Textes?
- Was ist das für ein Text?
- Wer ist die Autorin?

**Tipp:** Auf Seite 176 oben findest du die Antwort.

**Zuerst schreibst du die Einleitung.**

**4** Schreibe nun die Einleitung in Sätzen auf. Ergänze. Schreibe im Präsens.

Der ▭ Zimtküsse von ▭ spielt in den Ferien

in der ▭.

Die Hauptperson ist die Ich-Erzählerin ▭.

In dem Auszug geht es darum, dass Sahras ▭

Sahra ein Geheimnis verrät.

> ››› Türkei
> Sahra
> Jugendbuchauszug
> Großmutter
> Deniz Selek

**Nun schreibst du den Hauptteil.**

**5** Fasse den Inhalt des Jugendbuchauszugs zusammen.
Ergänze.

Sahra besucht ihre ___ in der Türkei.
Die beiden machen eine ___. Dabei erzählt
die Großmutter von der Zeit, als sie selbst ___ war.
Damals kannte die Großmutter Sahras ___ nicht.
Sie war in einen anderen Mann ___. Aber es gab
andere Regeln. Die Eltern entschieden, wen man ___.
Sahras Großmutter heiratete Sahras Großvater.
Sie hat den anderen Mann nie ___. Sahra ist
überrascht. Die Großmutter ist sehr ___ zu ihr.

››› Kutschfahrt
Großmutter
jung
Großvater
ehrlich
heiratet
verliebt
vergessen

**Den Schluss kannst du unterschiedlich schreiben.**

W **6** Wähle aus:
- Schreibe, wie dir der Text gefallen hat und warum.
- Oder schreibe, welche Fragen du noch an den Text hast.

**7** Überarbeite deine Inhaltsangabe mit Hilfe der Checkliste.
Prüfe die Rechtschreibung mit dem **Rechtschreib-Check**.

→ Der Rechtschreib-Check:
Seite 226–229

| *Checkliste: Eine Inhaltsangabe schreiben* | *ja* | *nein* |
| --- | --- | --- |
| *Gibt meine Inhaltsangabe das Wichtigste aus dem Text wieder?* | ___ | ___ |
| *Habe ich in der Einleitung Titel, Textart, Autor genannt?* | ___ | ___ |
| *Habe ich gesagt, wo und wann die Handlung spielt?* | ___ | ___ |
| *Habe ich kurz gesagt, worum es in dem Text geht?* | ___ | ___ |
| *Habe ich gesagt, wer die Hauptperson ist und welche Personen noch dabei sind?* | ___ | ___ |
| *Habe ich gesagt, was die Personen sagen und tun?* | ___ | ___ |
| *Habe ich einen Schluss geschrieben?* | ___ | ___ |
| *Habe ich sachlich geschrieben?* | ___ | ___ |
| *Habe ich das Präsens verwendet?* | ___ | ___ |

**8** Hefte die Inhaltsangabe in deine Lesemappe.

# Aktuelles vom Tage

## Tageszeitungen in vielen Sprachen

**Tageszeitungen gibt es überall auf der Welt.**
**Es gibt sie in verschiedenen Sprachen.**
**Sie informieren überall über das aktuelle Geschehen.**

Algemeen Dagblad

The Times

gazeta          El País

Le Monde

Sabah          Die Welt

24sata

**Diese Tageszeitungen erscheinen in den Niederlanden,**
**in Spanien, Frankreich, Großbritannien, Polen, Kroatien,**
**Deutschland und in der Türkei.**

 **1** Welche Zeitung erscheint in welchem Land?

    **a.** Zeichnet eine Tabelle.
    **b.** Tragt die Länder, die Namen der Zeitungen und
    die jeweilige Übersetzung ein.
    **Tipp:** Ihr könnt im Internet recherchieren.

| Land | Tageszeitung | Übersetzung |
| --- | --- | --- |
| Niederlande | Algemeen Dagblad | Allgemeines Tageblatt |
| Spanien | El País | Das Land |

**Übersetzung der Zeitungsnamen:**
Die Zeiten
Die Zeitung
~~Das Land~~
Die Welt
Morgen
24 Stunden
~~Allgemeines~~
~~Tageblatt~~

 **Manche Nachrichten gehen um die ganze Welt.
Du kannst sie in verschiedenen Sprachen lesen:**

---

**Deutsch:**
Die US-Amerikanerin Marguerite Joseph, 104 Jahre alt,
möchte mit ihrer Familie über das Internet Kontakt halten.
Immer, wenn sie in den Facebook-Einstellungen
das Geburtsjahr 1908 eingibt, wird 1928 daraus.
Man kann in dem System kein früheres Geburtsjahr
als 1910 angeben.

---

**Türkisch:**
104 yaşında olan Amerikan Bayan Marguerite Joseph
ailesiyle internette kontak kurmak istiyor.
Fakat Facebook' da doğum tarihini ayarlamak istediği an,
1908 yerine 1928 çıkıyor. Facebook sistemi doğum tarihlerini
ancak 1910 senesinden itibaren kabul ediyor.

---

**Englisch:**
Marguerite Joseph, 104, from the USA, wants to keep
in touch with her family via internet. But when she fills in
the Facebook registration and lists 1908 as her year of birth,
the system only shows 1928. The system does not know
years of birth before 1910.

---

**2** Worum geht es in der Nachricht?

  **a.** Lest die Nachricht.
  Wählt die Sprache aus: Deutsch, Türkisch, Englisch.
  **b.** Schreibt Schlüsselwörter auf.

**3** Welche Informationen erkennt ihr in allen Nachrichten?

  **a.** Zeichnet eine Tabelle.
  **b.** Ordnet alle Wörter, Wortgruppen und Zahlen ein,
  die ähnlich sind.

→ Eine Tabelle zeichnen:
Seite 288

| Deutsch | Türkisch | Englisch |
|---|---|---|
| US-Amerikanerin | Amerikan Bayan | from the USA |

# Eine Zeitung lesen

**Die erste Seite einer Zeitung ist die Titelseite.**

**1. Schritt: Vor dem Lesen**

 **1** Worauf fällt euer Blick zuerst? Was fällt euch auf?

    **a.** Seht euch die Titelseite an.
    **b.** Tauscht euch über die Titelseite aus.

# TAGESZEITUNG

*Freitag, 26. September 2014*

## Heute

**Greenpeace-Aktivisten festgenommen**

Nach Protest im Nordpolarmeer ermittelt die russische Justiz.

*Seite 7*

**Wetter**

Südlich der Donau und an der Ostsee Regen, sonst häufig Sonne.

| | |
|---|---|
| Leserbriefe | 16 |
| Verkehr, Notrufe | 20 |
| Kleinanzeigen | 22, 24 |
| Veranstaltungen | 26, 27 |

## Entschädigung für Bahnkunden

*Urteil des Europäischen Gerichtshofs: Unternehmen muss für jede längere Verspätung zahlen. Streik oder Unwetter mindern Anspruch nicht.*

**Von Peter Kirnich**

Unwetter, Erdrutsch, Streik: Es gibt viele Gründe, die zu Zugverspätungen führen, für die man die Bahn jedoch nicht direkt verantwortlich machen kann. Dennoch muss das Unternehmen künftig seine Kunden auch in solchen Fällen entschädigen, hat der Europäische Gerichtshof (EuGH) am Donnerstag entschieden. *Seite 4*

**2. Schritt: Das erste Lesen**

 **2** Worüber berichten die einzelnen Beiträge? Schreibt Stichworte auf.

📖 **In jeder Zeitung gibt es viele verschiedene Artikel.**

### Verloren und gefeiert
1860 verteidigt löwenhaft

*Dortmund braucht die Verlängerung zum 2:0-Sieg*
MÜNCHEN. Nach dem Ende feierten die Fans von 1860
ihr Team. 105 Minuten lang trotzte der Zweitligaklub
dem Bundesliga-Tabellenführer Borussia Dortmund. […]

### Hollywood als Sahnehäubchen

Filmteams und Kulturtouristen lieben die Stadt.
Die Kulisse ist perfekt. Vier internationale Produktionen
drehten in den Altstadtkulissen von Görlitz. Aber auch
Kulturtouristen aus aller Welt kommen hierher. […]

### Firma sucht Lehrling
*In Berlin sind noch Hunderte Ausbildungsplätze frei.*

[…] Da die Zahl der Schulabgänger rückläufig ist,
habe die Bereitschaft der Firmen zugenommen,
auch leistungsschwächere Jugendliche zu nehmen. […]

💬 **3** Worüber informieren die Artikel? Sprecht darüber.

📖 **Eine Tageszeitung ist geordnet nach Themenbereichen.**

| Lokales – Aus unserer Region | Wissenschaft |

| Kultur und Medien | Sport | Wirtschaft | Politik |

💬 **4** Ordnet jeden Artikel einem passenden Themenbereich zu.

👥💬 **5** Welcher Themenbereich könnte für euch interessant oder
wichtig sein? Begründet.

# Schlagzeilen lesen und formulieren

Die Überschriften der Zeitungsartikel nennt man Schlagzeilen.
Sie sollen die Leserinnen und Leser neugierig machen.

## Ferienfahrplan

### Kaiserwagen erstrahlt in neuem Glanz

## Staus erwartet

**1** Worauf sollen diese Schlagzeilen neugierig machen?
Vermutet.

**Köln** – Zum Ferienbeginn in Nordrhein-Westfalen
erwartet die Polizei Staus auf den Autobahnen
Richtung Nordsee, auf der A3 sowie rund um Köln.

**Wuppertal** – Die Schwebebahn ist das Wahrzeichen
der Stadt an der Wupper. Zum Jubiläum
der Schwebebahn soll jetzt der Kaiserwagen
renoviert werden.

**Alsdorf** – Ab Donnerstag gilt für die Linien 51 und
SB 63 der Ferienfahrplan: Die Busse fahren
am Wochenende dann nur noch im 30-Minuten-Takt.

**2**
**a.** Ordne den Zeitungsartikeln die passende Schlagzeile zu.
**b.** Schreibe die Zeitungsartikel mit der passenden Schlagzeile ab.
**c.** Zu welcher Schlagzeile passt das Foto? Begründe.

**Schlagzeilen sollen kurz und treffend sein.**
**Diese Schlagzeilen sind viel zu lang:**

> A Zoodirektor Tierlieb rettete gestern im Kölner Zoo ein
> Affenbaby aus einem Baum und verletzte sich schwer.

> B Karten für das Spitzenspiel zwischen dem FC Schalke 04
> und Borussia Dortmund, das von den Fans mit
> Spannung erwartet wird, sind bereits ausverkauft.

**3** Ihr könnt die Schlagzeilen kürzen.

    **a.** Schreibt die langen Schlagzeilen ab.
    **b.** Streicht überflüssige Wörter durch.
    **c.** Was bleibt übrig? Schreibt die neuen Schlagzeilen auf.
    **d.** Besprecht eure Ergebnisse.

**Dieser Zeitungsartikel hat noch keine Schlagzeile:**

1 **Belgien –** Die Königinnen und Könige von Belgien
2 bekommen schon seit mehr als 100 Jahren Pässe
3 mit Fantasienamen. Dann werden sie auf Privatreisen
4 nicht so schnell erkannt. Eine belgische Zeitung berichtete
5 aber, dass die Königsfamilie mit gefälschten Pässen
6 gereist sei. Nun wollte man den Fall aufklären.
7 Und tatsächlich gab es eine Erklärung:
8 Seit König Leopold II erhält die Königsfamilie Pässe
9 mit Fantasienamen. Er regierte von 1865 bis 1909.
10 Es sind also echte Pässe, nur die Namen stimmen nicht.

**4** Worum geht es in dem Artikel?
    Schreibt die hervorgehobenen Schlüsselwörter auf.

**5** **a.** Schreibt mit Hilfe der Schlüsselwörter
       verschiedene Schlagzeilen auf.
    **b.** Welche Schlagzeile findet ihr besonders treffend? Markiert.

# Einen Zeitungsbericht lesen

**Ein Zeitungsbericht informiert sachlich über Ereignisse.**

**1** Lies den Zeitungsbericht.
Wende die Schritte vom Textknacker an.

➜ Textknacker: Seite 283

1. Schritt: Vor dem Lesen
2. Schritt: Das erste Lesen
3. Schritt: Den Text genau lesen

 **2** Sieh dir den Zeitungsbericht als Ganzes an.
• Worauf fällt dein Blick als Erstes?
• Was erzählt dir das Bild?

---

① **Trend-Hobby Geocaching¹**

② **Die Schatzsuche mit GPS² wird immer beliebter**

③ **skr.** Geocaching ist ein neuer Trend in Deutschland: Schüler, Kassierer, Fernfahrer und Rentner gehen auf Schatzsuche.

④ Auch Alina Novak geht am Wochenende auf Schatzsuche. Dann fährt sie durch Deutschland und sucht Geocaches. Das sind kleine Behälter, die andere Geocacher versteckt haben. In den Behältern liegt ein Buch, in das man seinen Namen einträgt. Manchmal findet man kleine Schätze, die man mitnehmen darf. Dafür lässt man einen anderen Gegenstand dort. Die Geocaches kann man im Internet abrufen. Mit Hilfe eines GPS-Geräts macht man sich dann auf den Weg zum Versteck. Aber es gibt auch gefährliche Verstecke, zum Beispiel in alten Gebäuden oder unter Wasser. Dort können Unfälle passieren.

¹ das Geocaching: [sprich: geo käschin]
² das GPS: [sprich: dschie-pie-es]: Mit dem Programm kann man seine Position bestimmen.

---

 **3** Worum geht es in dem Zeitungsbericht?
Beantworte die folgenden Fragen in Stichworten.
• Was ist Geocaching?
• Wer macht Geocaching?

**Ein Zeitungsbericht besteht aus mehreren Teilen.
Sie haben zum Beispiel eine unterschiedliche Schriftgröße.**

**4** a. Seht euch die verschiedenen Teile
des Zeitungsberichts auf Seite 188 an.
b. Wie heißen die Teile des Zeitungsberichts?
Ordnet den Teilen passende Bezeichnungen
aus dem Kasten zu.

die Unterzeile
der Text
die Schlagzeile
die Einleitung

 ① die Schlagzeile

**Zeitungsberichte informieren über aktuelle Ereignisse.
Dabei beantworten sie W-Fragen.**

**5** Welche W-Fragen beantwortet der Zeitungsbericht?
• Welche W-Fragen beantwortet die **Einleitung**?
• Welche W-Fragen beantwortet der **Text**?
Schreibt zu jedem Teil W-Fragen auf.

Wer …?
Wie …?
Wann …?
Wo …?
Was …?
Warum geschieht es?
Welche Folgen …?

**Die wichtigste Information steht in einem Zeitungsbericht
meist am Anfang.**

**6** Welche W-Fragen werden am Anfang beantwortet?
Schreibt die Antworten auf diese W-Fragen auf.

**Danach folgen Informationen zum Hintergrund.**

**7** Welche Informationen zum Hintergrund folgen im Text?

a. • Warum macht man Geocaching?
• Was kann beim Geocaching passieren?
Schreibt Stichworte auf.
b. Besprecht eure Antworten in der Klasse.

》》 aktueller Trend,
etwas gemeinsam
machen,
Schätze finden …

gefährliche Verstecke
suchen, Unfälle …

Viele Schulen feiern jedes Jahr einen Tag der offenen Tür.
Eltern und Geschwister lernen dann die Schule kennen.
Auch an Carlos Schule fand ein solcher Tag statt.

**Carlo hat sich Notizen zum Tag der offenen Tür gemacht:**

> *Tag der offenen Tür*
>
> - *Name der Schule: Heinrich-Böll-Schule*
> - *Ort: Bad Hofstadt*
> - *Datum: 11. Mai, 12 bis 16 Uhr*
> - *über 300 Besucher*
> - *viele Eltern, Geschwister und interessierte Grundschulkinder*
>
> - *Der Tag der offenen Tür findet jedes Jahr statt,*
>   *damit Eltern und Schüler die Schule kennen lernen.*
> - *Experimente in Chemie-Räumen*
> - *Hip-Hop in der Turnhalle*
> - *Rollenspiele der Streitschlichter*
>
> - *Kaffee und Kuchen in der Mensa*
> - *Alle Schüler halfen beim Aufräumen.*

**Du kannst nun den Zeitungsbericht schreiben.**

 **1** Worüber willst du berichten?
Sammle Informationen über den **Tag der offenen Tür**.

   **a.** Lies Carlos Notizen.
   **b.** Schreibe W-Fragen auf und beantworte sie.

>  Was geschah? – Es fand ein Tag der offenen Tür statt.
> Wann fand der Tag der offenen Tür statt? – ....
> Wo ... ? ...

**Für den Zeitungsbericht brauchst du
eine passende Schlagzeile und eine Unterzeile.**

 **2** Welche Information ist die wichtigste?
Formuliere eine passende Schlagzeile und eine Unterzeile.

**Die Einleitung soll die wichtigsten Informationen enthalten und neugierig machen.**

 **3** Schreibe eine Einleitung.
- Wann und wo fand der Tag der offenen Tür statt?
- Wer war dabei?

Schreibe im Präteritum.

 Die ... Schule lud am ... zum Tag der offenen Tür ein.
Die Türen öffneten sich von ... bis ... Uhr.
Es kamen ...

**Danach folgen Informationen zum Hintergrund.**

 **4** Welche Informationen zum Hintergrund soll der Zeitungsbericht enthalten?
Beantworte die folgende Frage:
Warum findet der **Tag der offenen Tür** jedes Jahr statt?

**Du kannst nun schreiben, was am Tag der offenen Tür noch alles geschah.**

 **5** Was geschah noch?
- Welche Veranstaltungen fanden statt?
- Was taten die Schüler?

 Es fanden viele Veranstaltungen statt: Es wurden Experimente in den Chemie-Räumen durchgeführt ...

**Du kannst nun einen eigenen Zeitungsbericht schreiben.**

 **6** **a.** Beantworte die folgenden W-Fragen in Stichworten:
- **Worüber** willst du berichten? **Was** geschah?
- **Wann** und **wo** geschah es?
- **Wer** war dabei?
- **Warum** geschah es?
- **Was** geschah **nacheinander**?

**b.** Schreibe deinen Zeitungsbericht mit Hilfe der Stichworte.

>>> das Sportfest, eine Theater-Aufführung, das Schulprojekt ...

**7** Welche Information ist die wichtigste?
Formuliere eine passende Schlagzeile und eine Unterzeile.

# ⓩ Einen Zeitungsbericht überarbeiten

**Carlo hat einen Zeitungsbericht
über den Tag der offenen Tür geschrieben.**

**1** **a.** Bildet Dreiergruppen.
**b.** Lest den Zeitungsbericht von Carlo.

1 _Offene Türen für alle_

2 _Großer Andrang am Tag der offenen Tür_

3 _Die Heinrich-Böll-Schule in Bad Hofstadt lud_

4 _zum Tag der offenen Tür ein. Es kamen über 300 Besucher:_

5 _Eltern, Geschwister und interessierte Grundschulkinder._

6 _Der Tag der offenen Tür fand wie jedes Jahr statt,_

7 _damit Eltern und Schüler die Schule kennen lernen._

8 _Es fanden viele Veranstaltungen statt: Experimente_

9 _in den Chemie-Räumen, Hip-Hop in der Turnhalle_

10 _und Rollenspiele der Streitschlichter._

11 _Außerdem gibt es für alle Kaffee und Kuchen in der Mensa._

12 _Am Ende helfen alle Schüler beim Aufräumen._

> Achtung:
> Fehler!

**Carlo, Sylvia und Fabio möchten den Zeitungsbericht
in einer Redaktionskonferenz überarbeiten.**

**Fabio findet das Thema Tag der offenen Tür interessant.
Aber Carlos Schlagzeile sollte neugieriger machen.**

1 _Offene Türen für alle_

**2** Carlos Schlagzeile könnte noch neugieriger machen.
• Schreibt jeder eine weitere Schlagzeile auf.
• Wählt die beste Schlagzeile aus.

>>> So kann Schule
Spaß machen,
Begeisterung bei
Hip-Hop und Kuchen …

**Sylvia meint, dass in Absatz 1
nicht alle wichtigen W-Fragen beantwortet sind.**

3  *Die Heinrich-Böll-Schule in Bad Hofstadt lud*

4  *zum Tag der offenen Tür ein. Es kamen über 300 Besucher:*

5  *Eltern, Geschwister und interessierte Grundschulkinder.*

  **3**  Sind alle wichtigen W-Fragen beantwortet?
Ergänzt fehlende Informationen. Schreibt Sätze auf.
**Tipp:** Verwendet Carlos Notizen auf Seite 190.

> • Wann …?
> • Wo …?
> • Wer …?
> • Was …?

**Zeitungsberichte schreibt man im Präteritum.
Carlo fällt auf, dass er in Absatz 3 das Präsens
verwendet hat.**

11  *Außerdem gibt es für alle Kaffee und Kuchen in der Mensa.*

12  *Am Ende helfen alle Schüler beim Aufräumen.*

  **4**  a. Schreibt die Verben aus Absatz 3 untereinander auf.
b. Schreibt zu jedem Verb die passende Form im Präteritum.
c. Schreibt die Sätze neu auf.

✏ **5**  Schreibe den überarbeiteten Zeitungsbericht auf.
Verwende die Ergebnisse von Aufgabe 2 bis 4.

**Ihr könnt eure eigenen Zeitungsberichte
in einer Redaktionskonferenz überarbeiten.**

---

### ⚙ Arbeitstechnik

**Eine Redaktionskonferenz durchführen**

- Einer **liest** seinen **Text vor**. Die anderen **hören** genau **zu**.
  - Was **gefällt** euch **gut**?
  - Was habt ihr **nicht verstanden**?
- **Überarbeitet** gemeinsam den Text, bis er euch gefällt.
  Überarbeitet zum Beispiel:
  - die **Satzanfänge**
  - die **Verben** (Tunwörter)
  - die **Adjektive** (Wiewörter)
- Überprüft, ob alles **richtig geschrieben** ist.
- Schreibt zum Schluss den überarbeiteten Text ordentlich auf.

# Training:
# Einen Leserbrief schreiben

## Die eigene Meinung mit Argumenten begründen

**Viele Themen in Zeitungsartikeln sind für dich interessant.**

### Null Bock auf Abwasch?

**Das Gesetz verpflichtet Jugendliche zur Mithilfe im Haushalt**

1 **sk.** Zimmer aufräumen, Geschirr spülen,
2 Staub saugen und Wäsche bügeln:
3 Das sind zu Hause oft Streitthemen.
4 Kleine Kinder helfen freiwillig,
5 Jugendliche protestieren. Aber:
6 Das Gesetz ist auf der Seite der Eltern.

7 Für viele Kinder ist es lästig, nach Schule und Hausaufgaben im Haushalt
8 zu helfen. Aber im Bürgerlichen Gesetzbuch[1] steht, dass Kinder zu Hause
9 helfen müssen. Das gilt, solange sie bei ihren Eltern leben. Jugendliche
10 ab 14 Jahren können bis zu sieben Stunden in der Woche helfen.

11 Die Jugendlichen können Einkäufe oder Gartenarbeit machen.
12 Die Eltern entscheiden, wie viel ihre Kinder helfen. Aber Eltern müssen sich
13 an die gesetzlichen Bestimmungen halten. Sonst können ihre Kinder
14 das Jugendamt einschalten.

[1] **das Bürgerliche Gesetzbuch (BGB):** Es regelt das Recht zwischen Privatpersonen.

 **1** Beantworte die Fragen. Schreibe Stichworte auf.
  • Wo steht das Gesetz zur Mithilfe im Haushalt?
  • Was steht in dem Gesetz?
  • Wie viele Stunden dürfen Eltern ihre Kinder mithelfen lassen?
  • Welche Aufgaben können die Eltern ihren Kindern geben?
  • Was können Kinder tun, wenn sie zu viel helfen müssen?

→ Stichworte aufschreiben: Seite 288

**Du hast sicherlich eine eigene Meinung zu dem Artikel.**

Meinung

 **2** Welche Meinung hast du
zu dem **Gesetz zur Mithilfe im Haushalt**?
Schreibe deine Meinung auf.

>  Ich meine, dass …

 **Es gibt Gründe (Argumente) für und
gegen die Mithilfe im Haushalt.**

Grund

> Neben Schule und Hausaufgaben ist kaum Freizeit.

> Die Tätigkeiten muss man für das spätere Leben lernen.

> Ich muss auch auf die Geschwister aufpassen/einkaufen/…

> Eltern haben viel Arbeit und brauchen Unterstützung.

 **3** **a.** Ordne die Gründe in eine Tabelle ein.
**b.** Überlege dir weitere Gründe und ordne sie ein.

| Gründe für die Mithilfe | Gründe gegen die Mithilfe |
|---|---|
| Die Tätigkeiten muss man für das spätere Leben lernen. | … |

 **4** Welche Gründe passen zu deiner Meinung?

**a.** Lies noch einmal die Gründe in deiner Tabelle.
**b.** Wähle drei Gründe aus, die deine Meinung unterstützen. Markiere sie.
**c.** Ordne deine Gründe. Schreibe den schwächsten zuerst, den stärksten zuletzt auf.

**Mit Beispielen kannst du deine Gründe (Argumente)
anschaulich machen und bestärken.**

Beispiel

 **5** Schreibe zu deinen drei stärksten Gründen Beispiele auf.
Kennzeichne das Beispiel mit **beispielsweise**, **zum Beispiel**.

>  Ich muss beispielsweise Wäsche bügeln für das spätere Leben lernen.

# In einem Leserbrief Stellung nehmen

**Du nimmst nun zu dem Zeitungsartikel Stellung.**
**Dazu verwendest du deine Ergebnisse von Seite 195.**

**Zuerst sagst du, um welchen Zeitungsartikel es geht.**

 **1** Zu welchem Zeitungsartikel möchtest du Stellung nehmen?
  - Nenne die Überschrift des Artikels auf Seite 194.
  - Schreibe das Thema auf.
  - Schreibe die wichtigsten Aussagen auf.

> Ich möchte mich zu dem Artikel … zum Thema … äußern.
> In dem Artikel geht es darum, dass …

**Du schreibst deine Meinung zu dem Thema auf.**

Meinung

W  **2** Welche Meinung hast du zu dem Thema des Artikels?
  - Bist du **für** die Mithilfe im Haushalt?
  - Oder bist du **gegen** die Mithilfe im Haushalt?
  Schreibe deine Meinung auf.

> Ich finde Mithilfe im Haushalt …
> Ich meine, dass …
> Meine Meinung ist, dass …

**Du nennst deine Gründe und erklärst sie mit Beispielen.**

Grund

Beispiel

 **3** **a.** Schreibe drei Gründe in Sätzen auf.
        Deine Ergebnisse von Seite 195 helfen dir dabei.
     **b.** Veranschauliche deine Gründe mit Beispielen.

**Zum Schluss kannst du eine Empfehlung geben**
**oder einen Vorschlag machen.**

 **4** • Was empfiehlst du anderen Leserinnen und Lesern?
     • Gibt es einen Vorschlag oder eine Lösung?

> Ich empfehle, dass …
> Ich schlage vor, dass …
> Mein Tipp ist, dass …

**Mit Hilfe einer Checkliste kannst du
deinen Leserbrief überarbeiten.**

| Checkliste: Einen Leserbrief schreiben | ja | nein |
|---|---|---|
| Habe ich den Artikel und das Thema genannt? | ▪ | ▪ |
| Habe ich die wichtigsten Aussagen des Artikels genannt? | ▪ | ▪ |
| Habe ich meine Meinung in einem ganzen Satz formuliert? | ▪ | ▪ |
| Steht mein stärkster Grund am Schluss? | ▪ | ▪ |
| Habe ich meine Gründe mit Beispielen veranschaulicht? | ▪ | ▪ |
| Habe ich zum Schluss eine Empfehlung oder einen Vorschlag genannt? | ▪ | ▪ |

**5** Prüfe deinen Leserbrief mit Hilfe der Checkliste.

    **a.** • Was ist gut gelungen?
        • Was kannst du noch verbessern?
    **b.** Überarbeite deinen Leserbrief.
        **Tipp:** Wende auch den Rechtschreib-Check an.      → Der Rechtschreib-Check:
                                                           Seite 226–229

**Du kannst eine E-Mail mit deinem Leserbrief
an die Zeitung schreiben.**

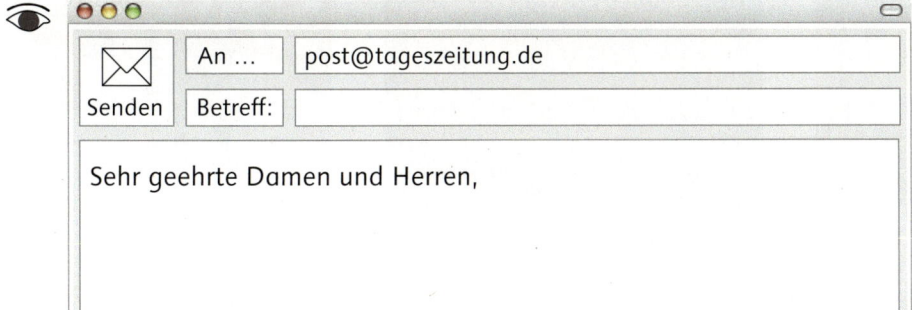

**6** Überlege dir einen Betreff für deine E-Mail.
   Diese Fragen helfen dir dabei:
   • Was für einen Text schreibst du in deine E-Mail?
   • Worum geht es in dem Text?

**7** Schreibe deinen Leserbrief mit dem Computer ab.

# Werbung

## Werbung untersuchen

**Im Alltag sind wir häufig von Werbung umgeben.**

💬 **1**
- Wo wird geworben?
- Wofür wird geworben?
- Wie wird geworben?

💬 **2**
- Welche Werbung begegnet euch im Alltag häufig?
- Welche wenig oder gar nicht?

》》》 im Internet,
in der Zeitschrift,
im Schaufenster …

die Kleidung,
die Lebensmittel …

die Farbe, die Schrift,
die Person …

# Wie sehr beeinflusst uns Werbung?

**Werbung ist überall.**
**Doch manchmal merken wir gar nicht, wie sie uns beeinflusst.**

 **3** Wie sehr beeinflusst die Werbung dein Verhalten?
Wähle eine Antwort aus und schreibe sie auf.

Werbung beeinflusst mich …

… sehr. Ich kaufe das, was ich aus der Werbung kenne.
… nicht so sehr. Ich vergleiche immer, bevor ich etwas kaufe.
… gar nicht. Ich beachte Werbung absichtlich nicht.

**Mit diesem Fragebogen kannst du genauer untersuchen,**
**wie sehr dich Werbung beeinflusst.**

 **4** **a.** Lies die Fragen.
 **b.** Schreibe die Fragen auf.
Schreibe die Antwort daneben, die auf dich zutrifft.

Fragebogen:
## Wie sehr beeinflusst dich Werbung?

**1** Wie viele Werbebotschaften erreichen dich durchschnittlich pro Tag? Schätze es ungefähr.

☐ a. 10 ☐ b. 200 ☐ c. mehr als 500

**2** Wie viele Markennamen kennst du?
Schreibe in einer Minute alle Markennamen auf, die dir einfallen.

☐ a. 0–10 ☐ b. 11–15 ☐ c. mehr als 15

**3** Wie viele Produkte, die du aus der Werbung kennst, kaufst du?
Schreibe alle Produkte auf, die dir in 30 Sekunden einfallen.

☐ a. 0–3 ☐ b. 4–6 ☐ c. mehr als 6

**4** Wie findest du Werbung?

☐ a. Werbung vermittelt wichtige Informationen.

☐ b. In der Werbung wird viel übertrieben.

☐ c. Werbung ist völlig unglaubwürdig.

**5** Wertet eure Antworten aus:
• Welche Gemeinsamkeiten und Unterschiede gibt es?
• Wie lautet euer Ergebnis? Wie sehr beeinflusst euch Werbung?

# Bilder und Sprache in der Werbung

**Starke Bilder in der Werbung machen uns aufmerksam.**

 **1** Welches Bild spricht dich am meisten an? Begründe.

 **2** Wie wecken die Bilder Interesse?
Beschreibe die Wirkung der Bilder:
- Worauf wird dein Blick gelenkt?
- Wie wirkt die Person/der Gegenstand?
- Wir wirken die Farben?

> die Wandfarbe,
> die Steckdose,
> >>> die Form der Pflanze …
>
> glücklich, lustig,
> zuverlässig, kräftig …

**Werbesprüche nennt man auch Slogans[1].**

[1] **der Slogan:** (englisch)
[sprich: slogn]

 **3** Diese Slogans könnten zu den Bildern gehören.

    **a.** Ordne die Slogans den Bildern zu.
    **b.** Begründe.

> Glauben Sie alles, was Sie sehen?

> Lassen Sie lieber den Profi ran!

> Heute schon Schwein gehabt?

 **4**
- Wofür könnte mit den Bildern geworben werden?
- Welche Erwartungen wecken die Bilder?
- Was sagen die Werbesprüche aus?
  Wie wirken sie?

**Werbung richtet sich nicht immer an alle.**
**Sie richtet sich meist an eine ganz bestimmte Gruppe.**
**Das ist die Zielgruppe.**

**5** a. Untersucht das Plakat. Besprecht:
  • Wen soll das Plakat ansprechen?
  • Wie weckt das Plakat Interesse?
  • Was zeigt das Bild?
  • Was sagt der Text?
  • Wofür wird geworben?
  b. Schreibt Stichworte auf.

**Z** **Ihr könnt ein Projekt Werbung durchführen.**
**Darin könnt ihr ein eigenes Werbeplakat gestalten.**

**6** a. Für welches Produkt wollt ihr werben?
  b. Welche Zielgruppe wollt ihr ansprechen? Beschreibt.

**7** Wie weckt man das Interesse der Zielgruppe?

  a. Tragt Ideen für Bilder und Slogans zusammen.
  b. Zeichnet Skizzen oder schreibt Entwürfe.

**8** a. Gestaltet eure Werbung mit Bildern, Schrift und Farben.
  b. Präsentiert und besprecht eure Werbung in der Klasse.

# Der Aufgabenknacker

**Der Aufgabenknacker hilft dir, eine Aufgabe zu verstehen und zu bearbeiten. Er hilft dir auch in anderen Fächern, zum Beispiel in Biologie.**

**1. Schritt: Genau lesen**

 **1** Lies die Beispiel-Aufgabe ☐1 genau.
Achte besonders auf das Verb (Tunwort).

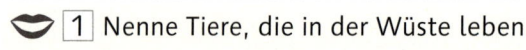
> ☐1 Nenne Tiere, die in der Wüste leben.

 **2** a. Schreibe das Verb aus der Beispiel-Aufgabe auf.
b. Schreibe den Infinitiv (die Grundform) dazu.

**2. Schritt: Überlegen, was zur Lösung gehört**

 **3** a. Lies die Beispiel-Aufgabe ☐1 noch einmal.
b. **Was genau** sollst du tun?

Ich soll etwas genau betrachten.
Ich soll etwas aufzählen.

c. **Wie** sollst du es tun?

>>> allein, mit einem Partner, in einer Gruppe

mündlich, schriftlich

**3. Schritt: Mit eigenen Worten wiedergeben**

 **4** Welcher Satz gibt die Beispiel-Aufgabe ☐1 richtig wieder?
Schreibe auf.

Ich bearbeite die Aufgabe mündlich und
vergleiche Wüsten-Tiere.
Ich soll mündlich Tiere aufzählen,
die in der Wüste leben.
Ich soll Wüsten-Tiere entdecken und genau betrachten.

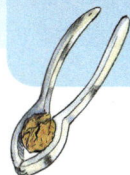

**Bei langen Aufgaben musst du jede Teilaufgabe einzeln bearbeiten.**

## 1. Schritt: Genau lesen

 **5** a. Lies die Beispiel-Aufgabe **2** genau.
Achte besonders auf die Verben (Tunwort).
b. Aus wie vielen Teilen besteht die Aufgabe?

>  **2** a. Nenne Arten von Kamelen.
> b. Beschreibe den Körperbau vom Kamel.
> c. Begründe, warum das Kamel in der Wüste überleben kann.

 **6** a. Schreibe das Verb aus jeder Teilaufgabe auf.
b. Schreibe den Infinitiv (die Grundform) dazu.

## 2. Schritt: Überlegen, was zur Lösung gehört

 **7** a. Lies die Beispiel-Aufgabe **2** noch einmal.
b. **Was genau** sollst du beschreiben und begründen?
c. **Wie** sollst du es tun?

> Bei Aufgabe 2a. soll ich …
> Bei Aufgabe 2b. soll ich …
> Bei Aufgabe 2c. soll ich …

>>> allein, mit einem Partner, in einer Gruppe
mündlich, schriftlich

## 3. Schritt: Mit eigenen Worten wiedergeben

 **8** Was sollst du in Beispiel-Aufgabe **2** a. bis c. tun?
Schreibe die Sätze auf. Ergänze die Lücken.

Ich bearbeite die Aufgabe ▨▨▨.
Bei Aufgabe 2a. soll ich aufzählen, welche ▨▨▨ es gibt.
Bei Aufgabe 2b. soll ich wiedergeben, wie ▨▨▨ aussieht.
Bei Aufgabe 2c. soll ich Gründe nennen, warum ▨▨▨.

# Texte lesen und verstehen: Der Textknacker

**Der Textknacker hilft dir, Texte zu lesen und zu verstehen.**

## 1. Schritt: Vor dem Lesen

**1** a. Sieh dir das Bild auf Seite 205 an.
b. Lies die Überschrift.
c. Worum könnte es in dem Sachtext gehen?
Schreibe deine Vermutung auf.

## 2. Schritt: Das erste Lesen

**2** a. Zähle die Absätze.
b. Lies die hervorgehobenen Schlüsselwörter.
c. Überprüfe deine Vermutung von Aufgabe 1c.
Schreibe auf, worum es in dem Text geht.

## 3. Schritt: Den Text genau lesen

**3** Lies den ganzen Text – Absatz für Absatz.

## Wie nutzen User[1] soziale Netzwerke?

1 Der Bundesverband Informationswirtschaft
2 Telekommunikation und neue Medien (BITKOM)
3 hat untersucht, wie soziale Netzwerke genutzt werden:
4 In Deutschland waren im Oktober 2013
5 etwa 40 Millionen Menschen in sozialen Netzwerken aktiv.

6 Die User verfolgen unterschiedliche Interessen.
7 Einige User wollen berufliche Kontakte pflegen.
8 Fast die Hälfte der Nutzer informiert sich mit Hilfe
9 der Netzwerke über das Tagesgeschehen.
10 Drei Viertel der Nutzer kommunizieren[2] mit Freunden.
11 Das sind etwa 30 Millionen Menschen.

[1] der User:
(englisch) [sprich: jusa]:
der Nutzer: jemand, der
ein soziales Netzwerk nutzt

[2] kommunizieren:
miteinander sprechen oder
sich mitteilen

12  In Deutschland nutzen etwa 20 Millionen User

13  eines der größten und bekanntesten sozialen Netzwerke.

14  Darunter sind auch immer mehr Erwachsene.

15  Deswegen finden Jugendliche diese großen Netzwerke

16  nicht mehr so interessant. Sie fühlen sich beobachtet.

17  Den Jugendlichen gefällt nicht, dass Eltern, Lehrer und

18  Großeltern die Nachrichten und Kommentare mitlesen.

19  Daher nutzen viele Jugendliche nun kleinere Netzwerke.

20  Man kann dort kleine Freundesgruppen gründen.

21  So kann man Nachrichten, Bilder und Kommentare

22  verschicken, ohne dass die halbe Welt mitliest.

23  Diese Entwicklung beobachtet man auch

24  in anderen Ländern, zum Beispiel in den USA und

25  in Schweden. Im Februar 2013 berichteten sogar

26  mehrere schwedische Tageszeitungen darüber.

27  Den Jugendlichen ist wichtig, dass sie persönliche Daten

28  und Nachrichten nicht mit Fremden teilen.

**4. Schritt: Nach dem Lesen**

4  Beantworte die folgenden Fragen:
- Wie viele Menschen haben 2013 soziale Netzwerke genutzt?
- Wofür nutzen die Menschen soziale Netzwerke?
- Warum finden Jugendliche die großen Netzwerke nicht mehr so interessant?
- Welche Vorteile haben kleinere soziale Netzwerke?
- In welchen Ländern kann man diese Entwicklung noch beobachten?

Z 5  Was hältst du von sozialen Netzwerken?

a. Beantworte die Fragen.
- Bist du in sozialen Netzwerken aktiv?
- Wofür nutzt du sie?
- Nutzt du große soziale Netzwerke? Oder kleine? Begründe.

b. Tausche dich mit einer Partnerin/einem Partner aus.

# Eine Grafik erschließen

**Was alles entsorgen die Haushalte als Müll?**
**Die Antwort findest du in dem folgenden Kreis-Diagramm.**

  **1**  a. Lies die Überschrift.
b. Was ist das Thema vom Diagramm?
  Schreibe auf.

> ➡ Das Diagramm zeigt …

  **2** a. Sieh dir die Form (  ) von dem Diagramm an.
b. Lies die Beschriftungen der Teile (◀).
c. Lies die Quelle unter dem Diagramm.

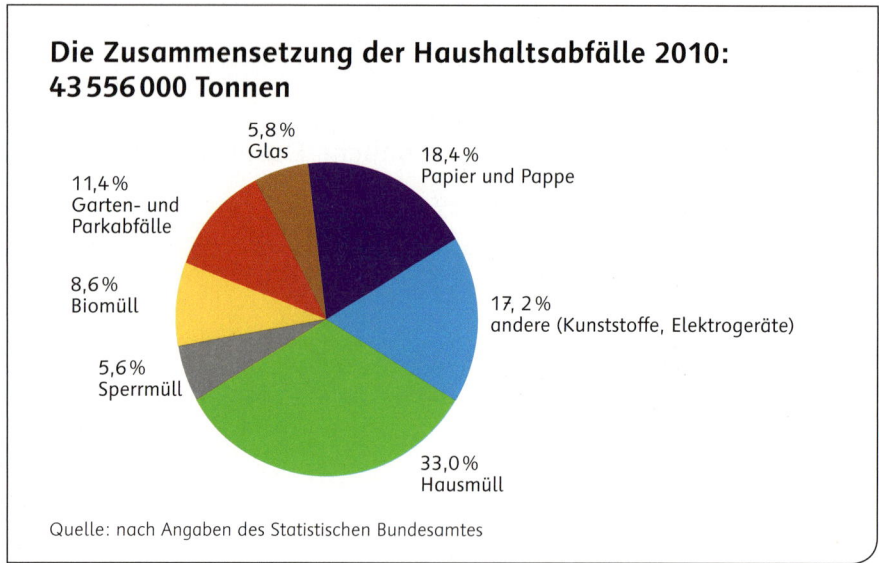

**Die Zusammensetzung der Haushaltsabfälle 2010:**
**43 556 000 Tonnen**

5,8 % Glas

11,4 % Garten- und Parkabfälle

8,6 % Biomüll

5,6 % Sperrmüll

18,4 % Papier und Pappe

17, 2 % andere (Kunststoffe, Elektrogeräte)

33,0 % Hausmüll

Quelle: nach Angaben des Statistischen Bundesamtes

**Du hast das Diagramm genau betrachtet und die Beschriftung gelesen.**

 **3** Beantworte folgende Fragen. Schreibe auf.

> • Welche Form hat das Diagramm?
> • Worüber informiert das Diagramm?
> • Von wem sind die Zahlen im Diagramm?

> ➡ Bei dem Diagramm handelt es sich um ein …
> Es informiert über die Art der …
> Die Zahlen in dem Diagramm sind veröffentlicht von …

**Beim Kreis-Diagramm gilt:**
**Je größer ein Teil ist, umso größer ist die Menge.**

 **4** a. Sieh dir die Teile an.

b. Welche Art von Hausmüll verursachen wir **am meisten**?
Welche **am wenigsten**?
Schreibe auf.

> Am meisten verursachen wir …
> Am wenigsten …

**Die Zahl bei jedem Teil gibt an, wie groß der Anteil ist.**

 **5** a. Lies die Zahlen bei den Teilen.

b. Zeichne eine Tabelle.

c. Ordne die Informationen aus dem Diagramm
in die Tabelle ein.
Beginne mit dem größten Anteil der Haushaltsabfälle.

→ Eine Tabelle zeichnen:
Seite 288

| der Rang | der Anteil | Wofür? |
|----------|-----------|--------|
| 1. | 33 % | Hausmüll |
| 2. | … | … |

 **6** a. Sieh dir das Diagramm noch einmal an.

b. Was fällt dir besonders auf? Was überrascht dich?
Schreibe auf.

> Mich überrascht, dass …
> Ich finde erstaunlich, dass …
> Besonders auffallend finde ich …

# Einen Kurzvortrag vorbereiten und halten

## Den Drachen auf der Spur

**In einem Kurzvortrag kannst du andere über Drachen informieren.**

**1** Was weißt du schon über Drachen?
Sammle deine Informationen in einem Cluster.

→ Einen Cluster zeichnen: Seite 287

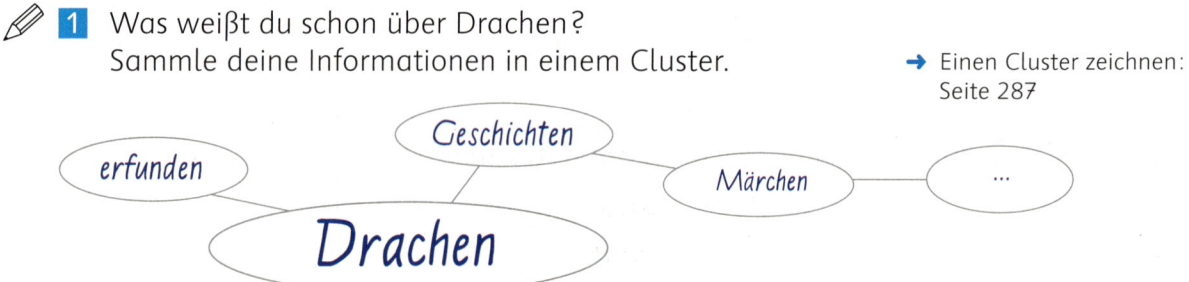

**Im folgenden Text findest du weitere Informationen über Drachen.**

**2** Lies den Text. Wende die Schritte vom Textknacker an.

→ Textknacker: Seite 283

**1. Schritt: Vor dem Lesen**

**2. Schritt: Das erste Lesen**

**3. Schritt: Den Text genau lesen**

»»» 1. die Bilder
die Überschrift

2. die Absätze
die Schlüsselwörter

3. der ganze Text

### Überall Drachenspuren!

1 Drachen kennen wir als feuerspeiende Ungeheuer
2 mit Flügeln und schuppiger Haut. Aber es gibt Drachen
3 nicht wirklich. Trotzdem finden wir überall Spuren
4 von ihnen: zum Beispiel in spannenden Geschichten.

5 Bis ins 17. Jahrhundert glaubten Forscher, dass es
6 Drachen wirklich gibt. Damals fand man Knochen.
7 Heute weiß man, dass es die Knochen von Dinosauriern
8 waren. Aber erst 1843 prägte man die Bezeichnung
9 Dinosaurier und fertigte Modelle von ihnen an.

10 Drachensagen und Drachenspuren gibt es besonders

11 an Orten, an denen man viele Dinosaurier-Knochen

12 gefunden hat. Denn die Knochen haben die Fantasie

13 der Menschen angeregt. Ein solcher Ort ist in Europa

14 der Drachenfels im Siebengebirge in Westdeutschland.

15 Heute ist der Drachenfels ein beliebtes Ausflugsziel.

16 Vor langer Zeit lebte dort wohl ein gefährlicher Drache.

17 In der Sage über Siegfried den Drachentöter heißt es,

18 dass Siegfried von Xanten den Drachen besiegt hat.

19 Es ist die bekannteste Drachensage Deutschlands.

20 Man kennt die Geschichte aus dem Nibelungenlied[1]:

21 Siegried zog von Xanten den Rhein hinauf

22 zum Siebengebirge. Er lernte den Waffenschmied Mime

23 kennen. Mime zeigte Siegfried das Schmieden und

24 Siegfried schmiedete sein Schwert Balmung.

25 Mimes Amboss[2] zersprang dabei in Stücke.

26 Deswegen mochte Mime den starken Siegfried nicht.

27 Er schickte ihn auf den Drachenfels. Siegfried sollte dort

28 Kohlen für den Herd brennen[3]. Auf dem Gipfel lebte

29 ein Drache. Mime hoffte, dass der Drache

30 Siegfried verschlingt.

31 Als Siegfried den Gipfel erreichte, spie der Drache ihm

32 Feuer entgegen. Aber Siegfried hatte Glück.

33 Er wich unter dem Drachen aus und stieß ihm

34 das Schwert Balmung ins Herz. Siegfried badete

35 in dem Drachenblut und bekam am ganzen Körper

36 eine schützende Hornhaut[4].

37 Aber an einer Stelle verdeckte ein Lindenblatt seine Haut.

38 Dort war er verwundbar. Siegfried wurde

39 zum Herren des Nibelungenschatzes, weil er den Drachen

40 besiegt hatte. Er nahm von dem Schatz nur einen Ring

41 und zog weiter in neue Abenteuer.

[1] **das Nibelungenlied:** eine Sage über den Helden Siegfried
[2] **der Amboss:** ein Block aus Stahl, an dem ein Schmied arbeitet
[3] **Kohlen brennen:** ein Vorgang, bei dem man aus Holz Holzkohle herstellt
[4] **die Hornhaut:** eine harte Haut, zum Beispiel an den Füßen

 **3** Was hast du über Drachen erfahren?
Beantworte die folgenden Fragen in Stichworten.
Schreibe auf Karteikarten.

→ Stichworte aufschreiben:
Seite 288

- Wo gibt es Drachenspuren in Europa?
- Welche Sage möchtest du vorstellen?
- Worum geht es in der Sage?

 **4** **a.** Finde weitere interessante Informationen über die Sage.
**b.** Schreibe sie auf Karteikarten.
**Tipp:** Schlage schwierige Wörter im Wörterbuch oder
im Lexikon nach.

›››im Internet,
in Sagenbüchern …

 **5** **a.** Nummeriere die Karteikarten
in der richtigen Reihenfolge.
**b.** Markiere die wichtigen Wörter farbig.

 **6** Was sagst du am Anfang?

**a.** Überlege dir eine spannende Einleitung.
**b.** Schreibe deine Einleitung auf eine Karteikarte.

> *Am Anfang:*       *1*
> *Kurzvortrag über …*

**7** Was sagst du zum Schluss?

**a.** Finde einen abschließenden Satz.
- Was hat dich am meisten erstaunt?
- Was war für dich eine ganz besondere Information?
Warum?
**b.** Schreibe deinen Schluss auf eine Karteikarte.

> *Zum Schluss:*       *8*
> *Ich fand besonders*
> *erstaunlich, dass …*

**Du kannst zu deinem Vortrag ein Plakat zeigen.**

 **8** Überlege, welche Informationen du präsentieren willst.

**a.** Wähle Informationen von deinen Karteikarten aus.
**b.** Finde passende Bilder.
**c.** Finde eine passende Überschrift.
**Tipp:** Das Muster am Rand hilft dir dabei.

> **Drachenspuren**
> - Liegt im Siebengebirge
> - ein beliebtes Ausflugsziel
> - Siegfried der Drachentöter
> - bekannter Held aus Sage
> - badete im Drachenblut

**9** Gestalte dein Plakat.
Beachte dabei die Arbeitstechnik **Ein Plakat gestalten**.

→ Ein Plakat gestalten:
Seite 294

**Du wirst sicherer, wenn du deinen Kurzvortrag vorher übst.**

👄 **10** **a.** Nimm deine Karteikarten.
**b.** Lies die Stichworte.
**c.** Bilde aus den Stichworten Sätze.

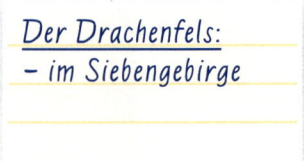

Der Drachenfels:
– im Siebengebirge

Der Drachenfels liegt
im Siebengebirge.

👄 **11** Übe den Kurzvortrag.
Beachte dabei die Arbeitstechnik **Frei vortragen**.

➜ Frei vortragen: Seite 293

👥 **12** **a.** Worauf solltet ihr bei einem Kurzvortrag achten?
Schreibt eine Checkliste.
**b.** Jeder hält seinen Kurzvortrag in der Gruppe.
Die anderen beobachten genau. Dabei hilft die Checkliste.
**c.** Besprecht: Was war gut? Was könnte verbessert werden?

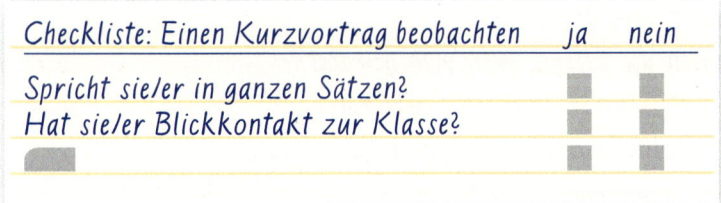

Checkliste: Einen Kurzvortrag beobachten    ja    nein

Spricht sie/er in ganzen Sätzen?
Hat sie/er Blickkontakt zur Klasse?

**Ihr habt euren Kurzvortrag vorbereitet und geübt.**

👄 **13** • Jeder hält seinen Kurzvortrag in der Klasse.
• Die anderen hören gut zu und beobachten genau.

Z💬 **14** Wertet den Kurzvortrag gemeinsam aus:
• Was war gut?
• Wurden alle Punkte der Checkliste beachtet?
• Wurden die Informationen gut veranschaulicht?
• Wurden eure Fragen beantwortet?
• **Was** könnte man verbessern?
• **Wie** könnte man es verbessern?
**Tipp:** Verwendet Ich-Botschaften.

# Texte überarbeiten: Die Schreibkonferenz

**Nala hat einen Auszug aus dem Jugendbuch Zimtküsse von Deniz Selek zusammengefasst.**

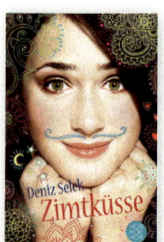

  **1** **a.** Bildet Dreiergruppen.
**b.** Lest die Inhaltsangabe von Nala.

1 *Inhaltsangabe zu einem Jugendbuchauszug*
2 *Der Auszug aus dem Jugendbuch Zimtküsse*
3 *spielt in Istanbul.*
4 *Die Hauptperson ist die Ich-Erzählerin Sahra.*
5 *In dem Auszug verrät die Großmutter Sahra ein Geheimnis.*
6 *Sahra besucht ihre Großmutter in den Ferien.*
7 *Sie macht einen Ausflug mit ihrer Großmutter.*
8 *Sie hört Geschichten von der Großmutter.*
9 *Sahras Großmutter erzählt, wie es früher war:*
10 *Sie war in einen Mann verliebt.*
11 *Aber damals bestimmten die Eltern, wen man heiratet.*
12 *Sahras Großmutter hat Sahras Großvater geheiratet.*
13 *Sahra findet, dass die Großmutter sehr ehrlich zu ihr ist.*
14 *Der Auszug aus dem Jugendbuch gefällt mir.*
15 *Aber ich finde es voll blöd, dass Sahras Großmutter*
16 *einen anderen Mann heiraten musste.*

**Nala, Levin und Mischa möchten die Inhaltsangabe gemeinsam in einer Schreibkonferenz überarbeiten.**

**Levin fällt auf, dass in der Einleitung nicht alle Informationen enthalten sind.**

2 *Der Auszug aus dem Jugendbuch Zimtküsse*
3 *spielt in Istanbul.*

  **2** **a.** Überprüft die Einleitung.
Welche Informationen sind enthalten? Welche nicht?
**b.** Ergänzt die fehlende Information.
**Tipp:** Oben auf dieser Seite findest du die Information.

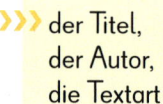 der Titel,
der Autor,
die Textart

**Mischa findet, dass die Sätze in Zeile 6 bis 8 alle ähnlich klingen.**

6 *Sahra besucht ihre Großmutter in den Ferien.*

7 *Sie macht einen Ausflug mit ihrer Großmutter.*

8 *Sie hört Geschichten von der Großmutter.*

 **3** Wie kann Nala die Sätze anders formulieren?
Probiert verschiedene Möglichkeiten aus.
Schreibt die neuen Sätze auf.

➡ Sahra und ihre Großmutter machen …

**Nala fällt auf, dass sie im Schluss ihre Meinung nicht sachlich formuliert hat.**

 **4** Welche Wortgruppen sind nicht sachlich?
Wie kann Nala sachliche Wortgruppen formulieren?
Probiert verschiedene Möglichkeiten aus. Schreibt auf.

 **5** Schreibe die überarbeitete Inhaltsangabe auf.
Verwende die Ergebnisse von Aufgabe 2 bis 4.

**Ihr könnt eure eigenen Texte in einer Schreibkonferenz überarbeiten.**

 **Arbeitstechnik**

**Eine Schreibkonferenz durchführen**

- Einer **liest** seinen **Text vor**. Die anderen **hören** genau **zu**.
  - Was **gefällt** euch **gut**?
  - Was habt ihr **nicht verstanden**?
- **Überarbeitet** gemeinsam den Text, bis er euch gefällt.
  Überarbeitet zum Beispiel:
  - die **Satzanfänge**
  - die **Verben** (Tunwörter)
  - die **Adjektive** (Wiewörter)
- Überprüft, ob alles **richtig geschrieben** ist.
- Schreibt zum Schluss den überarbeiteten Text ordentlich auf.

# Beschreibungen lesen und selbst schreiben

## Wie funktioniert ein Motor?

**Maik will mit seinem Motorroller zum Vorstellungsgespräch fahren.
Obwohl Benzin im Tank ist, springt der Motorroller nicht an.
Daher sucht Maik die Ursache im Motor selbst.**

**1** Sieh dir die Abbildung des Motors an.

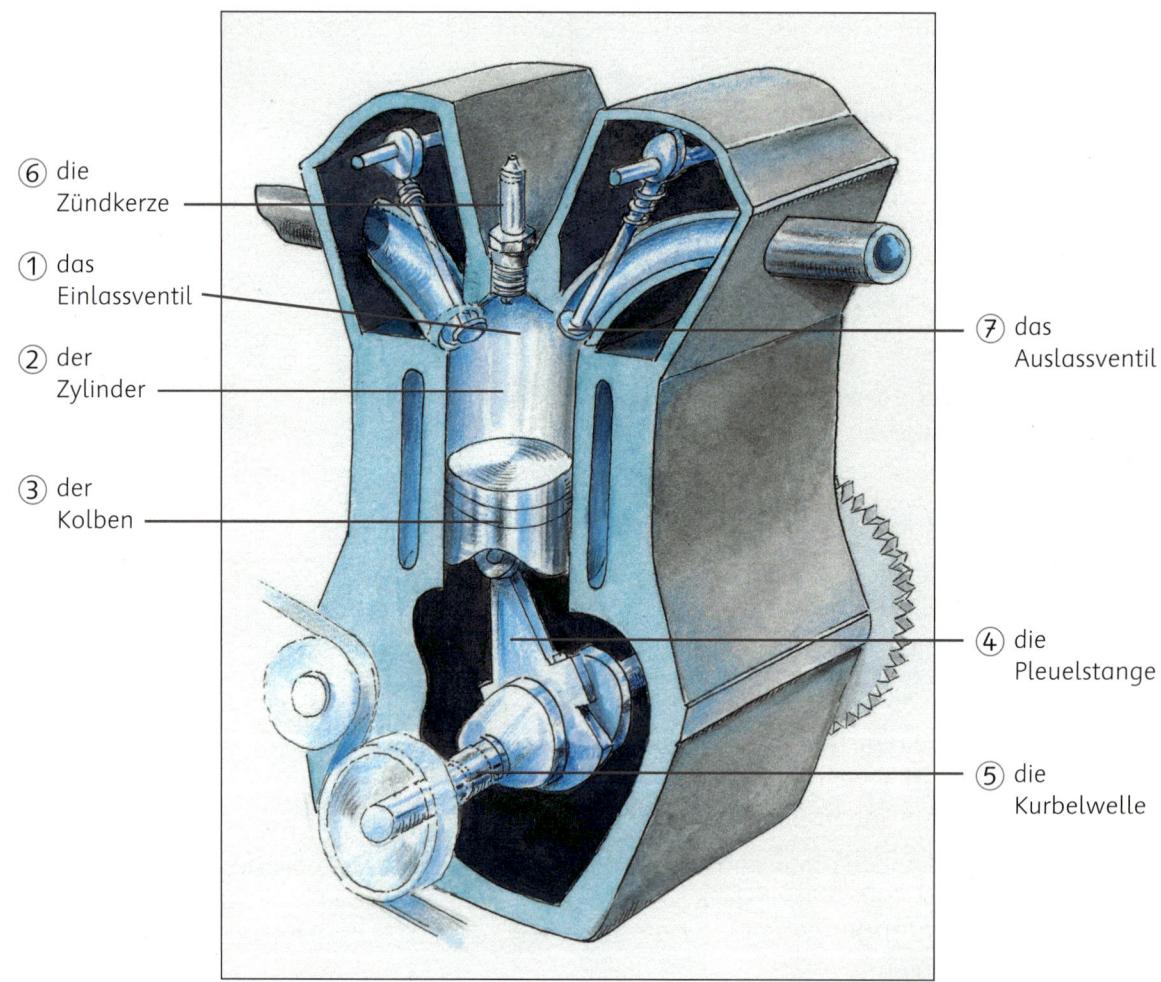

⑥ die Zündkerze

① das Einlassventil

② der Zylinder

③ der Kolben

⑦ das Auslassventil

④ die Pleuelstange

⑤ die Kurbelwelle

**In der Betriebsanleitung sind alle Bestandteile des Motors benannt und beschrieben.**

① Durch das geöffnete **Einlassventil** strömt das Gemisch aus Luft und Benzin in den Zylinder.

② Der **Zylinder** ist das Gehäuse, in dem sich der Kolben bewegt. Der Zylinder ist im Inneren rund.

③ Der **Kolben** passt genau in den Zylinder. Er bewegt sich auf und ab. Dabei hat er verschiedene Funktionen: Er saugt das Benzin-Luft-Gemisch an und presst es zusammen. Er überträgt die Kraft der Auf- und Ab-Bewegung auf die Kurbelwelle. Außerdem drückt er die Abgase aus dem Motor.

④ Die **Pleuelstange** verbindet den Kolben mit der Kurbelwelle. Die Pleuelstange setzt die Auf- und Ab-Bewegung des Kolbens in eine Drehbewegung um.

⑤ Die **Kurbelwelle** wird durch die Pleuelstange bewegt. Die Kurbelwelle dreht sich. Die Drehbewegung wird letztlich an das Antriebsrad weitergegeben.

⑥ Die **Zündkerze** erzeugt einen Funken, der das Benzin-Luft-Gemisch im Zylinder zündet.

⑦ Durch das **Auslassventil** verlassen die Abgase den Motor.

**2** Beantwortet die folgenden Fragen:
- Aus welchen Bestandteilen ist der Motor aufgebaut?
- Welche Funktion haben diese Bestandteile?
- Wie arbeiten die Bestandteile zusammen?
Schreibt Stichworte auf.

→ Stichworte aufschreiben: Seite 288

**Auf den nächsten Seiten erfahrt ihr, wie der Motor eines Motorrollers funktioniert.**

# Einen Vorgang beschreiben: der Viertaktmotor

**Maik informiert sich im Internet,
wie der Motor seines Motorrollers funktioniert.**

**1** Lies den Text. Wende die Schritte vom Textknacker an. ➔ Textknacker: Seite 283

 **Die Funktionsweise eines Viertaktmotors**

1 Ein Motorroller wird häufig von einem Viertaktmotor
2 angetrieben. In dem Motor folgen
3 vier Schritte aufeinander.
4 Die vier Schritte werden auch vier Takte genannt,
5 deshalb heißt der Motor Viertaktmotor.
6 Die vier Takte wiederholen sich, solange der Motor
7 eingeschaltet ist und Benzin nachgeführt wird.

### 1. Takt (Ansaugen):

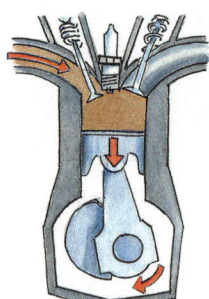

8 Während das Einlassventil geöffnet ist, strömt
9 ein Gemisch aus Benzin und Luft in den Zylinder.
10 Der Kolben bewegt sich nach unten und saugt so
11 das Benzin-Luft-Gemisch an. Das Auslassventil
12 muss in diesem Takt geschlossen sein,
13 sonst geht das Benzingemisch verloren.

### 2. Takt (Verdichten):

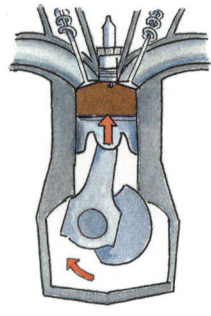

14 Beim zweiten Takt sind das Einlassventil und
15 das Auslassventil geschlossen. Das Benzingemisch
16 kann nicht aus dem Zylinder entweichen.
17 Nun bewegt sich der Kolben wieder nach oben.
18 Dabei wird das Benzin-Luft-Gemisch komprimiert.
19 Es wird zusammengedrückt.

### 3. Takt (Arbeiten):

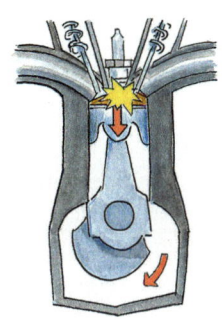

20 Beim dritten Takt sind das Einlassventil und
21 das Auslassventil geschlossen. Der Kolben ist oben.
22 Das Benzin-Luft-Gemisch ist stark zusammengedrückt.
23 Nun zündet die Zündkerze das Benzin-Luft-Gemisch
24 mit einem Funken. Es verbrennt explosionsartig
25 und dehnt sich dabei stark aus. Das Gemisch benötigt
26 mehr Platz und drückt so den Kolben wieder nach unten.
27 Wenn sich der Kolben auf und ab bewegt, dann gibt
28 die Pleuelstange die Bewegung als Drehbewegung
29 an die Kurbelwelle weiter. Diese dreht sich und
30 treibt das Antriebsrad des Motorrollers an.

### 4. Takt (Ausstoßen):

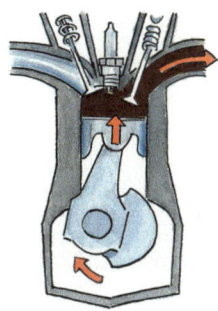

31 Nun befindet sich der Kolben unten. Im Zylinder
32 haben sich die Abgase gesammelt. Jetzt öffnet sich
33 das Auslassventil. Der Kolben bewegt sich durch
34 die Bewegung der Kurbelwelle wieder nach oben.
35 Dabei drückt er die Abgase aus dem Zylinder heraus.

88😮 **2** Wie funktioniert der Viertaktmotor?
Beschreibt jeden Takt mit eigenen Worten.

88✏ **3** Beantwortet die folgenden Fragen:
• Was passiert mit dem Kolben?
• Was geschieht mit dem Benzin-Luft-Gemisch?
Schreibt Stichworte auf.

➡ Stichworte aufschreiben: Seite 288

**Du hast die wesentlichen Informationen aus dem Text zusammengefasst. Jetzt kannst du die Funktionsweise des Viertaktmotors beschreiben.**

**4** Beschreibe die Funktionsweise eines Viertaktmotors.
Wende dabei die Schritte vom Schreibprofi an.
Verwende das Ergebnis von Aufgabe 3.

➡ Schreibprofi: Seite 286

# Dein Rechtschreib-Check

**Mit dem Rechtschreib-Check und den Wortprofis
prüfst und verbesserst du Wörter in deinem eigenen Text.**

**Viele Wörter schreibst du so, wie du sie sprichst und hörst.
Diese Wörter sind Mitsprechwörter.**

→ Mitsprechwörter
abschreiben : Seite 296

**1.** Ich lese das Wort.

**3.** Ich höre , wie ich das Wort schreiben muss.

**6.** Ich spreche das Wort und
male einen Bogen unter jede Silbe.

**7.** Ich vergleiche.

**8.** Ich verbessere.

## Checkpunkt 1: deutlich sprechen – genau hinhören

**1** Schreibe die Wörter ab.
Benutze dabei den Wortprofi für Mitsprechwörter.
Achte besonders auf die Schritte 1 , 3 , 6 , 7 und 8 .

der Monat   die Bank   hinter   kosten   warum   sogar

## Checkpunkt 2: langer oder kurzer Vokal?

Nach einem **langen Vokal** steht meist
nur **ein Konsonant**: der Bruder.
Nach einem **kurzen Vokal** stehen **zwei** oder
**mehr Konsonanten**: die Lust.

**2** Sprich dir die Wörter vor. Achte auf die blauen Vokale:
• Male beim langen Vokal einen Balken in die Luft.
• Tippe beim kurzen Vokal einen Punkt in die Luft.

der Winter   die Stunde   das Wort   das Gras   der Mut   die Tasche

**3** **a.** Schreibe die Wörter auf.
**b.** Vergleiche die Wörter mit der Vorlage.
**c.** Verbessere.

**Über manche Wörter musst du nachdenken.**
**Dann weißt du, wie du sie schreiben musst.**
**Diese Wörter sind Nachdenkwörter.**

→ Nachdenkwörter
abschreiben: Seite 296

**1.** Ich lese das Wort.

**3. Ich denke nach** und **erkläre,**
wie ich das Wort schreiben muss.
– Ich suche ein verwandtes Wort.
– Ich verlängere das Wort.

**6.** Ich schreibe in Klammern die **Erklärung**:
die Bäume (→ der Baum), das Kind (→ die Kinder)

**7.** Ich vergleiche.

**8.** Ich verbessere.

## Checkpunkt 3: verwandtes Wort?

**4** Schreibe die Wörter ab.
Benutze dabei den Wortprofi für **Nachdenkwörter**.
Achte besonders auf die Schritte 1, 3, 6, 7 und 8.

| | | | |
|---|---|---|---|
| die Räder | der Räuber | kräftig | zählen |
| die Gläser | älter | er stößt | die Äpfel |
| ängstlich | wütend | die Knöpfe | die Träume |
| die Gäste | wir müssen | die Zäune | kürzer |

## Checkpunkt 4: b, d oder g am Wortende?

**5** Schreibe die Wörter ab.
Benutze dabei den Wortprofi für **Nachdenkwörter**.

| | | | | |
|---|---|---|---|---|
| der Berg | der Dieb | der Zug | der Tag | spannend |
| kräftig | der Abend | der Wald | lieb | wütend |
| der Staub | wild | richtig | gelb | |
| die Schuld | das Land | das Geld | der Korb | |

**Bei vielen Wörtern hörst du nicht, wie du sie schreiben musst.**
**Du kannst es auch nicht erklären. Diese Wörter musst**
**du dir merken. Deshalb heißen sie Merkwörter.**

→ Merkwörter abschreiben:
Seite 297

**1.** Ich lese das Wort.

**3.** **Ich merke mir**  ,
wie ich das Wort schreiben muss.

**6.** Ich kreise die **Merkstelle** im Wort ein:
der Za(h)n

**7.** Ich vergleiche.

**8.** Ich verbessere.

**Checkpunkt 5: Ich höre kein h, aber ich schreibe es!**

**In manchen Wörtern steht nach dem langen Vokal ein h.**

6  Schreibe die Wörter ab.
Benutze dabei den Wortprofi für **Merkwörter**.
Achte besonders auf die Schritte ①, ③, ⑥, ⑦ und ⑧.

| die Fahrt | der Fehler | fühlen | das Jahr |
|-----------|------------|--------|----------|
| die Uhr   | die Zahl   | zehn   | ohne     |

**Checkpunkt 6: Ich höre nur ein a, e, o,**
**aber ich schreibe aa, ee, oo!**

**Es gibt nur sehr wenige Wörter mit aa, ee, oo.**
**Du musst sie dir merken.**

7  Schreibe die Wörter ab.
Benutze dabei den Wortprofi für **Merkwörter**.
Achte besonders auf die Schritte ①, ③, ⑥, ⑦ und ⑧.

| das Boot  | der Schnee | die Idee  | leer     |
|-----------|------------|-----------|----------|
| doof      | der Zoo    | das Paar  | das Haar |
| die Waage | der Staat  | der Kaffee| das Moos |

## Checkpunkt 7: Groß oder klein?

**Nomen** schreibt man **groß**.
Oft steht ein **Artikel** (Begleiter) vor den Nomen.
Manche Nomen haben die Endung **-ung**, **-heit**, **-keit**, **-nis**.
Vor manchen Nomen steht **das**, **beim**, **zum**, **vom**.

 **8** a. Schreibe die folgenden Nomen ab.
b. Woran erkennst du, dass es Nomen sind? Markiere es.

| | | | |
|---|---|---|---|
| das Ende | der Hunger | die Hilfe | das Ergebnis |
| die Fähigkeit | die Sicherheit | zum Lesen | das Lernen |
| vom Kochen | die Vorbereitung | beim Einsteigen | |

## Checkpunkt 8: Komma – ja oder nein?

 Die Teile einer Aufzählung werden durch Komma getrennt.
Vor **und** steht kein Komma.

Mit als, weil und wenn können wir Sätze verbinden.
Vor als/weil/wenn steht ein **Komma**.

 **9** a. Schreibe die Sätze ab.
Ergänze dabei die fehlenden Kommas.
b. Markiere die Kommas mit einem Pfeil.

Ich kaufe Saft Müsli Quark und Obst.
Kira wünscht sich ein Buch eine Hose eine CD und einen Ring.
Am Sonntag kommen meine Oma mein Opa mein Onkel
und meine Tante zu Besuch.

> Achtung:
> Fehler!

 **10** a. Schreibe die Sätze ab.
Ergänze dabei die fehlenden Kommas.
b. Markiere die Kommas mit einem Pfeil.
c. Kreise als, weil und wenn ein.

Julian war müde    als er nach Hause kam.

Ich bin sehr hungrig    weil ich noch nichts gegessen habe.

Svetlana braucht eine Fahrkarte    wenn sie mit dem Bus fährt.

> Achtung:
> Fehler!

# 1. Trainingseinheit

📖 **Das Missverständnis**

1 Im Jahr 1770 / segelten englische Forscher /

2 nach Australien. / Ihr Ziel / war die Erforschung /

3 der Gegend. / Überrascht entdeckten sie /

4 ein fremdes Tier: / Zum Sitzen / stützte es sich /

5 auf seinem Schwanz ab. / Es konnte weit springen. /

6 Beim Springen / sah man / die langen Hinterbeine. / ▲

7 Später sprachen die Forscher / mit den Ureinwohnern. /

8 Bei der Gelegenheit / fragten sie / nach dem Namen /

9 von dem Tier. / Die Ureinwohner sagten: / „Känguru". / ●

10 Die Forscher dachten, / dass das der Name /

11 von dem Tier war. / Aber in Wirklichkeit / heißt es: /

12 „Ich verstehe nicht." / ■

(84 Wörter)

 **1** Was war das Ziel der Forscher? Schreibe den Satz ab.

 **2** Im Text sind Nomen hervorgehoben.

a. Zeichne eine Tabelle.
b. Ordne die Nomen ein.

→ Eine Tabelle zeichnen: Seite 288

| Nomen mit -ung | Nomen mit -heit | Nomen mit -keit | Nomen mit -nis |
|---|---|---|---|
| die … | die … | die … | das Missverständnis |

 **3** Ordne auch die folgenden Nomen in die Tabelle ein:

die Gesundheit      das Zeugnis      die Umgebung
die Feuchtigkeit    die Erlaubnis    die Geschwindigkeit

> ❗ Wörter mit **-ung**, **-heit**, **-keit** und **-nis** sind Nomen.
> **Nomen** schreiben wir immer **groß**.

**Z** Mit **-ung**, **-heit**, **-keit** und **-nis** kannst du **Nomen bilden**.

**4**  **a.** Bilde Nomen mit **-ung**, **-heit**, **-keit** und **-nis**.

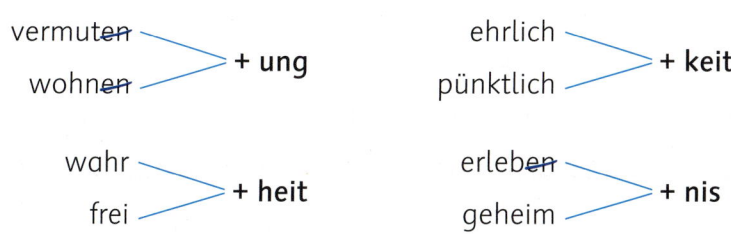

vermuten
wohnen
> + ung

ehrlich
pünktlich
> + keit

wahr
frei
> + heit

erleben
geheim
> + nis

➡ vermuten + ung = die Vermutung

**b.** Ordne die Nomen mit Artikel in die Tabelle ein.  ➔ Wörterliste: Seite 306–315

**Aus Verben können Nomen werden.**
**Die Wörter das, beim, zum, vom machen es!**
**das Sitzen – beim Sitzen – zum Sitzen – vom Sitzen**

**5**  Im Text sind aus zwei Verben Nomen geworden.

  **a.** Schreibe die Nomen mit **zum** und **beim** ab.  ➔ Zeile 4, 6
  **b.** Markiere die Wörter **zum** und **beim**.

**6**  Bilde aus diesen Verben Nomen.
Verwende **das**, **beim**, **zum** und **vom**.

lesen   forschen   segeln   fliegen

➡ lesen → das Lesen – beim Lesen – zum Lesen – vom Lesen

**7**  Schreibe die Sätze auf.
Ergänze passende Nomen aus Aufgabe 6.

  1 Vom ▒▒▒ werde ich oft müde. Aber gestern habe ich
  2 dabei etwas Spannendes erfahren:
  3 Zum ▒▒▒ segelte man sogar bis nach Australien.
  4 Das ▒▒▒ dauert aber lange. Beim ▒▒▒ spart man Zeit.

**8**  Schreibe den Text **Das Missverständnis** ab.  ➔ Sätze abschreiben: Seite 297
Überlege dir vorher, was du schaffen kannst:
Ich schaffe es ohne Fehler bis zum ▲, ● oder ■.
Benutze den Satzprofi.

# 2. Trainingseinheit

### 📖 Der Natur abgeschaut

1 Die Lotosblume / hat eine besondere Eigenschaft: /

2 Ihre Blätter / sind immer sauber. Forscher wissen, /

3 <u>dass sich</u> / <u>an der Oberfläche von dem Blatt</u> /

4 <u>kleine Wachsteilchen befinden.</u> Man sieht sie /

5 unter dem Mikroskop. / ▲

6 Die Wachsteilchen geben / dem Blatt

7 eine raue Struktur. / Deshalb hat der Schmutz /

8 nur wenig Kontakt / zum Blatt. / Wassertropfen

9 perlen ab / und nehmen dabei / den Schmutz mit. / ●

10 Das nennt man Lotus-Effekt[1]. / Die Bionik /

11 beschäftigt sich damit. / Die Forscher hoffen, /

12 <u>dass Hauswände und Autos</u> / <u>in Zukunft nicht mehr</u> /

13 <u>so schnell verschmutzen.</u> / ■                          (82 Wörter)

[1] **Lotus-Effekt:** schreibt man mit **u**, obwohl die Pflanze **Lotos** heißt.

✏️ **1** Was geben die Wachsteilchen dem Blatt?
   Schreibe den Satz ab.

**In Sachtexten findest du viele Fachwörter.
Du musst dich konzentrieren, wenn du sie aufschreibst.**

✏️ **2** Im Text sind Fachwörter hervorgehoben.
   Schreibe die Fachwörter mit Artikel auf.                    ➡ Wörterliste: Seite 306–315

➡ die Oberfläche ...

✏️ **3** Schreibe auch die folgenden Fachwörter auf.

   die Eigenschaft   intensiv   verschmutzen   die Lotosblume   abperlen

✏️ **4** Ordne die Fachwörter aus Aufgabe 1 und 2 nach dem Abc.
   Schreibe sie geordnet auf.

**5** Schreibe die Sätze auf.
Ergänze passende Fachwörter aus Aufgabe 2.

1 **Die Wissenschaft, die Natur und Technik verbindet,**

2 **nennt man** ▭ .

3 **Die Bionik untersucht zum Beispiel die Lotosblume.**

4 **Am besten kann man ihre besonderen Eigenschaften**

5 **mit einem** ▭ **sehen: An der** ▭

6 **von dem Blatt erkennt man kleine Wachsteilchen.**

7 **Die Wachsteilchen geben dem Blatt eine raue** ▭ .

8 **Forscher nehmen** ▭ **mit anderen Forschern auf.**

9 **Sie tauschen sich über ihre Erkenntnisse aus,**

10 **zum Beispiel über den** ▭ .

**Nach den Verben sagen, denken, hoffen und wissen
folgen oft dass-Sätze. Vor dass steht ein Komma.**

**6** In dem Text stehen zwei Sätze mit **dass**.

   **a.** Schreibe die Sätze ab.
   **b.** Markiere das Komma mit einem Pfeil.
   **c.** Kreise **dass** ein.

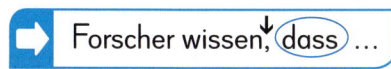

**7** Ergänze zu jedem Satz einen Satz mit **dass**.
Denke an das Komma.

Der Lotus-Effekt verhindert, dass …
Techniker glauben, dass …
Haie sind so schnelle Schwimmer, dass …

>>> … Oberflächen schnell
verschmutzen.
… es noch viele
andere Vorbilder gibt.
… sie Vorbilder sind.

**8** Schreibe den Text **Der Natur abgeschaut** ab.
Überlege dir vorher, was du schaffen kannst:
Ich schaffe es ohne Fehler bis zum ▲, ● oder ■.
Benutze den Satzprofi.

→ Sätze abschreiben: Seite 297

# 3. Trainingseinheit

### Ein spannender Beruf

1 Interessierst du dich / für einen Beruf in der Kinderpflege? /

2 Dann kannst du / ein Praktikum /

3 in unserem Kindergarten machen. / ▲

4 Hier lernst du / die verschiedenen Aufgaben /

5 im Kindergarten kennen. / Die Aufgaben sind /

6 ganz unterschiedlich. / Die kleineren Kinder /

7 müssen noch laufen lernen. / Manchmal gibt es Streit. /

8 Denn die Kinder / müssen auch teilen lernen. /

9 Ältere Kinder gehen bald / in die Schule. / Sie wollen

10 rechnen üben. / Einige möchten lieber lesen üben. / ●

11 Komm am Montag, / den 7. März, / um 15:00 Uhr, /

12 bei uns vorbei. / Dann erfährst du mehr / über den Beruf /

13 als Kinderpfleger oder Kinderpflegerin. /　　(92 Wörter)

---

 **1** Was wollen die älteren Kinder üben?
Schreibe den Satz ab.

**2** Im Text sind Wortgruppen mit Verben hervorgehoben.
Schreibe die Wortgruppen auf.

➡ laufen lernen …

**Wortgruppen aus Verb und Verb schreibst du getrennt.**

**3** Schreibe die Sätze auf.
Ergänze passende Wortgruppen mit Verben.

Ein Kinderpfleger muss auch für das Mittagessen ▬▬ ▬▬ .　❯❯❯ spielen gehen
Nach dem Mittagessen sollen die kleinen Kinder ▬▬ ▬▬ .　　spazieren gehen
Nachmittags kannst du mit den Kindern ▬▬ ▬▬ .　　einkaufen gehen
Du kannst auch mit ihnen im Park ▬▬ ▬▬ .　　schlafen gehen

**Z**  **4** Was müssen die kleineren Kinder noch lernen?
Was wollen die älteren Kinder noch üben?
Schreibe Sätze auf.

»» schwimmen lernen,
schreiben üben …

➡ Die kleineren Kinder müssen noch …

 **5** Im Text auf Seite 236 steht ein Datum und eine Uhrzeit.

a. Schreibe den Satz ab.
b. Markiere die Kommas mit einem Pfeil.

➡ Komm am Montag, den …

---

**!** Angaben von **Datum und Uhrzeit**
trennst du durch ein **Komma**:
Am Montag, den 18. April, um 8:00 Uhr,
beginnt mein Praktikum.

---

 **6** a. Schreibe die Sätze ab.
b. Ergänze die Kommas.
c. Markiere die Kommas mit einem Pfeil.

**Am Freitag den 17. Juli um 18:00 Uhr beginnt das Konzert.**

**Der Film wird am Sonntag den 22. Februar**

**um 15:00 gezeigt.**

**Der Bus fährt am Dienstag den 4. August um 8:30 Uhr ab.**

**Wir treffen uns am Samstag den 23. April um 13:00 Uhr**

**vor der Turnhalle.**

> **Achtung:
> Fehler!**

 **7** Schreibe den Text **Ein spannender Beruf** ab.
Überlege dir vorher, was du schaffen kannst:
Ich schaffe es ohne Fehler bis zum ▲, ● oder ■.
Benutze den Satzprofi.

→ Sätze abschreiben: Seite 297

# 4. Trainingseinheit

### 📖 Krokodile in der Wüste

1 Im Jahr 1999 / fuhren Forscher in die Sahara. /

2 Einheimische hatten ihnen / von Krokodilen /

3 in der Wüste erzählt. / Die ungewöhnliche Nachricht /

4 machte die Forscher neugierig. / ▲

5 Eigentlich musste die Nachricht / falsch sein. /

6 Krokodile brauchen nämlich / Wasser zum Leben. /

7 Aber die Nachricht stimmte! /

8 Vor ungefähr 6 000 Jahren / war die Sahara grün /

9 und wasserreich. / Damals lebten viele Krokodile /

10 in der Wüste. / ●

11 Die Krokodile gewöhnten sich / an die Bedingungen, /

12 als es in der Wüste / trockener wurde. /

13 Seitdem leben sie / in Höhlen unter der Erde, /

14 weil es dort noch Wasser gibt. / ■          (89 Wörter)

✏ **1** Wie war die Sahara vor ungefähr 6 000 Jahren?
Schreibe den Satz ab.

**In manchen Wörtern steht nach dem langen Vokal ein h.
Du kannst es nicht hören. Diese Wörter musst du dir merken.
Deshalb heißen sie Merkwörter.** ❗

✏ **2** Im Text sind Wörter hervorgehoben.

    **a.** Lies die hervorgehobenen Wörter.
    **b.** Schreibe die Wörter ab.
        Benutze den Wortprofi für **Merkwörter**.

➔ Merkwörter abschreiben:
Seite 297

✏ **3** **a.** Schreibe die folgenden Wörter nach dem Abc geordnet auf.

| | | | |
|---|---|---|---|
| berühmt | nehmen | der Frühling | wahr |
| fahren | mehr | während | der Fehler |

    **b.** Markiere den langen Vokal und das **h**.

**Wortgruppen mit sein schreibst du getrennt:**
**zusammen sein, hier sein, allein sein.**

**4** Im Text findest du eine Wortgruppe mit **sein**.

    **a.** Schreibe die Wortgruppe mit **sein** ab.
    **b.** Markiere das Wort **sein**.

**5**  **a.** Schreibe die folgenden Wortgruppen mit **sein** ab.
    **b.** Markiere in jeder Wortgruppe das Wort **sein**.

    spannend sein    dabei sein

**6**  **a.** Schreibe die Sätze ab.
    **b.** Setze passende Wortgruppen mit **sein** aus Aufgabe 5 ein.

   ¹ **Bei einer Forschungsreise möchte ich auch** ▓▓ ▓▓.
   ² **Das muss wirklich** ▓▓ ▓▓.

**Mit als und weil können wir Sätze verbinden.**
**Vor als und weil steht ein Komma.**

**7** In dem Text steht ein **Satz mit als** und ein **Satz mit weil**.

    **a.** Schreibe die Sätze ab.
    **b.** Markiere das Komma mit einem Pfeil.
    **c.** Kreise **als** und **weil** ein.

**8** Ergänze zu jedem Satz einen Satz mit **als**.
Denke an das Komma.

    Krokodile lebten in der Sahara, als …
    Die Forscher waren überrascht, als …

》》》 … es dort noch grün und
    wasserreich war.
… sie von Krokodilen in
    der Wüste erfuhren.

**9** Ergänze zu jedem Satz einen Satz mit **weil**.
Denke an das Komma.

    Kamele müssen nicht oft trinken, weil …
    Schildkröten können in der Wüste leben, weil …

》》》 … sie Wasser speichern.
… ihre dicke Haut sie
    vor Hitze schützt.

**10** Schreibe den Text **Krokodile in der Wüste** ab.
Überlege dir vorher, was du schaffen kannst:
Ich schaffe es ohne Fehler bis zum ▲, ● oder ■.
Benutze den Satzprofi.

→ Sätze abschreiben: Seite 297

# 5. Trainingseinheit

 **Der Hinweis aus dem Traum**

1 Am Sonntag geht Marc / früh ins Bett. /

2 Aufgeregt denkt er / an das Praktikum, /

3 das am nächsten Morgen beginnt. / Marc schläft /

4 erst spät am Abend ein. / Plötzlich ist es Montag /

5 und er will / zur U-Bahn laufen. / ▲

6 Aber er kommt nicht vorwärts, / denn die Straße ist

7 voller Menschen. / In der Ferne / sieht Marc die Treppe, /

8 die zur U-Bahn hinunterführt. / ●

9 Dann wacht Marc auf. / Er schaut / auf den Wecker, /

10 der neben dem Bett steht. / Es ist noch /

11 mitten in der Nacht. / Erleichtert denkt er: /

12 Am besten nehme ich / das Fahrrad! / ■          (92 Wörter)

✎ **1** Wann schläft Marc ein?
Schreibe den Satz ab.

✎ **2** In dem Text sind Wochentage und Tageszeiten
hervorgehoben.

   **a.** Zeichne eine Tabelle.
   **b.** Ordne die Wochentage und die Tageszeiten
      mit Artikel ein.

➔ Eine Tabelle zeichnen:
  Seite 288

| Wochentage | Tageszeiten |
|---|---|
| der Sonntag | der Morgen |
| … | … |

✎ **3** Ordne auch die folgenden Wochentage und Tageszeiten
in die Tabelle ein:

der Mittwoch     der Samstag     der Nachmittag
der Donnerstag    der Vormittag    der Dienstag
der Freitag       der Mittag

**Wochentage und Tageszeiten können wir zusammensetzen.
So können wir den Zeitpunkt noch genauer bestimmen.**

 **4** Bilde zusammengesetzte Nomen.
Schreibe sie mit Artikel auf.

 der Sonntagmorgen …

**Relativsätze erklären eine Person oder ein Ding genauer.
Relativsätze werden mit der, das, die eingeleitet und
durch ein Komma abgetrennt.**

 **5** In dem Text sind Sätze mit **der**, **das**, **die** unterstrichen.

    **a.** Schreibe die Sätze auf.
    **b.** Markiere das Komma mit einem Pfeil.
    **c.** Kreise **der**, **das**, **die** ein.

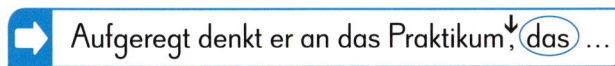 Aufgeregt denkt er an das Praktikum, das …

 **6** Ergänze zu jedem Satz einen Satz mit **der**, **das**, **die**.
Denke an das Komma.

    Lukas freut sich über das Geschenk, das …
    Tarek leiht Lina den Stift, der …
    Sarah tröstet die Freundin, die …

⟩⟩⟩ … im Dunkeln leuchtet.
    … grün schreibt.
    … sich den Arm
      gebrochen hat.

 **7** In den folgenden Sätzen fehlen die Kommas.

    **a.** Schreibe die Sätze ab.
    **b.** Kreise **der**, **das**, **die** ein.
    **c.** Ergänze die Kommas. Markiere sie mit einem Pfeil.

    Aylin geht in das Kino    das am Sonntag eröffnet hat.

    Familie Schröder macht eine Reise    die sie lange geplant hat.

    Hoffentlich finde ich einen Beruf    der mir Spaß macht.

> **Achtung:
> Fehler!**

 **8** Schreibe den Text **Der Hinweis aus dem Traum** ab.
Überlege dir vorher, was du schaffen kannst:
Ich schaffe es ohne Fehler bis zum ▲, ● oder ■.
Benutze den Satzprofi.

→ Sätze abschreiben: Seite 297

# Arbeitstechniken

## Training mit Wörterlisten

**Manche Wörter sind nicht leicht zu schreiben.
Du kannst sie mit Wörterlisten üben.**

 **a.** Welche Wörter möchtest du üben?
**b.** Wähle eine Wörterliste aus.

**1**

### Das Missverständnis

→ 1. Trainingseinheit
   S. 232

der Forscher – die Forscher

überraschen – überrascht

das Ziel – die Ziele

die Gelegenheit –
die Gelegenheiten

springen – es springt

das Tier – die Tiere

heißen – es heißt

stützen – es stützte

**2**

### Der Natur abgeschaut

→ 2. Trainingseinheit
   S. 234

die Eigenschaft –
die Eigenschaften

das Blatt – die Blätter

die Struktur – die Strukturen

der Schmutz

abperlen – sie perlen ab

mitnehmen – sie nehmen mit

immer

sauber

**3**

### Ein spannender Beruf

→ 3. Trainingseinheit
   S. 236

sich interessieren –
du interessierst dich

das Praktikum – die Praktika

verschieden

ganz

mehr

bald

der Beruf – die Berufe

vorbei

**4**

### Krokodile in der Wüste

→ 4. Trainingseinheit
   S. 238

ungewöhnlich –
ungewöhnliche

eigentlich

trocken – trockener

die Bedingung –
die Bedingungen

die Höhle – die Höhlen

nämlich

stimmen – es stimmte

seitdem

**5**

### Der Hinweis aus dem Traum

→ 5. Trainingseinheit
   S. 240

aufgeregt

spät

plötzlich

die Straße – die Straßen

vorwärts

die Treppe – die Treppen

erleichtert

aufwachen – er wacht auf

das Fahrrad – die Fahrräder

**Du kannst die Wörterlisten allein oder
mit einer Partnerin / einem Partner üben.**

  Wähle eine Übung aus.

### Abschreiben

Schreibe die Wörter in dein Heft ab.
Benutze die Wortprofis.

➜ Wörter abschreiben:
Seite 296 / 297

### Ordnen

a. Ordne die Wörter nach dem Abc.
b. Schreibe sie auf.

### Sätze bilden

a. Schreibe die Wörter in dein Heft ab.
b. Bilde mit jedem Wort einen Satz.
   Schreibe ihn auf.

➜ Wörter abschreiben:
Seite 296 / 297

### Merken

a. Lies dir die Wörter vor.
b. Merke dir die Wörter.
c. Schreibe die Wörter auswendig auf.
d. Kontrolliere, was du geschrieben hast.
e. Streiche Fehlerwörter durch. Schreibe sie richtig darüber.

### Diktieren

a. Suche eine Partnerin/einen Partner.
b. Lasse dir die Wörter diktieren.
c. Kontrolliere, was du geschrieben hast.
d. Streiche Fehlerwörter durch. Schreibe sie richtig darüber.

**Du kannst aus deinen Fehlerwörtern
eigene Wörterlisten schreiben und die Wörter üben.**

# Die Wortfamilie tragen

 **Menschen in einer Familie sind miteinander verwandt.**
**Auch Wörter haben eine Familie.**

tragen, der Auftrag, ertragen, die Trage, tragbar,

die Austragung, übertragen, sich vertragen,

die Übertragung, der Beitrag, der Vertrag

 **1** Schreibe die Wörter der Wortfamilie **tragen**
untereinander auf.

> ➡          trag – en
>    der Auf – trag
>       er – trag – en
>    die Trag – e
>        ...

**2** **a.** Zeichne eine Tabelle.
   **b.** Ordne die Wörter der Wortfamilie **tragen** ein.
   **c.** Markiere, was immer gleich bleibt.

➡ Eine Tabelle zeichnen:
Seite 288

> ➡
> | Verben | Nomen |
> |---|---|
> | tragen | der Auftrag |
> | ... | ... |

**3** Auch diese Wörter mit **ä** gehören zur Wortfamilie **tragen**:

die Hosenträger, der Briefträger, verträglich

   **a.** Schreibe die Wörter untereinander auf.
   **b.** Markiere, was immer gleich bleibt.

Z   **4** **a.** Wähle 4 Wörter aus der Wortfamilie **tragen** aus.
   **b.** Bilde mit jedem Wort einen Satz.
   **c.** Schreibe die Sätze auf.

# Die Wortfamilie geben

 **Auch diese Wörter gehören alle zu einer Wortfamilie:**

> geben, abgeben, der Arbeitgeber, nachgeben,
> der Gastgeber, der Ratgeber, aufgeben, ausgeben,
> vergeben, umgeben

 **1** Schreibe die Wörter der Wortfamilie **geben**
untereinander auf.

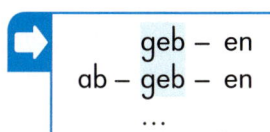

geb – en
ab – geb – en
...

**2** **a.** Zeichne eine Tabelle.
**b.** Ordne die Wörter der Wortfamilie **geben** ein.
**c.** Markiere, was immer gleich bleibt.

→ Eine Tabelle zeichnen:
Seite 288

| Verben | Nomen |
|--------|-------|
| ... | ... |

**3** Mit dem Präteritum **-gab-** als Wortstamm
wird die Wortfamilie noch größer.

> die Rückgabe, die Zugabe, die Wiedergabe,
> die Aufgabe, die Übergabe, die Angabe

**a.** Ordne die Wörter nach dem Abc.
Schreibe sie auf.
**b.** Markiere, was immer gleich bleibt.

 **4** **a.** Wähle 4 Wörter aus der Wortfamilie **geben** aus.
**b.** Bilde mit jedem Wort einen Satz.

 **5** **a.** Wählt eine andere Wortfamilie aus.
**b.** Schreibt die Wörter der Wortfamilie auf.

>>> fahren, schreiben ...

# Im Wörterbuch nachschlagen

**Wie wird ein bestimmtes Wort geschrieben?**
**Welcher Artikel gehört zu dem Nomen?**
**Das kannst du in einem Wörterbuch nachschlagen.**

 **1** Verschaffe dir einen ersten Überblick.

---

**Labor**            **306**

**L**

**La|bor** [lat.] *das*, des Labors, die Labors/Labore, ein Raum, in dem wissenschaftliche Untersuchungen und Experimente durchgeführt werden

**lä|cheln** du lächelst, er lächelte, sie hat gelächelt, lächle!
**1** lautlos, besonders als Zeichen der Freude den Mund zu einem Lachen formen
**2** über etwas nur (müde) lächeln können: etwas nicht ernst nehmen können

**la|chen** du lachst, er lachte, sie hat gelacht, lache!
**1** zum Ausdruck der Freude freudige Laute von sich geben: *Sie lachten über den Witz.*
**2** über jemanden/etwas lachen: sich über jemanden/etwas lustig machen

**la|den** du lädst, er lud, sie hat geladen, lade!

---

**307**            **Lampenfieber**

**La|dung** *die*, der Ladung, die Ladungen

**La|ge** *die*, der Lage, die Lagen
**1** *Er ist in einer schwierigen finanziellen Lage.*
**2** Stellung, Position: *Der Arzt kontrollierte die Lage des Babys im Mutterleib.*

**La|ger** *das*, des Lagers, die Lager, ein Ort, an dem Ware aufbewahrt wird

**Laie** [griech.] *der*, des Laien, die Laien, jemand, der kein Fachmann ist, das Gegenteil von einem Experten

**lal|len** du lallst, er lallte, sie hat gelallt, lalle! undeutlich sprechen

**Lam|pe** [franz.] *die*, der Lampe, die Lampen

**Lam|pen|fie|ber** *das*, Nervosität vor einem Auftritt  

---

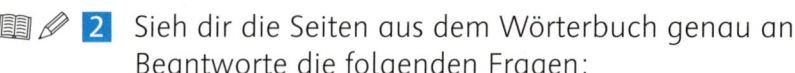 **2** Sieh dir die Seiten aus dem Wörterbuch genau an.
Beantworte die folgenden Fragen:
• Was bedeutet das **L** am Rand und oben auf der Seite?
• Welche Wörter stehen als **Seitenleitwörter** links und rechts oben auf den Seiten?
• Wo findest du diese Wörter noch einmal auf den Seiten?
• Was zeigen diese Seitenleitwörter an?

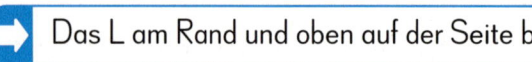 Das L am Rand und oben auf der Seite bedeutet …

**Mit Hilfe der Seitenleitwörter kannst du dich im Wörterbuch zurechtfinden.**

  **3**  **a.** Ordne die Wörter nach dem Abc.
Welchen Buchstaben in den Wörtern musst
du vergleichen?

**b.** Schreibe die Wörter in der richtigen Reihenfolge auf.

die Lage   laut   lachen   der Laie   lassen

**c.** Welche Wörter stehen nicht zwischen
den Seitenleitwörtern **Labor** und **Lampenfieber**?
Streiche sie durch.

**Ein Wörterbucheintrag enthält viele Informationen.**

 **4**  Beantworte die folgenden Fragen:
- Was bedeutet das Wort **Labor**?
- Aus welchen Sprachen stammen die Wörter
  **das Labor, der Laie, die Lampe**?
- Wie trennt man das Wort **lachen** richtig?
- Welches verwandte Wort findest du zu **Lage**?

> **Abkürzungen der Herkunftssprachen:**
> engl. – englisch
> franz. – französisch
> griech. – griechisch
> ital. – italienisch
> lat. – lateinisch
> span. – spanisch

**In dem Text sind zwei Rechtschreibfehler.
Mit Hilfe von einem Wörterbuch kannst du
den Text überarbeiten.**

1 *Ich brauche eine neue Glühbirne für meine Lampe.*
2 *Der Verkäufer holt eine Glühbirne aus dem Lahger.*
3 *Man hat sie im Labbor auf Schadstoffe getestet.*

> **Achtung:
> Fehler!**

 **5**  **a.** Welche Wörter aus dem Text findest du
auf den Wörterbuchseiten?

**b.** Sind die Wörter richtig geschrieben?
Vergleiche mit den Wörterbuchseiten.

**c.** Überarbeite den Text.
Schreibe den überarbeiteten Text auf.

**Du kannst deine eigenen Texte mit Hilfe
von einem Wörterbuch überarbeiten. Verwende dazu
die Arbeitstechnik Im Wörterbuch nachschlagen.**

→ Im Wörterbuch
nachschlagen: Seite 298

# Die Rechtschreibung am Computer prüfen

**Am Computer kannst du deine Rechtschreibung prüfen.**
**Der Computer erkennt viele Rechtschreibfehler:**

### So ein Fuchs!

Achtung:
Fehler!

1 Heute <u>bekahm</u> die Klasse 8b die Hausarbeit zurück.

2 Alina übte viel schreiben. Deswegen war sie <u>entteuscht</u>,

3 wenn sie viele Fehler hatte.

4 Dann hatte Alinas Vater eine tolle <u>idee</u>: „Du kannst

5 deine Texte am <u>Komputer</u> überarbeiten. Computer

6 haben doch Rechtschreibprogramme. Die zeigen dir

7 die Fehler." Alina schrieb ihren Text am Computer

8 in ein <u>Dokumend</u> und sie korrigierte

9 die Rechtschreibfehler.

10 Aber sie sah noch immer einige Fehler. <u>alina</u> sagte

11 dann zu ihrem Vater: „Man muss sich auch

12 mit dem Rechtschreibprogramm auskennen,

13 denn es erkennt nicht alle Fehler."

14 Ihr Vater <u>antortete</u>: „Das stimmt. Du bist so ein Fuchs!"

**Im Text sind 7 Wörter rot markiert.**
**Diese Wörter sind falsch geschrieben.**

 **1** Schreibe den Text mit dem Computer ab.
Verbessere dabei alle Fehler, die du selbst erkennst.

**Du kannst deinen Text mit Hilfe des Computers überarbeiten.**
**Zuerst prüfst du, ob die automatische Rechtschreibprüfung**
**eingeschaltet ist.**

 **2** Prüfe, ob die automatische Rechtschreibprüfung eingeschaltet ist.
• Gehe in der Menüleiste mit dem Pfeil auf
Datei → Optionen → Dokumentenprüfung.
• Setze ein Häkchen bei
**Rechtschreibung während der Eingabe überprüfen**.
• Klicke auf OK.

**3** Überarbeite den Text mit Hilfe des Computers.

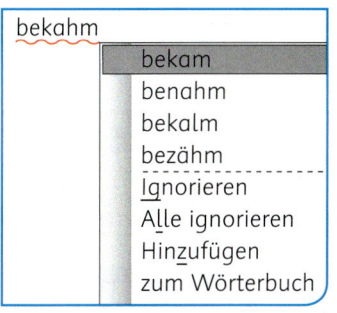

   **a.** Klicke mit der rechten Maustaste
       auf das markierte Wort im ersten Satz.
   **b.** Klicke mit der linken Maustaste
       auf die richtige Schreibung.
   **c.** Überarbeite die übrigen markierten Wörter genauso.

**Manche Wörter kennt der Computer nicht.**
**Dann macht er keine Vorschläge für die richtige Schreibung.**

 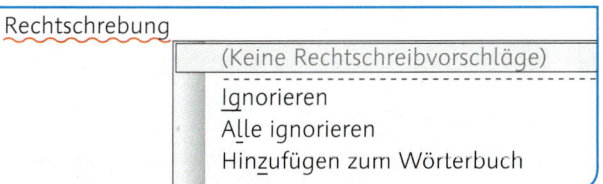

> **Achtung:**
> **Fehler!**

 **4** Der Computer macht für dieses Wort keine Vorschläge.

   **a.** Welches Wort ist hier rot markiert?
       Schlage das Wort im Wörterbuch nach.
   **b.** Ist es richtig geschrieben? Prüfe.
   **c.** Schreibe es richtig auf.

→ Im Wörterbuch
nachschlagen: Seite 298

**Du kannst deine eigenen Texte mit Hilfe des Computers**
**überarbeiten. Verwende dazu die Arbeitstechnik**
**Texte am Computer überarbeiten.**

---

⚙ **Arbeitstechnik**

**Texte am Computer überarbeiten**

- Ich schreibe die Sätze mit dem Computer ab.
- Ich klicke mit der **rechten Maustaste**
  auf das **markierte Wort** im ersten Satz.
- Ich klicke mit der **linken Maustaste**
  auf die **richtige Schreibung**.
- Ich überarbeite die übrigen markierten Wörter genauso.
- Ich **schlage** das Wort **im Wörterbuch nach**,
  wenn keine Vorschläge für die richtige Schreibung
  gemacht werden.

# Fehler vermeiden

## Vergleiche mit als und wie

**Orte können sehr unterschiedlich wirken.**

**1** Wo könnte eine eigene Geschichte von dir spielen?

    **a.** Entscheide dich für einen der Orte auf den Fotos.
    **b.** Begründe. Vergleiche dazu die beiden Orte.
      **Tipp:** Du kannst die Satzschalttafel verwenden.

| Die Winterlandschaft Der Nachthimmel | ist wirkt | geheimnisvoller langweiliger aufregender interessanter | als | der Nachthimmel. die Winterlandschaft. |
|---|---|---|---|---|

**Mit Vergleichen können wir anschaulich beschreiben.**

> **!** Mit **als** können wir **Unterschiede beschreiben**:
> Der Nachthimmel wirkt geheimnisvoller als
> die Winterlandschaft.

**2** Beschreibe weitere Unterschiede zwischen Foto 1 und 2.

    **a.** Bilde die erste Vergleichsform von den Adjektiven.
    **b.** Beschreibe Unterschiede zwischen Foto 1 und Foto 2.
    **c.** Markiere die Vergleichsform und **als**.

    ➡ Der Nachthimmel ist finsterer als die Winterlandschaft.

››› finster
gewöhnlich
abenteuerlich
trostlos

 **Wir können den Ort für eine Geschichte
auch mit anderen Vergleichen anschaulich beschreiben.**

1 **Die Schneedecke** funkelt so hell wie Diamanten.

2 **Der Boden** wirkt so weiß wie ein leeres Blatt Papier.

3 **Der Schnee** fühlt sich so weich wie Watte an.

4 **Die Eisschicht** ist so glatt wie ein Spiegel.

 **3** Mit welchen Vergleichen beschreibt der Erzähler den Ort?

a. Schreibe die hervorgehobenen Wörter auf.

b. Schreibe die passenden Vergleiche dazu.

 Die Schneedecke ist so hell wie ...
Der Boden ... wie ...

**!** Mit **wie** können wir **Ähnlichkeiten beschreiben**:
Die Eisschicht ist **so glatt** wie ein Spiegel.

 **4** **Heller als** oder **so hell wie**?
Schreibe die Vergleiche auf.

a. Prüfe:
• Wird ein Unterschied beschrieben?
• Oder wird eine Ähnlichkeit beschrieben?

b. Ergänze **wie** oder **als**.

Das Licht strahlt heller ▭ die Sonne.

Der See glänzt so blau ▭ der Himmel.

Die Luft ist so eisig ▭ im Kühlhaus.

Der Fluss ist hier tiefer ▭ an anderen Stellen.

**!** Mit **als** und **wie** können wir vergleichen.
Mit **als** können wir **Unterschiede** beschreiben: **heller als**.
Mit **wie** können wir **Ähnlichkeiten** beschreiben: **so hell wie**.

# Wortfelder

## Das Wortfeld sagen

 **Karolina hat eine Geschichte
über einen magischen Ort geschrieben.
Den Anfang ihrer Geschichte kannst du hier lesen:**

1 *Plötzlich stand Tarik in einem Wald mit blauen Bäumen*

2 *und einem Teich mit grünem Wasser. Tarik sah sich um*

3 *und entdeckte eine Kröte.*

4 *Die Kröte sagte: „Kann ich dir helfen?"*

5 *Er sagte zu der Kröte: „Du kannst sprechen? Wo bin ich?"*

6 *Die Kröte sagte: „Du bist im Land der sprechenden Tiere."*

7 *Tarik sagte leise: „Im Land der sprechenden Tiere?"*

8 *Die Kröte sagte: „Ja. Komm mit. Ich bringe dich*

9 *zum Biber. Er ist unser Anführer."*

10 *Tarik sagte: „Ich muss wieder nach Hause kommen!"*

11 *Dann sagte die Kröte: „Der Biber hat bestimmt eine Idee."*

12 *Tarik sagte: „Das hoffe ich auch."*

 **1** In welchem Land war Tarik plötzlich?
Schreibe einen Satz.

**Karolina möchte genauer beschreiben,
wie Tarik und die Kröte etwas sagen.
Deshalb ersetzt sie das Verb sagen durch andere Verben.**

 **2** Wie könnten Tarik und die Kröte etwas sagen?

a. Überarbeite die Sätze von Karolina.
Ersetze das Verb **sagen** durch passende Verben.
b. Schreibe die überarbeiteten Sätze auf.

 Die Kröte fragte: „…
Tarik erwiderte: „…

>>> fragte, rief,
meinte, antwortete,
flüsterte, fand,
erwiderte, erklärte …

# Das Wortfeld gehen

 **Auch Milan hat eine Geschichte
über einen magischen Ort geschrieben:**

1 *Dario ging den Weg entlang. Er ging nach rechts*

2 *und entdeckte eine Lichtung. Plötzlich ging ein Elch*

3 *an ihm vorbei. Dario ging über die Lichtung und*

4 *ging hinter dem Elch her. An einem See holte er*

5 *den Elch ein. Plötzlich sah Dario, wie sich das Tier*

6 *in einen Mann verwandelte.*

7 *Als der Mann Dario bemerkte, ging er schnell weg.*

8 *Dario wollte ihm hinterhergehen, doch dann ...*

 **1** Was sah Dario plötzlich?
Schreibe einen Satz.

**Milan möchte genauer beschreiben,
wie sich Dario und der Elch bewegen.
Deshalb ersetzt er das Verb gehen durch andere Verben.**

 **2** Wie könnten sich Dario und der Elch bewegen?

a. Überarbeite die Sätze von Milan.
Ersetze das Verb **gehen** durch passende Verben.
b. Schreibe die überarbeiteten Sätze auf.

⟩⟩⟩ bog ab, spazierte,
lief, rannte,
wanderte, eilte,
raste, überquerte ...

> Dario spazierte den Weg entlang.
> Er bog nach rechts ...

 **3** **Gehen** kann man auf ganz unterschiedliche Weise.
Welche weiteren Verben fallen dir ein?
Sammle sie in einem Cluster.

→ Einen Cluster zeichnen:
Seite 287

# Präpositionen verwenden

## Wohin?

**Anna macht ein Praktikum als Hauswirtschaftshelferin.**

 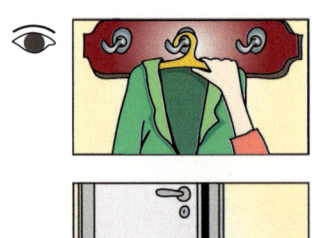 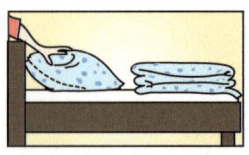  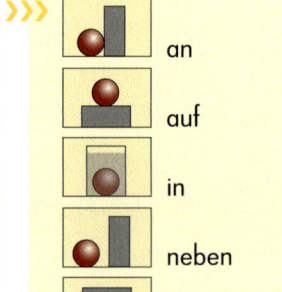

| | |
|---|---|
| | an |
| | auf |
| | in |
| | neben |
| | unter |
| | zwischen |

**1**   a. **Wohin** legt/stellt/hängt Anna die Sachen?
     b. Schreibe Sätze auf.

➡ Anna hängt die Jacke ▬▬▬ den Haken. Sie …

 **Anna räumt das Badezimmer auf.**

1   Anna wirft / die schmutzigen Handtücher / in den Wäschesack. /
2   Dann hängt sie / frische Handtücher / über die Stange. /
3   Anna stellt / das Shampoo / auf die Ablage.

 **2**   **Wohin** räumt Anna die Sachen?

     a. Schreibe den Text ab.
     b. Markiere die Antworten auf die Frage **wohin?**.

     ➡ Sätze abschreiben: Seite 297

➡ Anna wirft die schmutzigen Handtücher in den Wäschesack.

 **3**   **Wohin** könnte Anna diese Sachen räumen?

     den Kleiderbügel, den Wecker, das Hemd, das Buch

     a. Bilde Sätze. Schreibe sie auf.
     b. Markiere die Antworten auf die Frage **wohin?**.

     ››› an den Haken,
     auf den Tisch,
     in den Schrank,
     neben das Bett …

➡ Anna wirft den Müll in den Abfalleimer.

# Wo?

**Zum Reinigen der Zimmer braucht Anna einen Arbeitswagen.**
**Hier steht die Beschreibung vom Arbeitswagen. Sie stimmt aber nicht!**

1 **Unter** dem Arbeitswagen steht ein Eimer.
2 **Auf** dem Eimer liegt der Lappen.
3 Die Tücher hängen **zwischen** der Stange.
4 Die frischen Handtücher liegen **neben** dem Shampoo.
5 Das Shampoo steht **in** dem Müllsack und dem Eimer.

> Achtung:
> Fehler!

**1** **Wo** liegen / stehen / hängen die Sachen auf dem Arbeitswagen?

   **a.** Sieh dir das Bild an.
   **b.** Verbessere den Text. Schreibe ihn richtig auf.

**Am Nachmittag muss Anna Wäsche waschen.**

   1 Die Waschmaschine / steht / in der Waschküche. /
   2 Neben der Waschmaschine / steht / das Waschpulver. /
   3 Die Wäschesäcke / liegen / auf einem Wagen.

**2** **Wo** liegen / stehen / hängen die Sachen?

   **a.** Schreibe den Text ab.
   **b.** Markiere die Antworten auf die Frage **wo?**.

→ Sätze abschreiben:
   Seite 297

> ➡ Die Waschmaschine steht in der Waschküche.

**3** **Wo** könnten diese Sachen liegen / stehen / hängen?

   die saubere Wäsche, das Waschmittel, der Wäschekorb

   **a.** Bilde Sätze. Schreibe sie auf.
   **b.** Markiere die Antworten auf die Frage **wo?**.

> ⟩⟩⟩ an der Wäscheleine,
> auf dem Boden,
> neben der Tür,
> zwischen den
> Wäschesäcken …

> **!** Mit Präpositionen kannst du ausdrücken,
> **wo** etwas ist oder **wohin** etwas kommt:
> **Wo?** Die Wäsche hängt **an der** Wäscheleine.
> **Wohin?** Anna hängt die Wäsche **an die** Wäscheleine.

→ Präpositionen verwenden:
Seite 304

# Verben verwenden

## Das Perfekt wiederholen

 **Serdar macht gerade ein Praktikum in einer Tierhandlung. Er erzählt seinem Freund Gregor davon:**

1 „Ich habe um 8:00 Uhr angefangen. Der Chef hat mir
2 die Räume gezeigt. Herr Özmir hat mir die Aufgaben erklärt.
3 Ich habe das Lager aufgeräumt. Herr Braun
4 hat mir geholfen. Wir haben eine Mittagspause gemacht.
5 Nachmittags haben wir Kunden beraten."

**Auch Alina möchte wissen, wie das Praktikum von Serdar war. Sie fragt Gregor.**

 **1** a. Schreibe das Gespräch auf.
b. Markiere die Verben.

 Alina: „Wann hat Serdar angefangen?"
Gregor: „Serdar hat …

⟩⟩⟩ ich habe
du hast
er/sie hat
wir haben
ihr habt
sie haben

 **Serdar erzählt auch von seinem Abend:**

1 „Nach dem Feierabend bin ich erst nach Hause gegangen.
2 Später bin ich mit dem Fahrrad zu Jonas gefahren.
3 Dann sind wir auf dem Sportplatz gewesen. Wir sind
4 um die Wette gerannt. Jonas ist als Erster angekommen.
5 Abends bin ich müde ins Bett gefallen."

**Alina fragt Gregor auch, was Serdar am Abend gemacht hat.**

 **2** a. Schreibe das Gespräch auf.
b. Markiere die Verben.

 Alina: „Was …

⟩⟩⟩ ich bin
du bist
er/sie ist
wir sind
ihr seid
sie sind

 **3** Was hast du gestern nach der Schule gemacht?
Erzähle es einer Partnerin/einem Partner.

# Das Präteritum wiederholen

**Martin macht ein Praktikum in einem Malerbetrieb.**
**Das ist der Anfang von seinem Tagesbericht:**

1  <u>Tagesbericht über den ersten Praktikumstag</u>
2  Name: Martin Schmidt
3  Datum: 2.11.2015
4  Mein erster Praktikumstag im Malerbetrieb begann
5  um 8:00 Uhr. Der Chef, Herr Xaver, zeigte mir
6  die Werkstatt. Dann fuhren wir zu einer Baustelle.
7  Dort tapezierten wir Wände. Ich mischte
8  den Kleister in einem Eimer. Dann verteilte ich
9  den Kleister mit einer Rolle auf der Wand.
10  Zum Schluss klebte ich die Tapeten an die Wand.
11  Um 12:00 Uhr machten wir eine Mittagspause. …

 **1**  Worin mischte Martin den Kleister? Schreibe einen Satz.

**2**  Im Tagesbericht schreibt Martin über seine Tätigkeiten.
Schreibe alle Verben auf.

 er begann …

 Wenn wir **über Vergangenes schreiben**,
benutzen wir Verben im **Präteritum**: **er machte**.

**In einem Tagesbericht stehen alle Verben im Präteritum.**

 **3**  Martin möchte seinen Bericht zu Ende schreiben.
Dazu muss er diese Verben im Präteritum bilden.  → Wörterliste: Seite 306–315

ich entferne  ich suche  ich brauche  ich baue  ich drehe
ich bekomme  ich schließe  ich helfe  ich bringe  ich beginne

**a.** Bilde die Verben im Präteritum.
**b.** Schreibe die Paare auf.

# Das Plusquamperfekt verwenden

**Olga macht ein Praktikum im Kaufhaus Schlottmann.
Hier sind einige Sätze aus ihrem Tagesbericht:**

1 Ich ging ins Warenlager.
2 Davor hatte Frau Knapp mir den Weg dorthin gezeigt.
3 Die Mittagspause verbrachte ich mit einer Kollegin.
4 Davor hatte Frau Knapp mich der Kollegin vorgestellt.

 **1**
• Was machte Olga an ihrem ersten Praktikumstag?
• Was hatte Frau Knapp jeweils davor gemacht?

**Auch diese Aufgaben erledigten Olga und Frau Knapp:**

| | | | |
|---|---|---|---|
| die Haushaltsabteilung zeigen | die Aufgaben erklären | die Preisschilder aufkleben | die Waren in die Regale räumen |

  **2**
• Was machten Olga und Frau Knapp?
• Was hatten sie jeweils davor gemacht?
Schreibe die Sätze auf.
Ergänze passende Verben aus Aufgabe 2.

Frau Knapp ▬▬ Olga die Aufgaben.
Davor ▬▬ sie Olga die Haushaltsabteilung ▬▬.
Olga und Frau Knapp ▬▬ die Waren in die Regale.
Davor ▬▬ sie die Preisschilder ▬▬.

> ich hatte
> du hattest
> er/sie hatte
> wir hatten
> ihr hattet
> sie hatten

**!** Wenn wir ausdrücken wollen, dass ein **Vorgang
beendet** war, **bevor** ein anderer **begann**, benutzen wir
Verben im **Plusquamperfekt**: sie hatte erklärt.

**Olga berichtet auch von ihrem Weg zum Praktikum:**

1  Ich war so schnell gelaufen,
2  aber der Bus fuhr mir vor der Nase weg.

3  Ich kam trotzdem pünktlich,
4  denn ich war die ganze Strecke gerannt.

 **3**  • Was war jeweils zuerst geschehen?
   • Was geschah danach?

**Das machte Olga nach der Arbeit:**

Olga traf sich mit Freunden im Café. Davor …
Olga kam pünktlich im Café an. Beim letzten Mal …
Nach dem Treffen ging sie früh schlafen.
Am Abend davor …
Diese Nacht schlief sie gut. In der Nacht davor …

| kurz mit dem Fahrrad nach Hause fahren | zu spät kommen |

| zu spät schlafen gehen | oft aufwachen |

 **4**  Was machte Olga nach der Abend?

a. Schreibe die Sätze auf.
b. Schreibe zu jedem Satz auf,
   was Olga davor gemacht hatte.
   Verwende die Wortgruppen.
c. Markiere die Verben.

> Olga traf sich mit Freunden im Café. Davor war sie
> kurz mit dem Fahrrad nach Hause gefahren.

> ›››ich war
> du warst
> er/sie war
> wir waren
> ihr wart
> sie waren

# Satzgefüge verwenden

## Nebensätze mit weil, wenn

**Benedikt und Lukas sprechen über ihre Wünsche.**

1   Benedikt:  „Ich will mir ein Motorrad kaufen."
2   Lukas:     „Du willst dir ein Motorrad kaufen?"
3   Benedikt:  „Ja, ich will mir ein Motorrad kaufen,
4               weil ich genug Geld gespart habe."
5   Lukas:     „Ich will mir ein Motorrad kaufen,
6               wenn ich genug Geld gespart habe."

 **1**  Vergleicht die Aussagen von Benedikt und Lukas:
• Wer kauft sicher ein Motorrad?
• Wer kauft vielleicht ein Motorrad?

> Mit **weil** können wir etwas **begründen**.
> Mit **wenn** können wir eine **Bedingung nennen**.
> Vor weil/wenn steht ein Komma.

 **2**  **a.** Welche Wünsche habt ihr?
      Welche Begründung habt ihr dafür? Schreibt auf.
    **b.** Markiert alle Kommas mit einem Pfeil.
    **c.** Kreist **weil** ein.

Ich möchte ...,⟨weil⟩...

**Auch andere Jugendliche sprechen über ihre Wünsche.**

 **3**  Wie begründen die Jugendlichen ihre Wünsche?
Schreibe die Wünsche und eine passende Begründung
in Sätzen auf. Denke an das Komma.

Maria wünscht sich eine große Familie, weil ...
Ronja möchte den Schulabschluss schaffen, weil ...
Ibrahim will Altenpflegehelfer werden, weil ...

 Maria wünscht sich eine große Familie, weil sie Kinder mag.

››› Kinder mögen,
sich für eine Ausbildung
bewerben,
alten Menschen helfen
...

**Manchmal kann sich ein Wunsch erst erfüllen,
wenn etwas passiert.**

 **4** Wann erfüllen sich die Wünsche der Jugendlichen?

    **a.** Schreibe die Wünsche und eine passende Bedingung auf.
    **b.** Markiere das Komma mit einem Pfeil.
    **c.** Kreise **wenn** ein.

> Susi wird Kinderpflegerin, wenn sie …
> Hakan möchte sich ein Auto kaufen, wenn er …
> Tanja macht eine große Reise, wenn sie …

> Susi wird Kinderpflegerin, wenn sie
> den Ausbildungsplatz bekommt.

>>> den Ausbildungsplatz
bekommen,
mit der Schule fertig
sein,
den Führerschein haben
…

 **5** Welche Wünsche hast du?
Wann erfüllen sich deine Wünsche?
Schreibe deine Wünsche und die Bedingungen in Sätzen auf.
Denke an das Komma.

> Ich möchte mit meiner Freundin zusammenziehen, wenn …

**Weil oder wenn?**

 **6** Bilde Sätze. Es gibt verschiedene Möglichkeiten.

| | | |
|---|---|---|
| John hat viele Freunde, | | beide die Ausbildung beendet haben. |
| Anna geht abends aus, | | sie genügend Geld gespart hat. |
| Jens und Luisa heiraten, | weil | sie einen Babysitter für die Kinder hat. |
| Hanna kauft sich ein Motorrad, | wenn | er in einem Judoclub ist. |
| Max hat einen tollen Beruf, | | er fleißig ist. |
| Peter verdient viel Geld, | | er einen guten Schulabschluss hat. |

 **7** Lest euch gegenseitig eure Sätze vor.
    • In welchen Sätzen wird etwas begründet?
    • In welchen Sätzen wird eine Bedingung genannt?

# Nebensätze mit nachdem, während

 **Manche Wünsche gehen schneller in Erfüllung:**
**Marko wünscht sich, dass die Schüler am Wochenende**
**das Basketballturnier gegen die Lehrer gewinnen.**

1 Die Zuschauer klatschen, während die Spieler aufs Feld
2 laufen. Nachdem die Lehrer die ersten Punkte gemacht
3 haben, steigt die Spannung. Während die Schüler
4 immer schneller laufen, werden die Lehrer langsam müde.
5 Die Schüler gewinnen das Spiel am Ende mit vier Punkten.

 **1** • Wann klatschen die Zuschauer?
   • Wann steigt die Spannung?

> Mit nachdem und während können wir Sätze verbinden.
> Mit **nachdem** können wir sagen,
> was **nacheinander** geschieht.
> Mit **während** können wir sagen, was **gleichzeitig** geschieht.

**Marko erzählt noch mehr über das Basketballturnier.**
**Er erzählt, was nacheinander geschieht.**

 **2** a. Schreibe auf, was nacheinander geschieht.
      Verbinde die Sätze mit **nachdem**.
   b. Markiere die Kommas mit einem Pfeil.
   c. Kreise **nachdem** ein.

Lukas hat den entscheidenden Korb geworfen.

Die Schüler feiern den Sieg.

Lukas wurde eingewechselt.

Marko ist beruhigt.

Die Zuschauer haben die Bratwurst gerochen.

Sie bekommen Appetit.

> (Nachdem) Lukas den entscheidenden Korb geworfen hat,↓
> feiern die Schüler den Sieg.

**Marko erzählt auch, was beim Turnier gleichzeitig geschieht.**

 **3** a. Schreibe auf, was gleichzeitig geschieht.
Verbinde die Sätze mit **während**.
b. Markiere die Kommas mit einem Pfeil.
c. Kreise **während** ein.

Die Spieler ruhen sich in der Halbzeit aus.
Die Zuschauer stellen sich am Imbiss an.

Yara bestellt ihre Bratwurst.
Die Schiedsrichter pfeifen zur zweiten Halbzeit.

Die Spieler sind noch auf dem Spielfeld.
Fünf Schüler bereiten die Nachfeier vor.

 Während die Spieler sich in der Halbzeit ausruhen,
stellen sich die Zuschauer am Imbiss an.

**Nach dem Spiel gibt es noch viel zu tun.**

 **4** • Was geschieht zuerst, was danach?
• Was geschieht gleichzeitig?
Verbinde die Sätze mit **nachdem** oder **während**.
Schreibe sie auf.

Marko jubelt glücklich.
Tim erzählt am Telefon über den Sieg.

Frau Gül und Herr Schuster bringen Getränke für die Feier.
Die Schüler räumen die Turnhalle auf.

Ein Zeitungsreporter hat einige Spieler befragt.
Die Spieler gehen zusammen zur Feier.

 **5** Lest euch gegenseitig eure Sätze vor.
• In welchen Sätzen geschieht etwas nacheinander?
• In welchen Sätzen geschieht etwas gleichzeitig?

# Relativsätze verwenden

**Seit 2000 Jahren erzählt man Erstaunliches
über das Inselreich Atlantis.**

 **Gab es Atlantis wirklich?**

1 Man berichtet von einem riesigen Land,
2 das sehr fruchtbar war. Dort gab es viele Pflanzen und
3 seltene Tiere. Es gab auch viele Kanäle, die von Schiffen
4 befahren wurden. Die Menschen lebten in Frieden.
5 In der Hauptstadt befand sich ein Tempel, der in Gold
6 und Silber glänzte. Deshalb besuchten viele Menschen
7 die Hauptstadt, die von Mauern umringt war.
8 Das Land war so prächtig wie kein anderes. Dann gab es
9 ein gewaltiges Erdbeben und das Land ging unter.
10 Es soll nun auf dem Grund des Mittelmeeres liegen.

**1** Was befand sich in der Hauptstadt von Atlantis?
Schreibe den Satz auf.

**Was für ein Land? Was für Kanäle? Was für …?
Die Nebensätze erklären es genauer.**

**2** Im Text sind 4 Nebensätze hervorgehoben.

    a. Schreibt die Nebensätze mit ihren Hauptsätzen ab.
    b. Markiert das Wort hinter dem Komma.
    c. Zeichnet einen Pfeil zu dem Nomen,
       das genauer erklärt wird.

> ➡ Man berichtet von einem riesigen Land, das sehr fruchtbar
> war.

> **Relativsätze** erklären eine Person oder ein Ding genauer.
> Relativsätze werden mit der, das, die eingeleitet und
> durch ein Komma abgetrennt.

**Jay hat eine Geschichte über den magischen Ort Atlantis geschrieben.**

1 Ich erreichte die Insel, ▨▨▨▨ sehr ungewöhnlich aussah.

2 Dann stieg ich aus dem Boot, ▨▨▨▨ mich hergebracht hatte.

3 Ich gelangte schnell zu dem goldenen Tempel,

4 ▨▨▨▨ in der Sonne glänzte.

5 Auf einmal sah ich Jugendliche, ▨▨▨▨ mich beobachteten.

  **3** a. Schreibe die Sätze auf.
Ergänze das passende Relativpronomen **der**, **das** oder **die**.
Lass immer eine Zeile frei.
b. Markiere das Wort hinter dem Komma.
c. Zeichne einen Pfeil zu dem Nomen,
das der Relativsatz genauer erklärt.

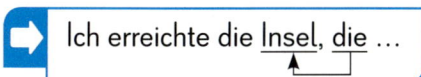

**Du kannst die Geschichte von Jay weiterschreiben.**
**Du kannst die folgenden Sätze verwenden:**

Ich ging auf **die Jugendlichen** zu, **die** …
Einer der Jugendlichen hatte **einen Schlüssel**, **der** …
Ich sah **ein Tier**, **das** …
Das Tier saß neben **einer Pflanze**, **die** …

》》》 sich unterhalten,
alt und wertvoll
aussehen,
Blüten haben,
seltsame Geräusche
machen …

  **4** a. Schreibe die Hauptsätze ab.
b. Ergänze Relativsätze.
c. Markiere das Wort hinter dem Komma.
d. Zeichne einen Pfeil zu dem Nomen,
das der Relativsatz genauer erklärt.

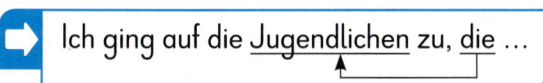

# Wissenswertes auf einen Blick

**Ein Gedicht ist oft ein kurzer Text.
Gedichte können sich reimen.**

→ Gedichte lesen und untersuchen kannst du auf Seite 134–139

- In Gedichten nennt man die Zeilen **Verse**.
- In manchen Gedichten gibt es Abschnitte.
  Sie heißen **Strophen**.
- Wenn zwei Wörter ähnlich klingen, nennen wir das **Reim**.

Es gibt verschiedene **Reimformen**:

| der **Paarreim** | der **Kreuzreim** | der **umarmende Reim** |
|---|---|---|
| fliegen   ] a | Straße   c | sehen    e |
| wiegen   ] a | Rock     d | Wind     f |
| auch     ] b | Nase    c | Kind     e |
| Strauch  ] b | Stock   d | verstehen f |

**Eine Ballade ist ein besonderes Gedicht.**

→ Balladen lesen und untersuchen kannst du auf Seite 146–152

- Eine Ballade besteht meist aus mehreren **Strophen**.
- Balladen **reimen sich** häufig.
- In Balladen gibt es oft **wörtliche Rede**.
- Eine Ballade **erzählt** eine Geschichte.
- Es geht oft um ein **dramatisches Geschehen**.

**Eine Kurzgeschichte ist eine kurze, moderne Erzählung.
Sie soll zum Nachdenken anregen.**

→ Kurzgeschichten lesen und untersuchen kannst du auf Seite 154–159

- Du bist **plötzlich mitten im Geschehen**.
- Das Thema ist ein ganz **alltägliches Geschehen**.
- Die Geschichte stellt einen **kurzen Augenblick** dar,
  einen kurzen Ausschnitt aus dem Leben.
- Es gibt einen **entscheidenden Moment**, einen Wendepunkt.
- Das **Ende** einer Kurzgeschichte ist **offen**.

**Jugendbücher** sind hauptsächlich für Jugendliche geschrieben.

→ Jugendbücher lesen und untersuchen kannst du auf Seite 170–179

- In den Jugendbüchern geht es häufig um Themen wie Erwachsenwerden, Freizeit, Freundschaft, Familie und Schule.
- Die **Hauptpersonen** sind meist **Jugendliche**.

Einen ersten Eindruck von einem **Buch** bekommst du durch das Cover, den Klappentext und einen Buchauszug.

→ Ein Buch auswählen kannst du auf Seite 170

### ⚙ Arbeitstechnik

**Ein Buch auswählen**

- Worüber informiert das **Buchcover**? Schreibe auf:
  - den Buchtitel
  - den Namen vom Autor
- Was erzählt der **Klappentext**? Schreibe kurz auf.
- Was erfährst du in einem **Buchauszug**? Schreibe auf:
  - Wer ist die Hauptperson?
  - Wo und wann spielt die Geschichte?
- Welche **Textstelle** gefällt dir besonders? Schreibe auf. Begründe deine Auswahl.
- Möchtest du das Buch gern lesen? Begründe.

Du kannst ein **Gedicht** ausdrucksvoll vortragen.

→ Ausdrucksvoll vortragen übst du auf Seite 135, 150

### ⚙ Arbeitstechnik

**Ausdrucksvoll vortragen**

Ich probiere beim Vortragen verschiedene Möglichkeiten aus:
- Ich **betone wichtige Wörter**.
- Ich lese **mal langsam** und **mal schnell**.
- Ich lese **mal laut** und **mal leise**.
- Ich mache **Pausen**.

**Zeitungen** berichten über aktuelle Ereignisse.

→ Zeitungsberichte lesen und untersuchen kannst du auf Seite 182–193

- Ein Zeitungsartikel oder Zeitungsbericht besteht aus **mehreren Teilen**:
  die Schlagzeile, die Unterzeile, die Einleitung, der Text.
- Die Teile unterscheiden sich durch die Schriftgröße und die Schriftart.
- Zeitungsberichte **beantworten W-Fragen**.
- Die wichtigste Information steht am Anfang.
  Dann folgen Informationen zum Hintergrund.

Mit **Werbung** macht man auf ein Produkt aufmerksam.

→ Werbung lesen und untersuchen kannst du auf Seite 198–201

- Werbung arbeitet oft mit **Bildern**,
  weil sie Aufmerksamkeit erregen soll.
- In Werbung gibt es **Slogans**, das sind Werbesprüche.
- Mit Werbung will man ein **Produkt verkaufen**.
- Werbung hat immer eine **Zielgruppe**.

**Der Textknacker hilft mir, Texte zu lesen und zu verstehen.**

➜ Den Textknacker findest du auf Seite 16–17, 31, 32–34, 40, 42, 46–47, 56–58, 97, 99–102, 111, 118–119, 134, 136, 138, 149, 150, 154–157, 164–165, 172–177, 184, 188–189, 204–205, 210–212, 222–223

### 1. Schritt: Vor dem Lesen

**Bilder** helfen mir, den Text besser zu verstehen.
Die **Überschrift** sagt mir etwas über den Text.

- Ich sehe mir die Bilder an.
- Ich lese die Überschrift.
- Worum könnte es in dem Text gehen?

### 2. Schritt: Das erste Lesen

Ein Text hat **Absätze**.
Was in einem Absatz steht, gehört zusammen.
Die **Schlüsselwörter** im Text sind besonders wichtig.
Einige **Wörter** werden unter dem Text **erklärt**.

- Ich zähle die Absätze.
- Ich lese die hervorgehobenen Schlüsselwörter.
- Ich lese die Worterklärungen.
- Was weiß ich jetzt?

### 3. Schritt: Den Text genau lesen

Erst **der ganze Text** sagt mir, worum es geht.

- Ich lese den ganzen Text – Absatz für Absatz.
- Was habe ich erfahren?

### 4. Schritt: Nach dem Lesen

Ich habe den ganzen Text gelesen.
Jetzt kann ich etwas aufschreiben.

- Ich schreibe zu jedem Absatz etwas auf.
  Ich schreibe die wesentlichen Informationen auf.
- Ich schreibe auf, was für mich wichtig ist.

**Der Aufgabenknacker hilft mir,
eine Aufgabe zu verstehen und zu bearbeiten.**

➜ Den Aufgabenknacker
findest du auf Seite
202–203

### 1. Schritt: Genau lesen

- Ich lese die Aufgabe genau.
  Ich achte besonders auf das Verb (Tunwort).
- Ich überlege, **was** ich **tun** soll.

### 2. Schritt: Überlegen, was zur Lösung gehört

- Ich überlege, **was genau** ich tun soll.
- Ich überlege, **wie** ich es tun soll.

### 3. Schritt: Mit eigenen Worten wiedergeben

- Ich übersetze die Aufgabe mit meinen Worten.

---

Diese Verben sagen mir, was ich tun soll:

| | |
|---|---|
| Nenne | Ich soll etwas aufzählen. |
| Vergleiche | Ich soll Gemeinsamkeiten und Unterschiede finden. |
| Beschreibe | Ich soll wiedergeben, wie etwas aussieht oder funktioniert. |
| Begründe | Ich soll Gründe nennen, warum etwas so ist. |

---

**Ein Diagramm kann zusätzliche Informationen
zu Sachtexten enthalten.**

➜ Ein Diagramm lesen kannst
du auf Seite 208–209

**⚙ Arbeitstechnik**

**Ein Diagramm lesen**

- Ich **lese die Überschrift**. Sie nennt mir das Thema.
- Ich lese **die Erklärungen**, z. B. die Beschriftung der Achsen.
- Ich **sehe** mir das Diagramm **genauer an**.
- Beim **Säulendiagramm** gilt:
  – Je höher eine Säule ist, umso größer ist die Menge.
  – Die Zahl bei jeder Säule gibt an, wie groß die Menge ist.
- Beim **Kreisdiagramm** gilt:
  – Der Kreis hat farbige Teile.
  – Je größer ein Teil ist, umso größer ist die Menge.

**Manche Texte enthalten schwierige Fachwörter.**

→ Fachwörter erschließen übst du auf Seite 43

## ⚙ Arbeitstechnik

### Fachwörter erschließen

- Ich erkläre mir manche Wörter **durch Bilder**.
- Ich finde die Erklärung von manchen Wörtern **unter dem Text**.
- Ich finde die Erklärung von manchen Wörtern **im Text**.
- Ich kann nach **verwandten Wörtern** suchen, die ich kenne.
- Ich schlage manche Wörter **im Lexikon** nach.

**Beim Schreiben von Texten helfen mir
die Schritte 1–3 vom Schreibprofi.**

➜ Mit dem Schreibprofi
schreiben kannst du auf
Seite 59, 159, 223

**1. Schritt: Vor dem Schreiben**
Ich **überlege**.

- **Für wen** will ich schreiben?
  - Schreibe ich für mich?
    oder
  - Schreibe ich für andere?
  Wer liest, was ich geschrieben habe?
- **Was** will ich schreiben?

**2. Schritt: Beim Schreiben**
Nun **schreibe** ich.

- Ich schreibe Wörter oder Sätze auf.
- Ich kann Hilfen benutzen, zum Beispiel ein Wörterbuch
  für die Rechtschreibung.

**3. Schritt: Nach dem Schreiben**
Ich **prüfe**.
Ich **überarbeite**.

**Ich prüfe.**
- Kann ich meine Wörter oder meine Sätze lesen und
  verstehen?
- Kann ein anderer aus der Klasse meine Wörter oder
  meine Sätze lesen und verstehen?

**Ich überarbeite.**

In einem **Cluster** kann ich Ideen zu einem Thema sammeln. → Einen Cluster zeichnen kannst du auf Seite 54, 210, 263

> **⚙ Arbeitstechnik**
>
> **Der Cluster**
>
> - Ich nehme ein **Blatt** Papier.
> - Ich schreibe in die Mitte das **Thema**.
>   Ich **kreise** das Thema **ein**.
> - Ich schreibe meine **Ideen** zum Thema rundherum.
>   Ich **kreise** jede Idee **ein**.
> - Ich **verbinde** die Ideen **durch einen Strich** mit dem Thema
>   in der Mitte.

In einer **Mindmap** kann ich Informationen zu einem Thema
sammeln und ordnen. → Eine Mindmap zeichnen kannst du auf Seite 110

> **⚙ Arbeitstechnik**
>
> **Die Mindmap**
>
> - Ich nehme ein **Blatt** Papier.
> - Ich schreibe in die Mitte das **Thema**.
> - Ich **kreise** das Thema **ein**.
> - Ich **schreibe wichtige Wörter** um das Thema **herum**.
> - Ich **schreibe** zu den wichtigen Wörtern **weitere Informationen**.
> - Ich **verbinde** das **Thema mit** den **wichtigen Wörtern**.
> - Ich **verbinde** die **wichtigen Wörter mit** den **weiteren**
>   **Informationen**.

Ich kann die **Inhalte** von Texten zusammenfassen. → Eine Inhaltsangabe schreiben kannst du auf Seite 144–145, 159, 164–167, 178–179

> **⚙ Arbeitstechnik**
>
> **Eine Inhaltsangabe schreiben**
>
> - In der **Einleitung** schreibe ich den **Titel**, die **Textart**,
>   den **Autor** und **worum es** in dem Text **geht**.
> - Im **Hauptteil** fasse ich den Inhalt zusammen. Ich schreibe,
>   **wann** und **wo** die Handlung spielt, **wer** die Hauptperson ist
>   und welche Personen noch vorkommen, **was** die Personen
>   **tun** und warum, **was** die Personen **denken und fühlen**.
> - Im **Schluss** begründe ich, was mir **gefallen** hat und
>   welche **Fragen** ich an den Text habe.

**In einer Schreibkonferenz überarbeitet ihr gemeinsam eure eigenen Texte.**

→ Eine Schreibkonferenz durchführen könnt ihr auf Seite 192–193, 216–217

> ⚙ **Arbeitstechnik**
>
> **Eine Schreibkonferenz durchführen**
>
> - Einer **liest** seinen **Text vor**. Die anderen **hören** genau **zu**.
>   - Was **gefällt** euch **gut**?
>   - Was habt ihr **nicht verstanden**?
> - **Überarbeitet** gemeinsam den Text, bis er euch gefällt. Überarbeitet zum Beispiel:
>   - die **Satzanfänge**,
>   - die **Verben** (Tunwörter),
>   - die **Adjektive** (Wiewörter).
> - Überprüft, ob alles **richtig geschrieben** ist.
> - Schreibt zum Schluss den überarbeiteten Text ordentlich auf.

**Ich kann wichtige Informationen oder einen längeren Text in Stichworten zusammenfassen.**

→ Stichworte aufschreiben kannst du auf Seite 30, 31, 57, 100, 103, 111, 117, 119, 165, 194, 212, 221

> ⚙ **Arbeitstechnik**
>
> **Stichworte aufschreiben**
>
> Ich schreibe pro Stichwort nur wenige Wörter auf.
> - Ich überlege, was **die wichtigen Informationen** sind. Dabei helfen mir die Fragen: Wo? Was? Wie?
> - Ich schreibe zu den wichtigen Informationen **Wörter** und **Wortgruppen** auf.

**In einer Tabelle kann ich Informationen geordnet aufschreiben.**

→ Eine Tabelle zeichnen kannst du auf Seite 183, 209, 232, 240, 250, 251

> ⚙ **Arbeitstechnik**
>
> **Eine Tabelle zeichnen**
>
> - Ich brauche ein kariertes **Blatt**, einen **Bleistift** und ein **Lineal**.
> - Ich lege das Blatt mit der langen Seite vor mich hin.
> - Ich zeichne eine lange Linie. Das ist die **Zeile**.
> - Nun teile ich die Linie in gleich große Teile. Das sind die **Spalten**.
> - In jede Spalte schreibe ich eine Überschrift.

## Ich kann meine Texte **spannend erzählen.**

→ Spannend erzählen kannst du auf Seite 59, 60

### ⚙ Arbeitstechnik

**Spannend erzählen**

- Ich finde für die **Einleitung** Sätze, die **neugierig** machen.
- Ich erzähle im **Hauptteil** ein **plötzliches Ereignis**.
- Ich verwende **wörtliche Rede**.
- Ich beschreibe die **Gefühle** der Hauptperson.
- Ich verwende **abwechslungsreiche Satzanfänge**.
- Ich beschreibe das Besondere mit **Adjektiven**.
- Ich schreibe zum **Schluss** ein **überraschendes Ende**.

## Ich kann einen Text **mündlich nacherzählen.**

→ Mündlich nacherzählen kannst du auf Seite 55

### ⚙ Arbeitstechnik

**Mündlich nacherzählen**

- Ich **lese** den Text **genau**.
- Ich markiere **wichtige Wörter** auf einer Folie oder ich schreibe sie auf.
- Ich erzähle in der **richtigen Reihenfolge**.
- Ich erzähle **spannend** und **mit eigenen Worten**.
- Ich lasse nichts **Wichtiges** aus und **füge nichts hinzu**.
- Ich erzähle **im Präteritum**.

**In einem Tagesbericht berichte ich sachlich über meinen Praktikumstag.**

→ Einen Tagesbericht schreiben übst du auf Seite 80, 82, 88–89

### ⚙ Arbeitstechnik

**Einen Tagesbericht schreiben**

- Ich nenne in der **Einleitung** die wichtigsten Informationen: **Wer? Wann? Wo? Was?**
- Ich berichte im **Hauptteil in der richtigen Reihenfolge** über den Tagesablauf.
- Ich verwende das **Präteritum**.
- Ich mache nur **sachliche** Angaben.

**Ich kann beschreiben, wie eine Person aussieht und wie sie auf mich wirkt.**

→ Eine Person beschreiben kannst du auf Seite 154–158, 170–179

### ⚙ Arbeitstechnik

**Eine Person beschreiben**

Beschreibe eine Person mit Hilfe der folgenden Fragen:
- **Wie** sieht die Person **insgesamt** aus?
- **Wie** sieht das **Gesicht** aus?
- **Wie** sehen die **Haare** aus?
- **Wie** sieht die **Kleidung** aus?
- **Was fällt** dir an der Person **besonders auf**?
- **Wie wirkt** die Person auf dich?

**In einer Anleitung beschreibe ich, wie ich etwas mache.**

→ Eine Anleitung schreiben kannst du auf Seite 222–223

### ⚙ Arbeitstechnik

**Eine Anleitung schreiben**

- Zuerst **nenne** ich das benötigte **Material**.
- Dann **beschreibe** ich die einzelnen **Arbeitsschritte** genau.
  - Ich beschreibe so, dass auch andere die Arbeitsschritte verstehen und ausführen können.
  - Ich achte auf die richtige Reihenfolge.

## Wenn wir **miteinander diskutieren,** achten wir auf bestimmte Regeln.

→ Miteinander diskutieren könnt ihr auf Seite 17, 19, 24–25, 26–27

### ⚙ Arbeitstechnik

**Miteinander diskutieren**

- Wir lassen uns ausreden.
- Wir hören uns gegenseitig zu.
- Wir beleidigen uns nicht.
- Wir lachen uns nicht aus.
- Wir sprechen nur zum Thema.
- Wir sprechen klar und deutlich.
- Wir sehen die anderen beim Sprechen an.
- Wir legen eine Sitzordnung fest.
- Wir wählen eine Diskussionsleiterin/einen Diskussionsleiter.
- Wir sagen unsere Meinung sachlich.
- Wir begründen unsere Meinung mit Argumenten.
- Wir veranschaulichen unsere Argumente mit Beispielen.

## Ich kann zu einem Thema **schriftlich Stellung nehmen.**

→ Schriftlich Stellung nehmen kannst du auf Seite 122–124, 194–197

### ⚙ Arbeitstechnik

**Schriftlich Stellung nehmen**

- Ich **nenne** zuerst das **Thema.**
- Ich **schreibe** dann **meine Meinung** auf.
- Ich **finde** für meine Meinung **passende Gründe** (Argumente): Gründe dafür oder Gründe dagegen.
- Ich **schreibe** die Gründe zu meiner Meinung.
- Ich **veranschauliche** meine Gründe **mit Beispielen.** Ich verknüpfe die Sätze mit **zum Beispiel, beispielsweise.**
- Ich **schreibe** eine **Schlussfolgerung** auf, die meine Meinung bestärkt.

**Damit Gruppenarbeit gelingt, halten alle Regeln ein.**

→ Regeln für die Gruppenarbeit brauchst du auf Seite 17, 19, 138, 150, 192–193, 201, 216–217

### ⚙ Arbeitstechnik

**Regeln für die Gruppenarbeit**

- **Jeder** erhält **eine Aufgabe**.
- Alle arbeiten **gemeinsam**.
- Jeder arbeitet **mit jedem** zusammen.
- **Keiner lenkt** die Gruppe **ab**.
- **Keiner meckert** über die Aufgabe.
- Einer **leitet** die Gruppe,
  einer **schreibt**,
  einer **misst die Zeit**,
  einer **schlägt** im Wörterbuch **nach** und
  einer **trägt** das Ergebnis **vor**.

**Ihr könnt zusammen ein Standbild bauen.**

→ Ein Standbild bauen könnt ihr auf Seite 21, 26

### ⚙ Arbeitstechnik

**Ein Standbild bauen**

- Entscheidet, **wer welche Person** darstellt.
  Das sind die Darstellerinnen und Darsteller.
- **Achtet auf die Körperhaltung** (Gestik) und
  den **Gesichtsausdruck** (Mimik).
- Die **Darstellerinnen** und **Darsteller** stellen sich
  **unbeweglich** auf. Niemand spricht.
- Die **anderen beraten** und **korrigieren**.

**In einem informierenden Text kann ich andere über ein Thema informieren.**

→ Einen informierenden Text schreiben übst du auf Seite 98–103, 110–113

### ⚙ Arbeitstechnik

**Einen informierenden Text schreiben**

- Ich sammle Informationen zu dem Thema.
- Ich wähle wichtige und interessante Informationen aus.
- Ich **ordne** die Informationen in einer **sinnvollen Reihenfolge**.
- Was schreibe ich am Anfang? Was schreibe ich zum Schluss?
- Ich schreibe eine passende **Überschrift** auf.
- Ich **nenne** meine **Quellen**.

**In einem Kurzvortrag kann ich andere über ein Thema informieren.**

→ Einen Kurzvortrag vorbereiten kannst du auf Seite 38–39, 40, 210–213

### ⚙ Arbeitstechnik

**Einen Kurzvortrag vorbereiten, üben, halten**

- Ich **wähle ein Thema aus**.
- Ich **sammle Informationen** zu dem Thema.
- Ich **schreibe Stichworte** auf Karteikarten.
- Ich **nummeriere die Karteikarten** in der richtigen Reihenfolge.
- Ich **markiere wichtige Wörter** farbig.
- Was sage ich am Anfang? Was sage ich zum Schluss? Ich schreibe auf Karteikarten.
- Ich **übe meinen Kurzvortrag**.

**Beim Kurzvortrag sprechen wir zu den Zuhörern. Deshalb ist es wichtig, wie wir sprechen.**

→ Frei vortragen übst du auf Seite 39, 213

### ⚙ Arbeitstechnik

**Frei vortragen**

- **Ich stelle mich** so hin, dass **alle mich sehen** können.
- Ich **spreche frei** und lese wenig ab.
- Ich spreche **langsam** und **deutlich**.
- Ich spreche **in Sätzen**.
- **Ich sehe** beim Sprechen **die Zuhörer an**.
- **Ich zeige** an passenden Stellen **Bilder** und **Materialien**.

**Wenn wir andere über etwas informieren wollen, können wir ein Plakat, ein Schaubild oder eine Folie gestalten.**

➜ Ein Plakat, ein Schaubild oder eine Folie gestalten könnt ihr auf Seite 39, 40, 49, 212

### ⚙ Arbeitstechnik

**Ein Plakat, ein Schaubild oder eine Folie gestalten**

- Wir **entscheiden, was wir präsentieren** wollen: welche Informationen (groß und lesbar) und welche Bilder?
- Wir **wählen ein Format** aus: Hochformat oder Querformat?
- Wir **überlegen, wie das Plakat, das Schaubild oder die Folie aussehen soll**:
  – Wo steht die Überschrift?
  – Wie viel Platz brauchen wir für die Informationen?
  – Wohin kommen die Bilder?
- Wenn unsere **Anordnung übersichtlich** ist, **gestalten** wir das Plakat, das Schaubild oder die Folie.
- Zum Schluss **schreiben** wir **die Überschrift** auf.

**Wenn wir andere über etwas informieren wollen, können wir ein Plakat, ein Schaubild oder eine Folie präsentieren.**

➜ Ein Plakat, ein Schaubild oder eine Folie präsentieren könnt ihr auf Seite 39, 49, 213

### ⚙ Arbeitstechnik

**Ein Plakat, ein Schaubild oder eine Folie präsentieren**

- **Ich stelle mich** so hin, dass ich das **Plakat, das Schaubild** oder die **Folie nicht verdecke**.
- Ich **spreche frei**.
- Ich spreche **langsam** und **deutlich**.
- Ich **erkläre** mein **Plakat**, mein **Schaubild** oder meine **Folie**.
- Ich **zeige** an passenden Stellen **auf das Plakat, auf das Schaubild** oder **auf die Folie**.
- Ich **beantworte Fragen** aus der Klasse.

**Mit dem Warm-up** könnt ihr euch
für das Theaterspielen aufwärmen.

⚙ **Arbeitstechnik**

**Regeln für das Warm-up**

- Alle Schülerinnen und Schüler machen bei den Übungen mit.
- Niemand darf ausgelacht werden.
- Alle befolgen die Anleitungen des Spielleiters.
- Jeder konzentriert sich während der Übungen auf sich.

**Beim szenischen Lesen** könnt ihr euch besser
in die Figuren einfühlen.

→ Szenisch lesen kannst du auf Seite 14, 15, 18, 24

⚙ **Arbeitstechnik**

**Szenisch lesen**

- **Lest** die Szene **mit verteilten Rollen**.
- Lest **ausdrucksvoll** und beachtet die **Regieanweisungen**.
- Sprecht und **bewegt** euch **wie die Personen** in der Szene.
- Probiert verschiedene **Körperhaltungen** (Gestik) und **Gesichtsausdrücke** (Mimik) aus.

**Ihr könnt eine Szene** vor anderen **spielen**.

→ Eine Szene spielen könnt ihr auf Seite 15

⚙ **Arbeitstechnik**

**Eine Szene spielen**

- Legt fest, welche Figuren es gibt. **Verteilt** die **Rollen**.
- Schreibt den **Text** für jede Rolle auf eine **Rollenkarte**.
- **Markiert** Wörter, die ihr **besonders betonen** möchtet.
- Schreibt Angaben zur Körperhaltung (Gestik) und zum Gesichtsausdruck (Mimik) auf.
- Lernt euren **Text auswendig**.
- **Übt gemeinsam**, die Szene zu spielen.
- **Besprecht**, was ihr vielleicht verändern wollt.

## Die Wortprofis

**So schreibe ich Wörter ab.**

 **So schreibe ich Mitsprechwörter ab.**

→ Mitsprechwörter abschreiben kannst du auf Seite 226, 249

1. Ich lese das Wort.

2. Ich spreche das Wort Silbe für Silbe.

3. **Ich höre** , wie ich das Wort schreiben muss.

4. Ich decke das Mitsprechwort zu.

5. Ich spreche das Wort Silbe für Silbe und schreibe dabei.

6. Ich spreche das Wort und male **einen Bogen unter jede Silbe**.

7. Ich vergleiche.

8. Ich verbessere.

**So schreibe ich Nachdenkwörter ab.**

→ Nachdenkwörter abschreiben kannst du auf Seite 227, 249

1. Ich lese das Wort **Kind**.

2. Ich spreche das Wort Silbe für Silbe.

3. **Ich denke nach** und **erkläre**, wie ich das Wort schreiben muss.
   – Ich verlängere das Wort.
   – Ich suche ein verwandtes Wort.

4. Ich decke das Nachdenkwort zu.

5. Ich spreche das Wort Silbe für Silbe und schreibe dabei.

6. Ich schreibe in Klammern die **Erklärung**:
   das Kind (→ die Kinder), die Bäume (→ der Baum)

7. Ich vergleiche.

8. Ich verbessere.

**So schreibe ich Merkwörter ab.**

→ Merkwörter abschreiben kannst du auf Seite 228, 238, 249

1. Ich lese das Wort **Zahn**.

2. Ich spreche das Wort Silbe für Silbe.

3. Ich merke mir ,
wie ich das Wort schreiben muss.

4. Ich decke das **Merkwort** zu.

5. Ich spreche das Wort
Silbe für Silbe und schreibe dabei.

6. Ich kreise die **Merkstelle** im Wort ein:
der Za(h)n

7. Ich vergleiche.

8. Ich verbessere.

## Der Satzprofi

**So schreibe ich Sätze ab.**

→ Sätze abschreiben kannst du auf Seite 128, 233, 235, 237, 239, 241

1. **Ich lese** den ersten Satz.

2. **Ich merke mir** die Wörter
bis zum Strich genau.

3. **Ich decke** die Wörter ab.

4. **Ich schreibe** die Wörter auf.

5. **Ich vergleiche**.
Ich streiche Fehlerwörter durch.

6. Ich schreibe die Wörter
richtig über die Fehlerwörter.

7. Ich schreibe Teil für Teil so ab.

Mit **Wörterreihen** kannst du üben, Wörter richtig zu schreiben.

### Arbeitstechnik

**So schreibe ich eine Wörterreihe auf**

- **Ich lese** die Wörterreihe.
- **Ich wiederhole** die Wörterreihe **im Kopf**.
- Ich decke die Wörterreihe zu.
- **Ich schreibe** die Wörterreihe auswendig auf.
- **Ich vergleiche.**
- **Ich verbessere.**

Mit dem **Computer** kannst du deine Texte **überarbeiten**.

→ Texte am Computer überarbeiten übst du auf Seite 68–69, 258–259

### Arbeitstechnik

**Texte am Computer überarbeiten**

- Ich schreibe die Sätze mit dem Computer ab.
- Ich klicke mit der **rechten Maustaste** auf das **markierte Wort** im ersten Satz.
- Ich klicke mit der **linken Maustaste** auf die **richtige Schreibung**.
- Ich überarbeite die übrigen markierten Wörter genauso.
- Ich **schlage** das Wort **im Wörterbuch nach**, wenn keine Vorschläge für die richtige Schreibung gemacht werden.

Im **Wörterbuch** kannst du **nachschlagen**, wie man ein Wort schreibt.

→ Im Wörterbuch nachschlagen übst du auf Seite 256–257, 259

### Arbeitstechnik

**Im Wörterbuch nachschlagen**

- Ich finde den Buchstaben vom Abc, unter dem ich suchen muss, **am Rand**.
- Ich finde das **Seitenleitwort** oben am Rand.
- Ich vergleiche den **zweiten** Buchstaben von den Wörtern, wenn die Wörter mit demselben Buchstaben anfangen.
- Ich sehe mir auch den **dritten**, **vierten** oder **fünften** Buchstaben an.

## Buchstaben und Laute

→ Übungen zu Buchstaben und Lauten findest du auf Seite 226–228

**!** A, e, i, o, u bringen Wörter zum **Klingen**.
A, e, i, o, u heißen **Vokale (Selbstlaute)**.
Die meisten anderen heißen **Konsonanten (Mitlaute)**.

**!** Manchmal sind **zwei Vokale** verbunden.
Auch **verbundene Vokale (Zwielaute)**
bringen Wörter zum Klingen: ei au eu

**!** Auch Ä, ä, Ö, ö, Ü, ü sind Vokale. Wir nennen sie **Umlaute**.

**!** Nach einem **langen Vokal** steht meist
nur **ein Konsonant**: der Bruder.
Nach einem **kurzen Vokal** stehen **zwei** oder
**mehr Konsonanten**: die Lust.

Stehen nach einem **kurzen Vokal** zwei **gleiche Konsonanten**,
nennen wir sie Doppelkonsonanten: toll.

## Buchstabe – Silbe – Wort

**!** Wörter bestehen aus einzelnen **Buchstaben**: e, k, r.

**!** Wenn wir Wörter klatschen, hören wir **Silben**.
Manche **Wörter** bestehen nur **aus einer Silbe**: wir.
Viele Wörter bestehen **aus mehreren Silben**: Schule.

**!** **Aus Wörtern** können wir **Sätze bilden**.
Es gibt **kurze** Sätze: Komm!
Und es gibt **lange** Sätze: Wir gehen in die Schule.

## Großschreibung

→ Übungen zur Großschreibung findest du auf Seite 229, 232, 233

Einige Wörter schreiben wir **immer groß**.
Wir nennen sie **Nomen (Namenwörter)**:
der Baum, das Kind, die Zeit.

Am **Satzanfang** schreiben wir **immer groß**.
Nach einem Punkt, Fragezeichen oder
Ausrufezeichen schreiben wir immer groß.

**Aus Verben** können **Nomen** werden.
Die Wörter **das**, **beim** und **zum**, **vom** machen es!
das Aufbrechen – beim Aufbrechen
– zum Aufbrechen – vom Aufbrechen

## Zeichensetzung

→ Übungen zur Zeichensetzung findest du auf Seite 229

Am Ende von einem **Aussagesatz** steht ein **Punkt**:
Der Mann geht mit seinem Hund spazieren.

Am Ende von einem **Fragesatz** steht ein **Fragezeichen**:
Was sagt der Mann?

Am Ende von einem **Aufforderungssatz** oder
von einem **Ausrufesatz** steht meistens ein **Ausrufezeichen**:
Sitz!

Die Teile einer Aufzählung werden durch Komma getrennt.
Vor **und** und **oder** steht kein Komma.
Das Wasser ist nass, kalt und schmutzig.
Wir können gemeinsam slacken, schwimmen und tanzen.

## Wortart: Nomen

→ Übungen zu Nomen (Namenwörtern) findest du auf Seite 232–233

> **Nomen (Namenwörter)** schreiben wir immer **groß**.
> Zu den Nomen gehört meist ein **Artikel (Begleiter)**:
> der, das, die.

> **Nomen** bezeichnen **Lebewesen** (Menschen, Tiere, Pflanzen) und **Gegenstände**:
> **die Frau, der Esel, die Blume, das Bett.**
>
> Nomen bezeichnen auch **gedachte Dinge**:
> **die Zeit, das Leben, der Tag.**

> Nomen können in der **Einzahl** (Singular) und in der **Mehrzahl** (Plural) stehen:
> **das Wort – die Wörter.**

> **Zusammengesetzte Nomen** haben immer den Artikel (Begleiter) vom **zweiten** Nomen:
> **der Vogel +** das **Nest =** das **Vogelnest.**

> Wörter mit **-ung**, **-heit**, **-keit** und **-nis** sind Nomen. **Nomen** schreiben wir immer **groß**.

## Wortart: Verben

→ Übungen zu Verben (Tunwörtern) findest du auf Seite 83, 86–87, 91, 268–271

Manche Wörter sagen, was wir **tun**.
Diese Wörter nennen wir **Verben (Tunwörter)**: lesen.

Einige **Verben** sind **zusammengesetzt**:
aus + rechnen → ausrechnen.
In der Grundform schreiben wir die Verben zusammen.

Im **Satz** werden die Verben meistens **getrennt**:
Leon rechnet die Aufgabe aus.

Wenn wir **über Vergangenes mündlich erzählen**,
benutzen wir Verben im **Perfekt**: er ist gekommen.

Wenn wir **über Vergangenes schreiben**,
benutzen wir Verben im **Präteritum**: er machte.

Wenn wir ausdrücken wollen, dass ein **Vorgang beendet** war, **bevor** ein anderer **begann**, benutzen wir Verben im **Plusquamperfekt**: ich war gefahren.

Wenn wir ausdrücken wollen, was wir **in der nahen Zukunft** planen, benutzen wir **Zeitangaben** (morgen, nächste Woche) und Verben im **Präsens**:

Ich gehe morgen zum Sport.

Wenn wir ausdrücken wollen, was wir **in der fernen Zukunft** planen, benutzen wir Verben im **Futur**:

Ich werde einen Ausbildungsplatz suchen.

## Wortart: Adjektive

➜ Übungen zu Adjektiven (Wiewörtern) findest du auf Seite 260–261

Adjektive (Wiewörter) sagen, wie etwas ist:
groß – größer als ... – am größten.

Adjektive beschreiben Nomen genauer.
Sie können zwischen Artikel und Nomen stehen:
ein großer Salat, ein kleines Ei, eine rote Paprika.

## Wortart: Personalpronomen

Die Wörter ich, du, er/es/sie, wir, ihr, sie
sind Personalpronomen.
Sie stehen für bestimmte Personen oder Gegenstände:

| | |
|---|---|
| der Käse – er | Paul – er |
| das Brot – es | die Mutter – sie |
| die Tomate – sie | |

## Wortart: Possessivpronomen

➜ Übungen zu Possessivpronomen findest du auf Seite 66–67

Manche Wörter sagen, wem etwas gehört:
Das ist mein Rucksack. Das ist dein Rucksack.
Das ist unser Rucksack. Das ist euer Rucksack.

## Wortart: Präpositionen

→ Übungen zu Präpositionen findest du auf Seite 264–265

Mit Präpositionen kannst du ausdrücken, **wo** etwas ist oder **wohin** etwas kommt:

Wenn du ausdrücken willst, **wo** etwas ist, verwendest du den **Dativ**:
Wo ist das Buch? **auf dem** Tisch
Wenn du ausdrücken willst, **wohin** etwas kommt, verwendest du den **Akkusativ**:
Wohin kommt das Buch? **auf den** Tisch

## Wortart: Konjunktionen

→ Übungen zu Konjunktionen findest du auf Seite 108–109, 229, 239, 272–275

Mit **und/oder** können wir **Sätze verbinden**.
Wir nennen sie Bindewörter (Konjunktionen).

Wenn beide Sätze gelten, verbinden wir mit **und**.
Gilt nur einer der Sätze, verbinden wir mit **oder**.

Mit **weil** können wir etwas **begründen**.
Mit **wenn** können wir eine **Bedingung nennen**.
Vor weil/wenn steht ein Komma.

Mit **nachdem** können wir sagen,
was **nacheinander** geschieht.
Mit **während** können wir sagen, was **gleichzeitig** geschieht.

## Wortart: Adverbien

Mit Wörtern wie **zuerst**, **dann**, **danach**, **heute**, **morgens** können wir die Zeit genauer angeben. Wir nennen sie **Adverbien der Zeit**.

Mit Wörtern wie **hier**, **dort**, **links**, **rechts**, **hinten**, **vorne**, **geradeaus** können wir einen Ort oder eine Richtung genauer angeben. Wir nennen sie **Adverbien des Ortes**.

## Satzglieder

Die Antwort auf die Frage **Wer** oder **was?** nennen wir **Subjekt**.
Die Antwort auf die Frage **Was tut?** nennen wir **Prädikat**.
Die Antwort auf die Frage **Wen** oder **was?** nennen wir **Akkusativ-Objekt**.
Die Antwort auf die Frage **Wem?** nennen wir **Dativ-Objekt**.

Das Subjekt, das Prädikat, das Akkusativ-Objekt und das Dativ-Objekt sind **Satzglieder**.

## Relativsätze

→ Übungen zu Relativsätzen findest du auf Seite 240–241, 276–277

**Relativsätze** erklären eine Person oder ein Ding genauer. Relativsätze werden mit **der**, **das**, **die** eingeleitet und durch ein Komma abgetrennt.

## A

| | | |
|---|---|---|
| **Ab, ab** | der Abend, | |
| | die Abende | 16, 56, 227, 240, 271 |
| | abperlen | |
| | (er perlt ab, er perlte ab) | 234, 248 |
| **Ad, ad** | die Adresse, die Adressen | 76 |
| **Al, al** | also | 14, 34, 40, 42, 147 |
| **An, an** | anders | 24, 27, 55, 83, 154 |
| | der Anfang, | |
| | die Anfänge | 38, 56, 104, 158, 189 |
| | die Angst, die Ängste | 58 |
| | ankommen (er kommt an, | |
| | er kam an) | 119, 131 |
| | die Anlage, die Anlagen | 43, 47, 76 |
| | ansprechen | |
| | (er spricht an, er sprach an) | 201 |
| | die Antwort, | |
| | die Antworten | 264, 265, 268, 304 |
| **Ap, ap** | der Apfel, die Äpfel | 227 |
| **Ar, ar** | die Arbeit, die Arbeiten | 30, 138, 156 |
| | arbeiten | 139, 171, 173, 183 |
| | der Ärger | 128, 174 |
| | der Arm, die Arme | 55, 170 |
| | der Arzt, die Ärzte | 90, 256 |
| **Au, au** | auch | 97, 101, 118, 156 |
| | auf | 188, 196, 203, 264 |
| | die Aufgabe, die Aufgaben | |
| | | 98, 103, 110, 202, 203 |
| | aufräumen (er räumt auf, | |
| | er räumte auf) | 190, 192, 193, 194 |
| | aufstehen (er steht auf, | |
| | er stand auf) | 155 |
| | der Auftrag, die Aufträge | 250 |
| | aufwachen (er wacht auf, | |
| | er wachte auf) | 240, 248 |
| | das Auge, die Augen | 57, 59, 60, 134 |
| | die Ausbildung, die Ausbildungen | 272 |
| | der Ausbildungsplatz, | |
| | die Ausbildungsplätze | 185, 272, 302 |
| | außerdem | 33, 40, 139, 171, 192 |
| | auswählen | 183, 281 |

## B

| | | |
|---|---|---|
| **Ba, ba** | backen | 82 |
| | die Bahn, die Bahnen | |
| | | 115, 118, 119, 129, 131 |
| | bald | 236, 248 |
| | die Bank, die Bänke | 12, 20, 164, 226 |
| | bauen | 46, 122, 138, 269, 292 |
| | der Baum, | |
| | die Bäume | 31, 58, 61, 227, 296 |
| **Be, be** | beantworten | 38, 166, 189, |
| | bearbeiten | 99, 103, 202 |
| | bedecken | 96 |
| | die Bedingung, | |
| | die Bedingungen | 238, 248 |
| | beginnen | |
| | (er beginnt, er begann) | 237, 269 |
| | begründen | 98, 103, 109, 139, 272 |
| | die Beiköchin, die Beiköchinnen | 86, 87 |
| | das Bein, die Beine | 109, 175 |
| | das Beispiel, die Beispiele | |
| | | 120, 121, 125, 195, 202 |
| | bekommen (er bekommt, | |
| | er bekam) | 83, 241, 269 |
| | benötigen | 223, 290 |
| | beobachten | 205, 213 |
| | beraten | |
| | (er berät, er beriet) | 268, 292 |
| | der Berg, die Berge | 146, 147, 227, |
| | der Beruf, die Berufe | 72, 86, 236, 248 |
| | beschreiben (er beschreibt, | |
| | er beschrieb) | 61, 87, 91, 145, 260 |
| | besonders | 14, 24, 32, 74, 110 |
| | das Bett, die Betten | 15, 60, 89, 136, 240 |
| | die Bewegung, | |
| | die Bewegungen | 221, 223 |
| | bewerben (er bewirbt, | |
| | er bewarb) | 70, 74, 76, 77 |
| | die Bewerbung, | |
| | die Bewerbungen | 74, 75, 76, 77 |
| **Bi, bi** | das Bild, die Bilder | 13, 20, 30, 42, 54 |
| | die Bionik | 28, 32, 41, 234 |
| **Bl, bl** | das Blatt, | |
| | die Blätter | 33, 96, 234, 248, 316 |

|  |  |  |
|---|---|---|
|  | blau | 14, 49, 170, 226, 261 |
|  | der Blick, die Blicke | 184, 200, 280 |
|  | die Blume, die Blumen | 33, 138, 301 |
|  | die Blüte, die Blüten | 227 |
| **Bo, bo** | der Boden, |  |
|  | die Böden | 31, 67, 96, 109, 261 |
|  | das Boot, die Boote | 228, 277 |
| **Br, br** | brauchen | 72, 101, 195, 238, 269 |
|  | brennen |  |
|  | (er brennt, er brannte) | 100, 211 |
|  | der Brief, die Briefe | 122 |
|  | bringen (er bringt, |  |
|  | er brachte) | 83, 175, 262, 269 |
|  | das Brötchen, die Brötchen | 82 |
|  | der Bruder, die Brüder | 210, 226, 299 |
| **Bu, bu** | das Buch, die Bücher | 57, 170, 171, 281 |
|  | die Burg, die Burgen | 146, 147, 148, 149 |
|  | der Bus, die Busse | 115, 116, 118, 154 |

**C**

| **Ch, ch** | der Chat, die Chats | 16, 17, 18 |
|---|---|---|
| **Co, co** | der Computer, |  |
|  | die Computer | 16, 39, 69, 258, 298 |

**D**

| **Da, da** | dabei | 31, 129, 145, 223 |
|---|---|---|
|  | dafür | 42, 100, 119, 124 |
|  | dagegen | 120, 291 |
|  | daher | 205, 220 |
|  | danach | 40, 57, 59, 91, 304 |
|  | dann | 59, 164, 188, 236, 304 |
|  | darüber | 138, 173, 177, 249 |
|  | das Datum, |  |
|  | die Daten | 75, 80, 89, 190, 237 |
|  | davon | 144, 177, 268 |
| **De, de** | denken |  |
|  | (er denkt, er dachte) | 16, 235, 240 |
|  | deshalb | 122, 165, 222 |
| **Di, di** | dick, dicker, |  |
|  | am dicksten | 100, 108, 239 |
|  | diskutieren | 17, 125, 291 |
| **Do, do** | dort | 46, 97, 105, 211, 304 |
| **Dr, dr** | drehen | 60, 221, 269 |
|  | drei | 112, 123, 195 |

| **Du, du** | dunkel, dunkler, |  |
|---|---|---|
|  | am dunkelsten | 57, 60, 137 |
|  | dünn, dünner, am dünnsten | 102 |
|  | dürfen |  |
|  | (er darf, er durfte) | 56, 83, 147 |

**E**

| **Ef, ef** | der Effekt, die Effekte | 33, 35, 42, 234 |
|---|---|---|
| **Eh, eh** | ehrlich, ehrlicher, |  |
|  | am ehrlichsten | 138, 179, 233, 239 |
|  | die Ehrlichkeit | 233 |
| **Ei, ei** | die Eigenschaft, |  |
|  | die Eigenschaften | 38, 234, 248 |
|  | eigentlich | 55, 155, 175, 238, 248 |
|  | der Eimer, die Eimer | 265, 269 |
|  | das Eis | 94, 96, 99 |
| **El, el** | die Eltern | 56, 170, 176, 190, 194 |
| **En, en** | das Ende, die Enden | 17, 158, 172 |
|  | entdecken | 34, 57, 262, 263 |
|  | entfernen | 269 |
|  | entscheiden (er entscheidet, |  |
|  | er entschied) | 71, 194, 260, 275 |
| **Er, er** | die Erde | 46, 97, 110 |
|  | das Ereignis, die Ereignisse |  |
|  |  | 152, 188, 271, 275, 282 |
|  | erfahren (er erfährt, er erfuhr) | 236 |
|  | der Erfolg, die Erfolge | 32, 138 |
|  | erfolgreich, erfolgreicher, |  |
|  | am erfolgreichsten | 32, 171 |
|  | das Ergebnis, |  |
|  | die Ergebnisse | 17, 119, 229, 292 |
|  | erkennen (er erkennt, |  |
|  | er erkannte) | 20, 124, 235, 258 |
|  | die Erkenntnis, |  |
|  | die Erkenntnisse | 29, 31, 235 |
|  | erklären | 18, 39, 43, 48, 270 |
|  | die Erlaubnis | 232 |
|  | das Erlebnis, die Erlebnisse | 233 |
|  | erleichtert | 240, 248 |
|  | ernst, ernster, am ernstesten | 256 |
|  | ertragen (er erträgt, er ertrug) | 250 |
|  | erzählen | 55, 79, 147, 268, 289 |
| **Es, es** | essen (er isst, er aß) | 147, 229, 275 |
|  | das Essen, die Essen | 86 |

## F

| | | |
|---|---|---|
| **Fa, fa** | der Fachlagerist, | |
| | die Fachlageristen | 86, 87 |
| | die Fähigkeit, die Fähigkeiten | 72, 229 |
| | fahren (er fährt, | |
| | er fuhr) | 116, 118, 128, 186, 302 |
| | das Fahrrad, die Fahrräder | 240, 248 |
| | das Fahrzeug, die Fahrzeuge | 119, 120 |
| | fallen (er fällt, er fiel) | 31, 100, 155 |
| | falsch | 14, 238, 258 |
| | die Familie, die Familien | 171, 173 |
| | die Farbe, die Farben | 49, 66, 198, 200 |
| | farbig | 284 |
| **Fe, fe** | der Fehler, | |
| | die Fehler | 68, 226, 228, 258, 260 |
| | das Fell, die Felle | 30, 34, 57 |
| | das Fenster, die Fenster | 241 |
| | die Ferien | 176, 178, 216, 241 |
| | festhalten | |
| | (er hält fest, er hielt fest) | 117 |
| | das Feuer, die Feuer | 211 |
| **Fi, fi** | die Figur, die Figuren | 55, 295 |
| | der Film, die Filme | 16, 18, 237 |
| | finden (er findet, | |
| | er fand) | 14, 27, 56, 122, 189 |
| | der Finger, die Finger | 156 |
| **Fl, fl** | fliegen | |
| | (er fliegt, er flog) | 40, 134, 150 |
| | der Fluss, die Flüsse | 152, 261 |
| **Fo, fo** | die Folie, die Folien | 40, 294 |
| | der Forscher, | |
| | die Forscher | 33, 41, 108, 111, 248 |
| | das Foto, die Fotos | 60 |
| **Fr, fr** | die Frage, die Fragen | 38, 159, 189 |
| | frei, freier, am freisten | 39, 293 |
| | die Freiheit, die Freiheiten | 233 |
| | der Freitag, die Freitage | 184, 237, 240 |
| | die Freizeit | 76, 195, 281 |
| | der Freund, | |
| | die Freunde | 76, 115, 128, 165, 174 |
| | die Freundin, die Freundinnen | 17 |
| | freundlich, freundlicher, | |
| | am freundlichsten | 25, 59, 61, 77 |

| | | |
|---|---|---|
| | die Frisur, die Frisuren | 157 |
| | früh, früher, am frühsten | |
| | | 177, 183, 216, 240, 271 |
| | das Frühstück, die Frühstücke | 88 |
| **Fu, fu** | der Fuchs, die Füchse | 258 |
| | fühlen | 24, 25, 27, 134, 228 |
| | führen | 74, 86 |
| | funktionieren | 34, 220 |
| | für | 34, 90, 286 |

## G

| | | |
|---|---|---|
| **Ga, ga** | ganz | 236, 248 |
| | der Garten, die Gärten | 194 |
| **Ge, ge** | das Gebiet, die Gebiete | 99 |
| | das Gebirge, die Gebirge | 211, 213 |
| | der Gedanke, die Gedanken | 122, 175 |
| | das Gedicht, die Gedichte | |
| | | 134, 135, 137, 139, 144, 280 |
| | die Gefahr, die Gefahren | 96 |
| | gefährlich, gefährlicher, | |
| | am gefährlichsten | 120, 129, 211 |
| | gefallen | |
| | (er gefällt, er gefiel) | 145, 205, 216 |
| | das Gefühl, die Gefühle | 24, 91 |
| | der Gegenstand, | |
| | die Gegenstände | 28, 301, 303 |
| | das Geheimnis, | |
| | die Geheimnisse | 32, 176, 233 |
| | gehen (er geht, er ging) | |
| | | 15, 83, 174, 236, 263 |
| | gelb | 96, 227 |
| | das Geld, die Gelder | 121, 172, 227, 272 |
| | die Gelegenheit, | |
| | die Gelegenheiten | 232, 248 |
| | genau (genauer, | |
| | am genauesten) | 61, 98, 202, 203 |
| | geradeaus | 304 |
| | das Gerät, die Geräte | 188, 208 |
| | gern, lieber, am liebsten | |
| | | 30, 55, 116, 194, 216 |
| | die Geschichte, die Geschichten | |
| | | 60, 146, 148, 154, 280 |
| | die Geschwindigkeit, | |
| | die Geschwindigkeiten | 232 |

| | | |
|---|---|---|
| | das Gesicht, die Gesichter | 55, 290 |
| | das Gespräch, die Gespräche | 16, 24, 73 |
| | gestalten | 212, 294 |
| | die Gesundheit | 232 |
| | gewaltig, gewaltiger, am gewaltigsten | 276 |
| | gewinnen (er gewinnt, er gewann) | 274 |
| | gewöhnen | 238 |
| **Gl, gl** | das Glas, die Gläser | 55, 208, 227 |
| | glauben | 56, 138, 165, 210, 235 |
| | das Glück | 56, 136, 138, 211 |
| | glücklich, glücklicher, am glücklichsten | 74, 200, 275 |
| **Gr, gr** | die Grafik, die Grafiken | 48, 208 |
| | das Gras, die Gräser | 226 |
| | grau | 138 |
| | groß, größer, am größten | 139, 150, 205, 209, 303 |
| | grün | 14, 241 |
| | der Grund, die Gründe | 120, 123, 124, 195, 291 |
| | die Gruppe, die Gruppen | 17, 292 |
| **Gu, gu** | gut, besser, am besten | 16, 73, 74, 138, 240 |

**H**

| | | |
|---|---|---|
| **Ha, ha** | das Haar, die Haare | 155, 157, 176, 228, 290 |
| | haben (er hat, er hatte) | 15, 268 |
| | die Hand, die Hände | 57, 60, 83, 156 |
| | das Haus, die Häuser | 55, 57 |
| | die Hausaufgabe, die Hausaufgaben | 173, 194, 195, 275 |
| **He, he** | heiß, heißer, am heißesten | 97 |
| | heißen (er heißt, er hieß) | 232, 248 |
| | helfen (er hilft, er half) | 41, 83, 194, 269 |
| | hell, heller, am hellsten | 59, 61, 261 |
| | das Hemd, die Hemden | 264 |
| | das Herz, die Herzen | 138, 211 |
| | heute | 17, 30, 174, 304 |
| **Hi, hi** | hier | 57, 164, 176, 239, 304 |

| | | |
|---|---|---|
| | die Hilfe, die Hilfen | 122, 228, 229 |
| | hinten | 118, 175, 304 |
| | hinter | 226 |
| | hinterher | 175 |
| | hinterlassen (er hinterlässt, er hinterließ) | 33, 111 |
| | der Hinweis, die Hinweise | 240, 248 |
| **Ho, ho** | das Hobby, die Hobbys | 75, 188 |
| | hoch, höher, am höchsten | 46, 79, 97, 111, 173 |
| | die Höhle, die Höhlen | 238, 248 |
| | holen | 172, 257 |
| | hören | 134, 144, 226, 228 |
| | die Hose, die Hosen | 229 |
| **Hu, hu** | der Hubschrauber, die Hubschrauber | 29, 31 |
| | hübsch, hübscher, am hübschesten | 14 |
| | hundert | 57, 185 |
| | der Hunger | 88, 229 |

**I**

| | | |
|---|---|---|
| **Id, id** | die Idee, die Ideen | 19, 30, 119, 228 |
| **Im, im** | immer | 16, 24, 154, 234, 248 |
| **In, in** | (sich) informieren | 40, 72, 98, 103, 293 |
| | das Insekt, die Insekten | 46 |
| | insgesamt | 290 |
| | interessant, interessanter, am interessantesten | 40, 73, 205, 260 |
| | (sich) interessieren | 236, 248 |
| | das Internet | 70, 183 |
| | das Interview, die Interviews | 74, 117 |

**J**

| | | |
|---|---|---|
| **Ja, ja** | das Jahr, die Jahre | 30, 102, 238 |
| **Je, je** | jeder, jede, jedes | 35, 48, 148, 292 |
| **Jo, jo** | der Job, die Jobs | 74, 128, 129, 172 |
| **Ju, ju** | der Jugendliche, die Jugendlichen | 26, 171, 194, 205, 277 |
| | jung, jünger, am jüngsten | 56, 149, 179 |
| | der Junge, die Jungen | 27, 155, 156, 157 |

## K

| | | |
|---|---|---|
| **Ka, ka** | der Kaffee | 190, 192, 228 |
| | das Kamel, die Kamele | |
| | | 101, 102, 104, 108, 203 |
| | die Katze, die Katzen | 55 |
| | kaum | 57, 97, 174 |
| **Ke, ke** | kein | 42, 138, 150, 173 |
| | kennen (er kennt, | |
| | er kannte) | 42, 86, 172, 211 |
| **Ki, ki** | das Kilogramm, die Kilogramm | 111 |
| | das Kind, | |
| | die Kinder | 56, 194, 227, 236, 296 |
| | das Kino, die Kinos | 17, 241 |
| **Kl, kl** | die Klasse, die Klassen | 35, 73, 213 |
| | das Kleid, die Kleider | 14 |
| | die Kleidung | 30, 66, 102 |
| | klein, kleiner, | |
| | am kleinsten | 33, 188, 205, 303 |
| | das Klima | 49, 96, 100 |
| **Kn, kn** | der Knochen, die Knochen | 210, 211 |
| | der Knopf, die Knöpfe | 227 |
| **Ko, ko** | kochen | 173, 229 |
| | der Kollege, die Kollegen | 83 |
| | kommen | |
| | (er kommt, er kam) | 15, 83, 138 |
| | können (er kann, | |
| | er konnte) | 15, 18, 194, 261 |
| | der Kontakt, die Kontakte | 183, 204, 234 |
| | der Kontinent, die Kontinente | 94 |
| | kontrollieren | 101 |
| | konzentrieren | 294, 295 |
| | der Kopf, die Köpfe | 34, 56, 194 |
| | der Korb, die Körbe | 227, 275 |
| | der Körper, die Körper | 101, 109, 211 |
| **Kr, kr** | die Kraft, die Kräfte | 31, 102, 177, 221 |
| | krank, kränker, | |
| | am kränksten | 136, 174 |
| | das Krankenhaus, | |
| | die Krankenhäuser | 15, 88 |
| | kritisch, kritischer, | |
| | am kritischsten | 26 |
| | die Kritik | 26, 27 |
| | das Krokodil, | |
| | die Krokodile | 238, 239, 248 |
| **Ku, ku** | kurz, kürzer, am kürzesten | |
| | | 154, 158, 226, 227, 280 |
| | der Kurzvortrag, | |
| | die Kurzvorträge | 35, 38, 210, 293 |
| | der Kuss, die Küsse | 176, 216 |

## L

| | | |
|---|---|---|
| **La, la** | das Labor, die Labore | 256 |
| | lachen | 154, 256, 257 |
| | das Lager, die Lager | 256 |
| | die Lampe, die Lampen | 256, 257 |
| | das Land, | |
| | die Länder | 165, 182, 227, 262, 276 |
| | lang, länger, | |
| | am längsten | 101, 102, 184, 226 |
| | langsam, langsamer, | |
| | am langsamsten | 119, 260, 281 |
| | lassen | |
| | (er lässt, er ließ) | 24, 33, 75, 200 |
| | laufen | |
| | (er läuft, er lief) | 102, 116, 236, 263 |
| | laut, lauter, | |
| | am lautesten | 42, 61, 135 |
| **Le, le** | leben | 30, 46, 56, 108 |
| | das Leben | 97, 99, 101, 107 |
| | der Lebenslauf | 74, 75, 76 |
| | das Lebewesen, | |
| | die Lebewesen | 28, 29, 41, 301 |
| | leer | 228 |
| | legen | 154 |
| | der Lehrer, die Lehrer | 174, 205, 274 |
| | leise, leiser, | |
| | am leisesten | 42, 61, 135, 164, 176 |
| | lernen | 122, 195, 229, 236 |
| | lesen (er liest, | |
| | er las) | 32, 46, 118, 188, 233 |
| **Li, li** | das Licht, die Lichter | 15, 58, 87 |
| | lieb, lieber, | |
| | am liebsten | 116, 194, 227 |
| | die Liebe | 176 |
| | lieben | 138 |
| | das Lied, die Lieder | 136 |
| | liegen (er liegt, er lag) | 47, 97, 265 |
| | die Linie, die Linien | 131, 288 |

|  |  |  |
|---|---|---|
|  | links | 119, 304 |
| **Lo, lo** | der Lotus-Effekt | 33, 35, 234 |
| **Lu, lu** | die Luft, die Lüfte | 42, 47, 221 |
|  | lustig, lustiger, am lustigsten | 200 |

## M

|  |  |  |
|---|---|---|
| **Ma, ma** | machen | 24, 91, 217, 268, 270 |
|  | das Mädchen, die Mädchen | 12, 156, 174 |
|  | malen | 135 |
|  | manchmal | 46, 154, 199, 236 |
|  | der Mann, die Männer | 12, 60, 216 |
|  | markieren | 66, 87, 235, 237, 239, 241, 260 |
|  | das Material, die Materialien | 40 |
| **Me, me** | der Mechatroniker, die Mechatroniker | 72 |
|  | das Meer, die Meere | 54, 100 |
|  | das Mehl | 86, 87 |
|  | mehr | 236, 248 |
|  | die Meinung, die Meinungen | 105, 121, 124, 195, 291 |
|  | die Menge, die Mengen | 209, 284 |
|  | der Mensch, die Menschen | 48, 119, 150, 204, 301 |
|  | merken | 57, 67, 74, 157, 228 |
|  | der Meter, die Meter | 46, 97, 111 |
| **Mi, mi** | das Mikroskop, die Mikroskope | 234 |
|  | die Minute, die Minuten | 114, 185, 275 |
|  | das Missverständnis, die Missverständnisse | 13, 14, 18, 20, 232 |
|  | missverstehen (er missversteht, er missverstand) | 16, 20 |
|  | mitnehmen (er nimmt mit, er nahm mit) | 234, 248 |
|  | die Mitte | 137, 287 |
| **Mo, mo** | mögen (er mag, er mochte) | 47, 272 |
|  | die Möglichkeit, die Möglichkeiten | 217, 281 |
|  | der Monat, die Monate | 100, 111, 172, 226 |
|  | der Mond, die Monde | 136 |
|  | morgen | 16, 302 |
|  | morgens | 47, 271, 304 |

|  |  |  |
|---|---|---|
| **Mu, mu** | mühsam, mühsamer, am mühsamsten | 30 |
|  | die Musik | 116, 136 |
|  | müssen (er muss, er musste) | 102, 194, 195, 227 |
|  | der Mut | 58, 60, 226 |
|  | die Mutter, die Mütter | 67, 128, 173 |

## N

|  |  |  |
|---|---|---|
| **Na, na** | nach | 118, 263, 268, 271 |
|  | nachdenken (er denkt nach, er dachte nach) | 227, 280 |
|  | der Nachmittag, die Nachmittage | 79, 90, 240 |
|  | die Nachricht, die Nachrichten | 17, 183, 205, 238 |
|  | der Name, die Namen | 89, 187, 232 |
|  | nämlich | 238, 248 |
|  | die Nase, die Nasen | 170, 280 |
|  | nass, nasser, am nassesten | 138, 156, 300 |
|  | die Natur | 28, 29, 234, 248 |
| **Ne, ne** | neben | 175, 195, 240 |
|  | nehmen (er nimmt, er nahm) | 29, 74, 83, 124, 291 |
|  | nennen (er nennt, er nannte) | 33, 89 |
|  | nervös, nervöser, am nervösesten | 21 |
|  | nett, netter, am nettesten | 25, 59, 79, 155 |
|  | neugierig, neugieriger, am neugierigsten | 186, 192, 238 |
| **Ni, ni** | nicht | 13, 15, 27, 177, 232 |
|  | niemand | 122, 176, 177 |
| **No, no** | noch | 16, 25, 40, 74 |
|  | normal, normaler, am normalsten | 56, 67, 118 |
| **Nu, nu** | null | 194 |

## O

|  |  |  |
|---|---|---|
| **Ob, ob** | die Oberfläche, die Oberflächen | 33, 40, 234 |
|  | das Obst | 229 |
| **Od, od** | oder | 35, 116, 294 |

| Of, of | öffnen | 17, 56 |
| | oft | 100, 119, 174 |
| Oh, oh | ohne | 40, 120, 228, 233 |
| On, on | der Onkel, die Onkel | 177, 229 |

## P

| Pa, pa | das Paar, die Paare | 228 |
| | packen | 173 |
| | das Papier, die Papiere | 208, 261 |
| | der Park, die Parks | 20, 121, 236 |
| | passieren | 54, 59, 274 |
| | die Pause, die Pausen | 80, 82, 281 |
| Pe, pe | die Person, | |
| | die Personen | 61, 75, 139, 150 |
| Pf, pf | die Pflanze, | |
| | die Pflanzen | 32, 34, 99, 100, 301 |
| Pl, pl | das Plakat, die Plakate | 201, 212, 294 |
| | der Platz, die Plätze | 164, 223 |
| | plötzlich | 54, 58, 59, 157, 240, 248 |
| Pr, pr | das Praktikum, | |
| | die Praktika | 70, 130, 236, 248 |
| | praktisch, praktischer, | |
| | am praktischsten | 29, 125 |
| | präsentieren | 39, 294 |
| | das Problem, die Probleme | 34, 40, 183 |
| | das Produkt, die Produkte | 199, 282 |
| | der Propeller, die Propeller | 31 |
| Pu, pu | der Punkt, die Punkte | 213, 226, 274 |
| | pünktlich, pünktlicher, | |
| | am pünktlichsten | 233 |
| | die Pünktlichkeit | 233 |

## Q

| Qu, qu | der Quark | 229 |

## R

| Ra, ra | der Rand, die Ränder | 298 |
| | der Raum, die Räume | 47, 90, 268 |
| Re, re | rechnen | 236, 302 |
| | rechts | 119, 263 |
| | das Regal, die Regale | 57, 270 |
| | der Regen | 33, 100, 184 |
| | die Reihe, die Reihen | 159, 160 |
| | reinigen | 265 |

| die Reise, die Reisen | 102, 165, 172 |
| rennen | |
| (er rennt, er rannte) | 263, 268 |
| reparieren | 76, 79 |
| retten | 187 |
| Ri, ri | richtig | 80, 257, 259 |
| | riesig | 46, 111, 276 |
| Ru, ru | der Rücken, die Rücken | 147 |
| | rufen (er ruft, er rief) | 66, 83 |
| | ruhig, ruhiger, | |
| | am ruhigsten | 145, 176 |

## S

| Sa, sa | der Saal, die Säle | 57 |
| | sagen | 15, 18, 67, 150, 262, |
| | sammeln | 19, 71 |
| | der Satz, die Sätze | 43, 272, 297 |
| | sauber, sauberer, | |
| | am saubersten | 234, 248, 265 |
| Sc, sc | schattig, schattiger, | |
| | am schattigsten | 61 |
| | das Schiff, die Schiffe | 28, 276 |
| | schlafen | |
| | (er schläft, er schlief) | 15, 16, 136 |
| | schließen | |
| | (er schließt, er schloss) | 135, 269 |
| | der Schluss, | |
| | die Schlüsse | 38, 77, 167, 169, 212 |
| | der Schlüssel, die Schlüssel | 165 |
| | schmutzig, schmutziger, | |
| | am schmutzigsten | 264, 300 |
| | der Schmutz | 234, 248 |
| | der Schnee | 58, 99, 228, 261 |
| | schnell, schneller, | |
| | am schnellsten | 17, 40, 60, 118 |
| | schon | 60 |
| | schön, schöner, | |
| | am schönsten | 14, 61, 154 |
| | die Schönheit, die Schönheiten | 138 |
| | der Schrank, die Schränke | 57, 58 |
| | schreiben (er schreibt, | |
| | er schrieb) | 48, 59, 70, 77, 80 |
| | die Schrift, die Schriften | 54 |

schüchtern, schüchterner,
am schüchternsten 156, 159

der Schuh, die Schuhe 30

die Schuld 227

die Schule, die Schulen 17, 124, 170

die Schwäche,
die Schwächen 74, 139

schwer, schwerer,
am schwersten 34, 102, 187

schwimmen 33

**Se, se** der See, die Seen 241, 261, 263

sehen (er sieht, er sah) 83, 290

sehr 76, 100, 105, 199

sein (er ist,
er war) 66, 74, 112, 118, 271

seitdem 238, 248

die Seite, die Seiten 194, 256

die Sekunde, die Sekunden 199

selbst 136, 220

**Si, si** die Sicherheit, die Sicherheiten 229

sieben 194

sinken 109

die Situation,
die Situationen 114, 120, 121, 155

sitzen (er sitzt, er saß) 165, 233

**Sk, sk** die Skizze, die Skizzen 201

**So, so** das Sofa, die Sofas 156, 158

sofort 56, 149

sollen 14, 17, 98, 99, 149

der Sommer, die Sommer 76, 97

die Sonne, die Sonnen 47, 100, 261

**Sp, sp** spannend, spannender,
am spannendsten 57, 98, 170, 227

der Spaß, die Späße 90, 116, 192, 241

spät 240, 248

spazieren 236, 263

speien (er speit, er spie) 211

der Spiegel, die Spiegel 55, 261

spielen 56, 166

der Sport 75, 185, 302

die Sprache,
die Sprachen 95, 182, 200, 257

sprechen (er spricht,
er sprach) 24, 39, 291, 293, 296

springen
(er springt, er sprang) 232, 248

**St, st** die Stadt, die Städte 54, 136

die Stärke, die Stärken 71, 72, 74, 139

der Stein, die Steine 52, 54

stellen 86, 268

sterben (er stirbt, er starb) 176, 184

steuern 117, 118

stimmen 238, 248

stolz, stolzer, am stolzesten 79, 172

stören 42

der Strand, die Strände 134

die Straße, die Straßen
118, 120, 129, 240, 248

der Streit, die Streite 100, 114, 236

streiten (er streitet, er stritt) 114

die Struktur, die Strukturen 234, 248

das Stück, die Stücke 211

der Stuhl, die Stühle 164

die Stunde,
die Stunden 88, 116, 194, 226

stützen 232, 248

**Su, su** suchen 119, 131, 188, 269, 302

**T**

**Ta, ta** die Tabelle,
die Tabellen 96, 183, 209, 232

die Tafel, die Tafeln 19, 96

der Tag, die Tage 47, 80, 82, 301

täglich 115, 116

die Tasche, die Taschen 30, 226

die Tätigkeit, die Tätigkeiten 86, 87, 195

**Te, te** die Technik, die Techniken 29, 30, 31, 40

der Teil, die Teile 42, 75, 87, 189, 209

die Temperatur,
die Temperaturen 47, 97, 100

teuer, teurer, am teuersten 128, 172

**Th, th** das Thema,
die Themen 98, 113, 123, 196, 287

**Ti, ti** das Tier,
die Tiere 34, 48, 101, 232, 248

der Tipp, die Tipps 16, 26, 129, 212

der Tisch, die Tische 165, 264

**Tr, tr** tragbar 250

die Trage, die Tragen     250

tragen (er trägt,

er trug)     83, 102, 148, 250

der Traum, die Träume     227, 240

träumen     136

treffen (er trifft, er traf) 20, 177, 271

die Treppe, die Treppen     54, 240, 248

trinken     102

trocken, trockener,

am trockensten     100, 248

trösten     241

trotzdem     46, 102, 122, 156, 210

**Tu, tu**     das Tuch, die Tücher     265

die Tür, die Türen     56, 57, 155

## U

**Ub, ub**     überall     13, 30, 182, 210

überraschen     232, 248

**Uh, uh**     die Uhr, die Uhren     55, 79, 88, 237

**Un, un**     und     16, 30, 47, 155

der Unfall,

die Unfälle     119, 122, 129, 188

ungefähr     238

ungewöhnlich, ungewöhnlicher,

am ungewöhnlichsten

    118, 146, 238, 248

die Unterlage,

die Unterlagen     71, 90, 91

der Unterschied,

die Unterschiede   97, 199, 260, 284

untersuchen     146, 154, 199, 204

unterwegs     114, 115, 118, 128

## V

**Va, va**     der Vater, die Väter   67, 128, 172, 258

**Ve, ve**     verbrauchen     40, 101, 102

verdienen     273

verdunsten     100

der Verein, die Vereine     138

vergessen

(er vergisst, er vergaß) 67, 136, 165

vergleichen

(er vergleicht, er verglich) 149, 228

die Verkäuferin,

die Verkäuferinnen     72, 73

der Verkehr     117, 119

verlassen

(er verlässt, er verließ) 23, 147, 221

verletzen     24, 18

verlieren (er verliert,

er verlor)     81, 177, 185, 222

vermuten     233

die Vermutung, die Vermutungen

    18, 32, 139, 145, 204, 233

verpassen     17, 154

verschieden     236, 248

verschmutzen     34, 234

die Verspätung, die Verspätungen   184

das Versteck, die Verstecke     188

verstehen (er versteht,

er verstand)     14, 118, 204, 283

der Versuch, die Versuche     152

verwenden     80, 91, 264

**Vi, vi**     viel, mehr, am meisten     24, 102

viel, viele     33, 34, 73, 276

vielleicht     24, 173

**Vo, vo**     vorbei     236, 248

die Vorbereitung,

die Vorbereitungen     229

das Vorbild,

die Vorbilder     28, 32, 38, 235

vorher     213

der Vormittag, die Vormittage   79, 240

vorne     118, 304

die Vorschrift, die Vorschriften     122

vorstellen

(er stellt vor, er stellte vor)     38

der Vortrag, die Vorträge     39, 212

vorwärts     240, 248

## W

**Wa, wa**   die Waage, die Waagen     228

die Wachfrau, die Wachfrauen     87

wachsen

(er wächst, er wuchs)     33, 105

während     119, 165, 222, 238

die Wahrheit, die Wahrheiten   60, 233

wahrscheinlich, wahrscheinlicher,
am wahrscheinlichsten   16, 18

die Wand, die Wände   47, 57, 269

die Wärme   47, 96, 101

das Wasser,
die Wasser   33, 100, 101, 104

**We, we**   wechseln   79, 119

wecken   200, 201

der Weg, die Wege   17, 61, 263

weich, weicher,
am weichsten   55, 57, 58

weil   77, 106, 109, 229, 304

weiß   56, 261

die Welt, die Welten   60, 97, 182

wenig, weniger,
am wenigsten   24, 40, 96, 101, 209

wenn   34, 74, 120, 229, 273

werden (er wird, er wurde)   47, 172

das Werkzeug, die Werkzeuge   80, 89

das Wesen, die Wesen   58, 59, 69

das Wetter   184

**Wi, wi**   wichtig, wichtiger,
am wichtigsten   71, 74, 287

wieder   17, 165

die Wiedergabe, die Wiedergaben   251

wirklich   165, 210

der Winter, die Winter   226

die Wirklichkeit,
die Wirklichkeiten   112, 232

wissen (er weiß,
er wusste)   19, 83, 164, 177

die Wissenschaft   29, 30, 41, 185

**Wo, wo**   die Woche, die Wochen   101, 240, 302

das Wochenende,
die Wochenenden   15, 186, 188

die Wohnung,
die Wohnungen   165, 167, 173, 233

das Wort, die Wörter
35, 41, 43, 144, 297

**Wu, wu**   der Wunsch, die Wünsche   272, 273

die Wüste, Wüsten   94, 98, 110

wütend, wütender,
am wütendsten   19, 27, 227

**X**

**Xa, xa**   Xaver   269

**Y**

**Ya, ya**   Yara   275

**Z**

**Za, za**   die Zahl, die Zahlen   183, 185, 208, 209

der Zahn, die Zähne   33, 297

der Zaun, die Zäune   227

**Ze, ze**   zeichnen   49, 135, 209, 288

zeigen   68, 270

die Zeit, die Zeiten   122, 274, 301, 304

die Zeitung, die Zeitungen   142, 182

**Zi, zi**   ziehen (er zieht, er zog)   152, 211

das Ziel, die Ziele   48, 232

das Zimmer, die Zimmer   55, 57

**Zo, zo**   der Zoo, die Zoos   187, 228

**Zu, zu**   zuerst   82, 134

zufrieden, zufriedener,
am zufriedensten   26

zuhören
(er hört zu, er hörte zu)   26, 145

zusammen   221

**Zw, zw**   zwei   34, 47, 299

zwischen   265

# Vollständige Gedichte und Texte

**Hier findest du das vollständige Gedicht von Seite 134.**

### Ich höre Istanbul   Orhan Veli
aus dem Türkischen von Yüksel Pazarkaya

1 Ich höre Istanbul, meine Augen
2  geschlossen.
3 Zuerst weht ein leichter Wind.
4 Leicht bewegen sich die Blätter
5  in den Bäumen.
6 In der Ferne, weit in der Ferne.
7 Pausenlos die Glocke
8  des Wasserverkäufers.
9 Ich höre Istanbul, meine Augen
10  geschlossen.

11 Ich höre Istanbul, meine Augen
12  geschlossen.
13 Menschen am Meer.
14 In der Höhe die Schreie der Vögel,
15 die in Scharen fliegen.
16 Die großen Fischernetze werden
17  eingezogen,
18 die Füße einer Frau berühren das Wasser.
19 Ich höre Istanbul, meine Augen
20  geschlossen.

21 Ich höre Istanbul, meine Augen
22  geschlossen.
23 Der kühle Basar,
24 Mahmutpascha mit dem Geschrei
25  der Verkäufer,
26 die Höfe voll Tauben.
27 Das Gehämmer von den Docks her;
28 Im Frühlingswind der Geruch von Schweiß.
29 Ich höre Istanbul, meine Augen
30  geschlossen.

31 Ich höre Istanbul, meine Augen
32  geschlossen.
33 Im Kopf der Rausch vergangener Feste.
34 Eine Strandvilla mit halbdunklen
35  Bootshäusern,
36 das Sausen der Südwinde legt sich.
37 Ich höre Istanbul, meine Augen
38  geschlossen.

39 Ich höre Istanbul, meine Augen
40  geschlossen.
41 Ein Dämchen geht auf dem Gehsteig.
42 Flüche, Lieder, Rufe hinter ihr her.
43 Sie lässt etwas aus der Hand fallen,
44 Es muss eine Rose sein.
45 Ich höre Istanbul, meine Augen
46  geschlossen.

47 Ich höre Istanbul, meine Augen
48  geschlossen.
49 Ein Vogel zappelt an deinen Hängen.
50 Ich weiß, ob deine Stirn heiß ist
51  oder nicht,
52 Ich weiß, ob deine Lippen feucht sind
53  oder nicht.
54 Weiß geht der Mond hinter
55  den Nussbäumen auf,
56 Ich weiß es von deinem Herzschlag.

Das Gedicht von Seite 134 kannst du auch auf Türkisch und
in anderen Nachdichtungen lesen und vergleichen.

## Ich höre Istanbul.
## Istanbul'u dinliyorum Orhan Veli

1 İstanbul'u dinliyorum, gözlerim kapalı
2 Önce hafiften bir rüzgar esiyor;
3 Yavaş yavaş sallanıyor
4 Yapraklar, ağaçlarda;
5 Uzaklarda, çok uzaklarda,
6 Sucuların hiç durmayan çıngırakları
7 İstanbul'u dinliyorum, gözlerim kapalı.

8 İstanbul'u dinliyorum, gözlerim kapalı;
9 Kuşlar geçiyor, derken;
10 Yükseklerden, sürü sürü, çığlık çığlık.
11 Ağlar çekiliyor dalyanlarda;
12 Bir kadının suya degiyor ayakları;
13 İstanbul'u dinliyorum, ğözlerim kapalı.

## Ich höre Istanbul zu Orhan Veli
(wörtlich übersetzt)

1 Ich höre Istanbul zu, meine Augen
2 sind geschlossen.
3 Zuerst rauscht ein leiser Wind;
4 Langsam schaukeln
5 Die Blätter an den Bäumen;
6 Weit, ganz weit in der Ferne,
7 Die Glocken der Wasserverkäufer
8 Ich höre Istanbul zu, meine Augen
9 sind geschlossen.

10 Ich höre Istanbul zu, meine Augen
11 sind geschlossen;
12 Während die Vögel vorbeifliegen;
13 In den Hügeln, als Schwarm, laut schreiend.
14 Die Fischernetze werden gezogen; [...]

## Ich höre Istanbul Orhan Veli
aus dem Türkischen von Annemarie Schimmel

1 Ich hör Istanbul, mit geschlossenen Augen;
2 Eben weht sachte der Wind;
3 Es rühren sich leise und lind
4 An den Bäumen die Blätter.
5 Fern, ganz in der Ferne
6 Die niemals ruhenden Glöckchen
7 der Wasserträger.

8 Ich hör Istanbul, mit geschlossenen Augen;
9 Es fliegen wohl Vögel vorüber.
10 Hoch in der Luft in Scharen
11 und schreiend und schreiend.
12 In den Reusen werden die Netze gezogen,
13 Frauenfüße, die leicht ins Wasser tauchen –
14 Ich hör Istanbul, mit geschlossenen Augen.

Hier findest du die vollständigen Texte von den Seiten 154 und 155.

## Der Busfahrer  Pea Fröhlich

1 Er wusste, dass sie an der nächsten Station einsteigen
2 würde, und freute sich. Wenn Platz war, saß sie immer so,
3 dass er sie im Rückspiegel sehen konnte. Meistens las sie,
4 manchmal schaute sie auch auf die Straße. Er konnte
5 an ihrem Gesicht ablesen, ob es ihr gut ging. Im Winter
6 trug sie einen braunen Pelz mit einem passenden Käppchen
7 und im Sommer weiße oder blaue Kleider.

8 Einmal hatte sie die Haare aufgesteckt, es stand ihr nicht
9 und jemand musste es ihr gesagt haben, denn
10 am nächsten Tag sah sie wieder aus wie sonst. Sie war ihm
11 sehr vertraut und er hätte sie gerne angesprochen, aber er
12 wagte es nicht. Er fürchtete sich nur davor, dass sie einmal
13 nicht mehr einsteigen würde. Vielleicht, dass sie
14 die Arbeitsstelle wechselte. Für ihn war das die schönste Zeit
15 am Tag, die fünf Stationen, die sie immer mit ihm fuhr.
16 Diesmal sah er sie schon von Weitem. Sie stand da und
17 lachte einen Mann an, der den Arm um sie gelegt hatte.
18 Sie verpasste das Einsteigen, weil der Mann sie küsste.

# Eifersucht    Tanja Zimmermann

1 Diese Tussi! Denkt wohl, sie wäre die Schönste.

2 Juhu, die Dauerwelle wächst schon heraus.

3 Und diese Stiefelchen von ihr sind auch zu albern.

4 Außerdem hat sie sowieso keine Ahnung. Von nix und

5 wieder nix hat die 'ne Ahnung. Immer, wenn sie ihn sieht,

6 schmeißt sie die Haare zurück wie 'ne Filmdiva.

7 Das sieht doch ein Blinder, was die für 'ne Show abzieht.

8 Ja, okay, sie kann ganz gut tanzen. Besser als ich.

9 Zugegeben. Hat auch 'ne ganz gute Stimme,

10 schöne Augen, aber dieses ständige Getue.

11 Die geht einem ja schon nach fünf Minuten auf die Nerven.

12 Und der redet mit der ... stundenlang.

13 Extra nicht hingucken. Nee, jetzt legt er auch noch den Arm

14 um die. Ich will hier weg! Aber aufstehen und gehen,

15 das könnte der so passen.

16 Damit die ihren Triumph hat.

17 Auf dem Klo sehe ich in den Spiegel, finde meine Augen

18 widerlich und auch sonst, ich könnte kotzen.

19 Genau, ich müsste jetzt in Ohnmacht fallen,

20 dann wird ihm das schon leidtun, sich stundenlang mit

21 der zu unterhalten.

22 Als ich aus dem Klo komme, steht er da: „Sollen wir

23 gehen?" Ich versuche es betont gleichgültig mit

24 einem Wenn-du-willst, kann gar nicht sagen,

25 wie froh ich bin. An der Tür frage ich,

26 was denn mit Kirsten ist.

27 „O Gott, eine Nervtante, nee, vielen Dank!" ...

28 „Och, ich find die ganz nett, eigentlich", murmle ich.

# Alle Texte auf einen Blick

**Anleitung**
31 Der Flug des Ahornsamens
221 Betriebsanleitung für einen Viertaktmotor

**Balladen**
149 Gottfried August Bürger: Die Weiber
von Weinsberg
150 Bertolt Brecht: Der Schneider von Ulm

**Berichte**
79 Mein erster Praktikumstag

**Bildergeschichten**
148 Die listigen Frauen in Weinsberg
152 Kupferstich: Flugversuch Berblingers

**Biografien**
139 Kurzbiografie Herbert Grönemeyer
171 Kurzbiografie Deniz Selek
171 Kurzbiografie Annette Weber

**Briefe**
76 Das Bewerbungsschreiben

**Dialoge**
24 Nach der Gruppenarbeit
74 Vorstellungsgespräch Praktikum

**Erzählende Texte**
16–17 Sie denkt – er denkt
102 Eine schwere Reise
147 Ein Soldat erzählt
276 Gab es Atlantis wirklich?

**Fragebögen**
199 Fragebogen: Wie sehr beeinflusst
dich Werbung?

**Gedichte**
134/316 Orhan Veli: Ich höre Istanbul
136 Mascha Kaléko: Spät nachts

**Grafiken/Landkarten**
47 Der Termitenhügel
47 Das Eastgate Centre
49 Schaubild Eastgate Centre
94–95 Wüsten der Welt
112 Die Entstehungszeit der Wüsten
130 Stadtplan
131 Netzplan der U-Bahn
131 Fahrplan
208 Die Zusammensetzung
der Haushaltsabfälle 2010
220 Der Viertaktmotor

**Interviews**
74 Wie bewirbt man sich richtig?

**Jugendbuchauszüge/Romanauszüge**
55 Lewis Carroll: Alice hinter den Spiegeln
56–58 C. S. Lewis: Die Chroniken von Narnia
60 Werner Stengg: Die andere Welt
172–175 Annette Weber:
Merkt doch keiner, wenn ich schwänze
176–177 Deniz Selek: Zimtküsse

**Klappentexte**
170 Annette Weber:
Merkt doch keiner, wenn ich schwänze
170 Deniz Selek: Zimtküsse

**Kurzgeschichten**
154/318 Pea Fröhlich: Der Busfahrer
155/319 Tanja Zimmermann: Eifersucht
156–157 Yasunari Kawabata: Der Regenschirm
164–165 Gertrud Schneller: Das Wiedersehen

**Lexikonartikel**
29 Die Biologie
29 Die Technik
41 Die Bionik
43 Der Ventilator
96 Die Wüste

**Sachtexte**
30 Georges de Mestral – Der Klettverschluss
31 Der Flug des Ahornsamens
32–35 Wie Haie, Kletten, Libellen und
Lotosblumen
40 Nachmachen! – Leichter gesagt als getan
42 Flügel im Computer?
46–47 Tierische und menschliche Baumeister
97 Die größte Sandwüste
97 Die extremsten Temperaturen
99 Die Wüsten der Erde
100 Das Klima in Trockenwüsten
100–101 Pflanzen und Tiere in der Wüste
102 Eine schwere Reise
108 Das Kamel – ein Wunder der Natur
111 Namib: die älteste Wüste
111 Mojave: die rätselhafteste Wüste
112 Sahara: die größte Wüste
118–119 Mobil unterwegs
204–205 Wie nutzen User soziale Netzwerke?
210–211 Überall Drachenspuren!
222–223 Die Funktionsweise eines Viertaktmotors

**Sagen**

211 Nibelungensage: Siegfried der Drachentöter

**Schülertexte**

25 Plakat zu Ich-Botschaften

90 Bericht

104 Laylas Text über die Wüste

135 Geräusche im Gedicht

201 Werbeplakat

192 Offene Türen für alle

212 Plakat zum Kurzvortrag

216 Inhaltsangabe zu einem Jugendbuchauszug

258 So ein Fuchs!

269 Tagesbericht über den ersten Praktikumstag

**Sketche/Szenen**

14 Loriot: Ein Ehepaar

15 Wolfgang Rompa: Im Krankenhaus

**Songtexte/Liedtexte**

138 Herbert Grönemeyer: Bochum

**Verträge/Formulare**

75 Der tabellarische Lebenslauf

147 Vertrag zwischen dem König und den Frauen in Weinsberg

**Zeitungs- und Zeitschriftenartikel/Anzeigen**

122 Teilen muss man lernen

124 Mofaführerschein erwerben!

183 Zeitungsmeldung auf Deutsch, Türkisch und Englisch

184 Peter Kirnich: Entschädigung für Bahnkunden

185 Verloren und gefeiert

185 Firma sucht Lehrling

185 Hollywood als Sahnehäubchen

187 Die Königinnen und Könige von Belgien

188 Trend-Hobby Geocaching

194 Null Bock auf Abwasch?

201 Werbeanzeige: Jugend forscht 2013

# Textquellen

**Brecht, Bertolt:** (geb. 1898 in Augsburg, gest. 1956 in Berlin) Der Schneider von Ulm (S. 150). Aus: Bertolt Brecht. Gesammelte Werke. Bd. 9, Gedichte 2. Hrsg. Suhrkamp Verlag in Zusammenarbeit mit Elisabeth Hauptmann. Frankfurt a. M. 1967, S. 645.

**Bürger, Gottfried August:** (geb. 1747 in Molmerswende, gest. 1794 in Göttingen) Die Weiber von Weinsberg (S. 149) (gekürzt). Aus: Das große deutsche Balladenbuch. Hrsg. v. Beate Pinkerneil. Königstein/Ts. (Athenäum-Verlag) 1978, S. 64.

**Carroll, Lewis:** (geb. 1832 in Daresbury/England, gest. 1898 in Guildford/England) Alice hinter den Spiegeln (S. 55) (vereinfachter Text). Aus: Lewis Carroll. Alice hinter den Spiegeln. Übersetzt von Christian Enzensberger. Frankfurt am Main (Insel Verlag) 1998, S. 19–23.

**Fröhlich, Pea:** (geb. 1943) Der Busfahrer (S. 154, 314). Aus: Zwei Frauen auf dem Weg zum Bäcker. Köln (DuMont Buchverlag) 1987, S. 42.

**Grönemeyer, Herbert:** (geb. 1956 in Göttingen) Bochum (S. 138). EMI Music/Records 1984. http://www.groenemeyer.de/archiv/musik/bochum/[Stand: 04.03.2015]. © Copyright HERBERT GRÖNEMEYER.

**Kaléko, Mascha:** (geb. 1907 in Chrzanów/Polen, gest. 1975 in Zürich/Schweiz) Spät nachts (S. 136). Aus: Das lyrische Stenogrammheft. © 1978 Rowohlt Taschenbuch Verlag, Reinbek.

**Kawabata, Yasunari:** (geb. 1899 in Osaka/Japan, gest. 1972 in Zushi/Japan) Der Regenschirm (S. 156–157) (vereinfachter Text). Aus: Yasunari Kawabata; Handtellergeschichten. Aus dem Japanischen von Siegfried Schaarschmidt. Copyright © 1990 by Carl Hanser Verlag, München, S. 82–84.

**Kirnich, Peter:** Entschädigung für Bahnkunden (S. 184). Nach: Berliner Zeitung. 27.09.2013, Nr. 226 HA – 69. Jg., S. 1. Gekürzt, Ausschnitt. Berliner Verlag.

**Lewis, C. S.:** (geb. 1898 in Belfast/Nordirland, gest. 1963 in Oxford/England) Die Chroniken von Narnia (S. 56–58) (vereinfachter Text). Aus: C. S. Lewis. Die Chroniken von Narnia: Der König von Narnia. Neuübers. v. Wolfgang Hohlbein u. Christian Rendel. Berlin (Ueberreuter Verlag) 2014, S. 13–18.

**Loriot:** (geb. 1923 in Brandenburg an der Havel, gest. 2011 in Ammerland) Ein Ehepaar (S. 14) (gekürzt). Aus: Loriot: Gesammelte Prosa. Copyright © 2006 Diogenes Verlag AG Zürich, S. 8–10.

**Rompa, Wolfgang:** Im Krankenhaus (S. 15) (gekürzt). Wie geht's uns denn? Aus: Christian-Rainer Weisbach/Simone Ehresmann; Reden und Verstandenwerden: Ein Lese- und Übungsbuch. Frankfurt/Main (Fischer Taschenbuch Verlag) 1985, S. 143–144.

**Schneller, Gertrud:** Das Wiedersehen (S. 164–165) (vereinfachter Text). Aus: Werner Trutwin: Fundgrube Zeichen der Hoffnung. Mannheim (Patmos Verlag) 2004, S. 56.

**Selek, Deniz:** (geb. 1967 in Hannover) Zimtküsse (S. 176–177) (vereinfachter Text). Aus: Zimtküsse. Frankfurt/Main (S. Fischer Verlag) 2012, S. 167–171.

**Stengg, Werner:** (geb. 1986 in Friesach/Österreich) Die ©ndere Welt (S. 60) (gekürzt). Aus: Werner Stengg: Die ©ndere Welt. Wuppertal (Albarello Verlag GmbH) 2004, S. 30–32.

**Veli, Orhan:** (geb. 1914 in Istanbul/Türkei, gest. 1950 in Istanbul/Türkei) Ich höre Istanbul (S. 134, S. 312). Aus: Fremdartig/Garip. Gedichte in zwei Sprachen. Hrsg. und übersetzt aus dem Türkischen v. Yüksel Pazarkaya. Frankfurt/Main, 1985.

**Weber, Annette:** Merkt doch keiner, wenn ich schwänze (S. 172–175). Aus: Annette Weber. Merkt doch keiner, wenn ich schwänze, Mülheim an der Ruhr (Verlag an der Ruhr) 2005, S. 9–10, 15–16, 44–46.

**Zimmermann, Tanja:** Eifersucht (S. 155, 315). Aus: Total verknallt. Ein Liebeslesebuch. Hrsg. v. Marion Bolte. Reinbek (Rowohlt Verlag) 1994; rororo rotfuchs Nr. 356.

**Unbekannte und ungenannte Verfasser, Originalbeiträge:**

– Sie denkt – er denkt (S. 16–17). Originalbeitrag.

– Ideen aus der Natur (S. 30). Originalbeitrag.

– Der Flug des Ahornsamens (S. 31). Originalbeitrag.

– Wie Haie, Kletten, Libellen und Lotosblumen (S. 32–34). Originalbeitrag.

– Nachmachen! – Leichter gesagt als getan (S. 40). Originalbeitrag.

– Bionik (S. 41). Originalbeitrag.

– Flügel im Computer? (S. 42). Originalbeitrag.

– Ventilator (S. 43). Originalbeitrag.

– Tierische und menschliche Baumeister (S. 46–47). Informationen aus: Der Spiegel 13/1997, S. 190.

– Interview mit Herrn Tosun (S. 74). Originalbeitrag.

– Mein erster Praktikumstag (S. 79). Originalbeitrag.

– Paul berichtet über den ersten Tag seines Praktikums (S. 83). Originalbeitrag.

– Tagesbericht (S. 90). Originalbeitrag.

– Die größte Sandwüste / Die extremsten Temperaturen (S. 97). Originalbeiträge.

– Die Wüsten der Erde (S. 99). Originalbeitrag.

– Das Klima in Trockenwüsten (S. 100). Originalbeitrag.

– Pflanzen und Tiere in der Wüste (S. 100–101). Originalbeitrag. Informationen aus: Harald Lange; Wüsten. In der Reihe: Was ist Was? Bd. 34, Nürnberg (Tessloff Verlag) 1995, S. 19, gekürzt, verändert.

– Eine schwere Reise (S. 102). Originalbeitrag.

– Laylas Text über die Wüste (S. 104). Originalbeitrag.

– Das Kamel – ein Wunder der Natur (S. 108). Originalbeitrag.

– Namib: die älteste Wüste/ Mojave: die rätselhafteste Wüste/Sahara: die größte Wüste (S. 111–112). Originalbeiträge.

– Mobil unterwegs (S. 118–119). Originalbeitrag.

– Teilen muss man lernen (S. 122). Originalbeitrag.

– Mofaführerschein erwerben (S. 124). Originalbeitrag.

– Ein Soldat erzählt (S. 147). Originalbeitrag.

– Klappentext Weber, Annette. Merkt doch keiner, wenn ich schwänze, Mülheim an der Ruhr (Verlag an der Ruhr) 2005, gekürzt.

– Klappentext Selek, Deniz: Zimtküsse. Frankfurt/Main (S. Fischer Verlag) 2012, gekürzt, leicht geändert.

– Die US-Amerikanerin Marguerite Joseph (S. 183). Nach: http://www.welt.de/vermischtes/kurioses/artikel13833354/104-jaehrige-Amerikanerin-zu-alt-fuer-Facebook.html [Stand: 12.06.2014]. Gekürzt, Ausschnitt verändert. Die Welt online/ Copyright 2014 Axel Springer SE. Übersetzungen: Originalbeiträge.

– Verloren und gefeiert (S. 185). Nach: Christian Eichler: Verloren und gefeiert. Stark gekürzt. Frankfurter Allgemeine Zeitung AZ, 25.09.2013. Nr. 223/39 D 3, S. 23.

– Hollywood als Sahnehäubchen (S. 185). Nach: Michael Zajonz: Hollywood als Sahnehäubchen. Stark gekürzt. Der Tagesspiegel. 27.09.2013/69. Jg./Nr. 21822, S. B2.

– Firma sucht Lehrling (S. 185). Nach: Matthias Loke: Firma sucht Lehrling. Stark gekürzt. Nach: Berliner Zeitung. 25.09.2013, Nr. 224 HA–69. Jg., S. 11.

– Könige reisen mit Fantasienamen im Pass (S. 187). Informationen aus: Die Welt. 25.09.2013, S. 27.

– Trend-Hobby Geocaching (S. 188). Originalbeitrag.

– Null Bock auf Abwasch? (S. 194). Originalbeitrag.

– Fragebogen (S. 199). Originalbeitrag.

– Weltweit vernetzt – wer liest mit? (S. 204–205). Informationen aus: BITKOM: Soziale Netzwerke 2013. 3. erweiterte Studie. Eine repräsentative Untersuchung zur Nutzung sozialer Netzwerke im Internet. Berlin, 31.10.2013.

– Überall Drachenspuren (S. 211). Informationen aus: Guter, Josef:

Drachen – Ungeheuer und Glücksbringer. Graz (Stocker) 2002. V. F. Sammler, S. 10–12. Die Siegfried-Sage (S. 211) http://wnvw.rheintal.de/index.php?id=1310 [Stand: 08.02.2014].
– Betriebsanleitung für einen Viertaktmotor (S. 221). Originalbeitrag.
– Die Funktionsweise eines Viertaktmotors (S. 222–223). Originalbeitrag.
– Das Missverständnis (S. 232). Originalbeitrag.
– Der Natur abgeschaut (S. 234). Originalbeitrag.
– Ein spannender Beruf (S. 236). Originalbeitrag.
– Krokodile in der Wüste (S. 238). Originalbeitrag.
– Der Hinweis aus dem Traum (S. 240). Originalbeitrag.
– So ein Fuchs! (S. 258). Originalbeitrag.
– Gab es Atlantis wirklich? (S. 276). Originalbeitrag.

## Bildquellen

**S. 12**, **13**, **21**, **24**, **26**, **27**, **70–75**, **79**, **115**, **116**, **192**, **222**, **270**: Peter Wirtz, Dormagen: **S. 28** (1), **30** (1), **34** (1): © Uwe Wittbrock – Fotolia.com; **S. 28** (2), **30** (2), **34** (2): © Stocksnapper/Shuttersiock.com; **S. 28** (3), **32**, **40** (1): © Igor Groser – Fotolia.com; **S. 28** (4), **33** (2): © Rostislav Ageev – Fotolia.com; **S. 28** (5): © Eduardo Rivero – Fotolia.com; **S. 29** (7): © angelo lano – Fotolia.com; **S. 29** (8): AKG images/Science Photo Library; **S. 29** (10), **31** (unten): © Alain Emoult/images.de; **S. 30**: © Harvey Law – Fotolia.com; **S. 33** (3), **39**, **234**: © Soultkd/ Shutterstock.com; **S. 33** (4): Dmitry Kalinovsky – Fotolia.com; **S. 34** (3): Angelic Wings © Wild Geese – Fotolia. com; **S. 34** (4): Mauritius images/imageBROKER/Marko König; **S. 40** (3): © Nuno Andre/Shutterstock.com; **S. 42** (1): © Denis Dryashkin – Fotolia.com; **S. 42** (2): © hirron – Fotolia.com; **S. 46** (1) © Mandy Patter/Creative Commons; **S. 46** (2) © action press; **S. 52** (1), **56**: © Roger Half/ Shutterstock.com; **S. 52** (2), **54** (1), **276**: © Linda Bucklin/Shutterstock.com; **S. 52** (3), **57** (3): © Michaela Steininger/Shutterstock.com; **S. 52** (4): © JiSign/Shutterstock.com; **S. 53** (5), **58** (1 und 2): © EVRON – Fotolia.com; **S. 53** (6), **60** (Vordergrund): © Atelier Sommerland/Shutterstock.com; **S. 53** (7): © Mauritius images/ Tuul; **S. 54** (2): © Clip Dealer/Mile Atanasov; **S. 54** (3): © Bruce Rolff/Shutterstock.com; **S. 55**: © Lisa Turay #5220270; **S. 56** (2): © siraphol #61649755 – Fotolia.com; **S. 56** (3) © Emanuele_555 #15238132 – Fotolia.com; **S. 57** (1, Hintergrund): © Voyagerix #69551127 – Fotolia.com; **S. 57** (1, Rahmen): © apfelweile #39866399 – Fotolia.com; **S. 57** (2): tomsturm – Fotolia.com; **S. 60** (Hintergrund): © wwwebmeister/Shutterstock.com; **S. 86** (1): © industrieblick – Fotolia.com; **S. 86** (2): © Gilles ARROYO – Fotolia.com; **S. 94** (1), **97** (1): © KamilloK/Shutterstock.com; **S. 94** (2), **102**: © anthony asael/Alamy; **S. 94–95** Weltkarte Wüsten: Klappacher und Putz OEG, Anif Österreich. Entnommen der CD-ROM: Geo-click: Lebensraum Wüste; **S. 94** (3), **97** (2): Mauritius/AGE; **S. 95** (4) Corbis GmbH/Frans Lemmens; **95** (5), **100** (unten): © Julie Sykes – Fotolia.com; **S. 99**: © Yoann Combronde – Fotolia.com; **S. 102** (3): Mauritius images/Photononstop; **S. 101** (1) © Igor Poieshchuk – Fotolia.com; **S. 101** (2)picture-alliance/Arco Images GmbH; **S. 111** (1): © F1 online; **S. 111** (2) © F1 online; **S. 112**: © Michael Runke – picture alliance; **S. 114** (1): Your photo today. Al pix – superbild – Bildagentur Geduldig; **S. 114** (1a: Handy), **118** (1), **S. 198** (oben links Hintergrund): © L_amica – Fotolia.com; **S. 115**: Laif – Richard Damorel/REA; **S. 117** (1), **118** (2): © Imago; **S. 117** (2): © action press/Rex Features Ltd.; **S. 118** (3): mauritius images/Peter Forsberg/Europe/Alamy; **S. 119** (1): Shutterstock/badahos; **S. 119** (2): Mauritius images/Alamy; **S. 122**: © action press – Stefan Pollex; **S. 130**: Stadtplan: Volkhard Binder, Berlin; **S. 131**: Liniennetzplan U-Bahn Dortmund (Ausschnitt). Mit freundlicher Genehmigung DSW 21, Dortmunder Stadtwerke AG; **S. 131**: Fahrplan U-Bahn Dortmund (Ausschnitt): Verkehrsverbund Rhein-Ruhr (VRR); **S. 134** (1): picture-aliance/dpa; **S. 134** (2): © Gabriele Rohde #63060136 – Fotolia.com; **S. 134** (3): picture-alliance/empics; **S. 134** (4), **144**: © Aviator70 – Fotofia.com; **S. 136**: © jeancliclac – Fotolia.com; **S. 138** (1): dpa/Frankfurf/M.; **S. 139** (1): © reeel – Fotolia.com; **S. 139** (2): © Mauritius images/ imageBROKER/Jochen Tack; **S. 152** (links): Interfoto Bildarchiv Hansmann; (rechts): Interfoto Bildarchiv Hansmann; **S. 170** (links), **178**, **216**: Fischer Verlag, Frankfurt a. M., 2014; **S. 170** (rechts): Verlag an der Ruhr, Mülheim an der Ruhr, 2005; **S. 171** (1): picture alliance/Henning Kaiser/dpa; **S. 171** (2): © Annette Weber; **S. 182**,: picture alliance/ ZB; **S. 184**: © Deutsche Bahn AG/Uwe Miethe 2014; **S. 186**: Mauritius images © Werner Otto; **S. 187**: action press Polet, Olivier; **S. 188**: © Anikakodydkova – Fotolia.com; **S. 190**: © JiSign – Fotolia.com; **S. 194**: © Photographee.eu – Fotolia.com; **S. 198** (links Mitte): © lev dolgachov – Fotolia.com; **S. 198** (links Mitte): © ArTono/Shutterstock.com; **S. 198** (Mitte links Vordergrund): © JiSign – Fotolia.com; **S. 198** (Mitte oben): © Cornelia Kalkhoff – Fotolia.com; **S. 198** (Mitte Hintergrund): © Clip Dealer/Jörg Unfried; **S. 198** (Mitte Vordergrund): © Daniel Ernst – Fotolia.com; **S. 198** (Mitte unten): © Roland Lange – Fotolia.com; **S. 198** (oben rechts): © FM2 – Fotolia.com; **S. 198** (Mitte rechts): © Denis Junker – Fotolia.com; **S. 198** (unten rechts): © Jakob Kernender – Fotolia.com; **S. 200** (1): © markus dehlzeit – Fotolia.com; **S. 200** (2): © electriceye – Fotolia.com; **S. 200** (3): © Serg Nvns – Fotolia.com; **S. 201** (oben): Stiftung Jugend forscht e.V.; **S. 205**: Tyler Olson – Fotolia.com; **S. 208**; Grafik Haushaltsabfälle. Nach Angaben des Statistischen Bundesamtes, Abfallbilanz 2010, Wiesbaden 2012; **S. 210** (1), **212** (2): © DM7/Shutterstock.com; **S. 210** (2): © Sofia Santos/Shutterstock.com; **S. 211**, **212** (1): Kica Henk – Fotolia.com; **S. 260** (1): Okapia/Imagebroker – Gerhard Zwerger-Schoner; **S. 260** (2): picture alliance/AP Photo; **S. 274**: Brian Goff/Shutterstock.com.

## Illustrationen

**Thomas Binder**, Magdeburg: S. 4 (3, 5), 5 (4, 6), 6 (1, 3, 4), 7 (2, 4), 154–157, 164, 165, 211;
**Heribert Braun**, Berlin: S. 28. 29, 31, 33, 40, 42, 47
**Timo Grubing**, Bochum: S. 12, 13, 15–20;
**Egbert Herfurth**, Leipzig: S. 4 (1, 2, 6), 5 (1–3, 5, 7), 6 (2, 5), 7 (1, 3), 8 (1, 4–7), 9, 10;
**Carsten Märtin**, Oldenburg: S. 4 (4), 8 (2, 3), 82, 87, 88, 102, 108, 202, 220, 222, 223, 283, 284;
**Chrissie Salz**, Köln: S. 114, 115, 120, 124, 128;
**Ulrike Selders**, Köln: S. 264–265, 272;
**Rüdiger Trebels**, Düsseldorf: S. 146–148, 150, 173–175, 177, 232, 238, 240.

**A**

Ableitungsprobe → Probe
Abschreiben 68–69, 87, 233, 235, 237, 239, 241, 293, 298
Adjektiv → Wortarten
Adverb → Wortarten
Adverbiale Bestimmung → Satzglied
Akkusativobjekt → Satzglied
Aktiv zuhören 17, 19
Anleitung 221–225
Arbeitstechniken
- Die Bedeutung von Fachwörtern erschließen 42–43
- Ein Schaubild präsentieren 39, 49, 294
- Eine Argumentationskette entwickeln 121, 291
- Eine Ballade vortragen 150
- Eine Anleitung schreiben 222, 290
- Eine Folie präsentieren 294
- Eine Person beschreiben 290
- Einen informierenden Text verfassen 293
- Einen Tagesbericht schreiben 290
- Frei vortragen 293
- Im Wörterbuch nachschlagen 298
- Schriftlich Stellung nehmen 124, 291
- Spannend erzählen 59, 289
Argument 120–125, 194–197, 291
Argumentationskette 120–121, 125, 291
Atlas/Landkarte 94–95
Aufgabenknacker 98–99, 110, 202–203, 284
Aufzählung 229, 300
Autoren/Biografisches 144, 171, 216

**B**

Ballade 146–152, 280
- Vortragen 150
Begründen
- Meinungen 120–129, 194–197, 291
Beispiele anführen 30, 99, 120–125, 195–197
Bericht
- Tagesbericht 80–82, 88–91, 290
- Zeitungsbericht 152, 188–193, 282
Berufe-Mappe 71–75, 90
Berufsorientierung 70–93
Beschreiben
- Ähnlichkeiten und Unterschiede 28, 260–261
- Anleitung 222–225, 290
- Bilder 28, 30, 34, 114–115, 146, 148, 152, 158, 200
- Berufsbilder 86
- Cover 170
- Fotos 28–29, 52–53, 70–71, 94–95, 114–115, 260
- Funktionen 31, 220–221
- Gefühle 25, 173, 175
- Gegenstände 28
- Grafik/Diagramm/Schaubild 39–40, 49, 112, 130–131, 208–209, 284, 294
- Personen/Figuren 21, 290
- Situationen 12, 21, 26, 70–71, 114
- Tätigkeiten 86–87
- Tiere/Lebewesen 28, 103
Bewerbung 70–71, 74–77
Bewerbungsschreiben 76–77
Bild/Skizze zeichnen 49, 201, 212
Brief/E-Mail schreiben 76–77, 123–124, 194–197
Bühnenbild

**C**

Chat 16–19
Checkliste 76, 89, 123, 197, 203, 283
Cluster → Ideensammlung
Computer
- Am Computer gestalten, schreiben, überarbeiten 39, 68–69, 77, 104, 258–259
- Das Internet nutzen 117, 171, 182, 212

**D**

Dativobjekt → Satzglied
Diagramm → Grafik
Dialog schreiben → Gespräch schreiben
Diskutieren → Meinungen austauschen
Drama/dramatisches Geschehen 148

**E**

Einleitung 38, 80–81, 89, 91, 98, 105, 113, 123–124, 293, 144, 166, 159, 189–193, 196–197, 212, 216–217, 280, 287, 290, 291, 293
Entscheidender Moment/Wendepunkt → Kurzgeschichte (Merkmale)
Ergebnisse/Informationen präsentieren 38–39, 212–213, 293
Erzählen
- Mündlich erzählen 52–54
- Nacherzählen 55
Erzähler 150, 261

**F**

Fachwörter 42–43, 234–235, 285
Fahrplan/Netzplan/Stadtplan 130–131
Fall
- Akkusativ 304
- Dativ 304
- Nominativ 304
Figur → Person
Folie gestalten/präsentieren 294
Fragen formulieren 87, 117, 130, 169, 189–191, 202–203, 206, 214, 264–267, 271
Fragen zum Text beantworten → Textstellen finden
Fragewörter → W-Fragen
Futur → Zeitformen

**G**

Gedicht
- Merkmale 135, 137, 139, 280
- Gestalten 135
- Vortragen 135
Gespräch führen 13–15, 28, 72–73, 94–95, 116, 120, 148, 152, 154, 170, 198–200, 268
Gespräch schreiben/spielen 20, 24, 150, 322
Gesprächsregeln 25
Gestalten
- Gedicht 135
- Grafik
- Plakat 201
- Werbeanzeige 201
Gestik → Mimik und Gestik
Gliedern/Gliederung 38, 112–113, 124, 212
Grafik/Diagramm/Schaubild 39, 46–49, 208–209, 294
Großschreibung → Rechtschreiben
Gruppenarbeit 17, 19, 192–193, 216–217, 292

**H**

Hauptfigur/Hauptperson 144, 155
Hauptsatz 237, 241, 272–276
Hauptteil 80, 89, 105, 112–113, 123–124, 145, 167, 179, 189–191, 196, 280, 287, 290, 291, 293

**I**

Ich-Botschaften 19, 25–27
Ich-Form/Ich-Erzähler 18, 26, 80, 82, 89
Ideensammlung
- Cluster 54, 210, 285
- Karteikarten 38, 80, 212–13
- Mindmap 110, 287
Infinitiv (Grundform) 86–87, 98, 202–203, 236–237
Informationen beschaffen/entnehmen/sammeln/ordnen/auswerten 32–38, 40, 46–49, 72, 77, 80, 96–97, 152, 171, 183, 189–193, 208–209, 212, 257
Informationsblatt 72

Informationsmappe/Berufe-Mappe 71–75, 80, 90, 95, 98
Informierender Text 34–35, 98–104, 110–113, 293
Inhaltsangabe 30, 51, 58, 144–145, 164–169, 216–219
Internet
- Sich im Internet informieren 117, 171, 182, 212
Interview 74, 117

**J**

Jugendbuch 55–59, 170–179, 216–217, 281

**K**

Karteikarten → Ideensammlung
Klappentext 170, 281
Klassengespräch/Klassendiskussion 13–15, 28, 52, 54, 72, 94, 116, 120, 148, 152, 154, 170, 198–200
Komma → Satzzeichen
Kommentar 123–124, 194–197, 205
Kopfwörter/Seitenleitwörter 41, 256
Kritik äußern 24–27
Kurzgeschichte
- Lesen 154–169
- Merkmale 156–158, 166
- Zusammenfassen 154, 164–167
Kurzvortrag 35, 38–39, 210–213, 293

**L**

Lebenslauf 75, 76
Leitfragen 59, 146, 166, 208
Lesemappe 69, 171–175, 179, 
Lesen
- Lesen mit verteilten Rollen 14–15, 24, 150
- Lesestrategien → Texte lesen und verstehen (Textknacker)
Leserbrief 122–124, 194–197
Lexikon 41, 43, 171, 212, 285
Lexikonartikel/Lexikoneintrag 29, 41, 43, 96
Liste schreiben 99
Lyrischer Sprecher/lyrisches Ich 135

**M**

Meinungen austauschen/diskutieren/begründen/Streitgespräch/Meinungen formulieren 17, 19, 21, 24–27, 105, 117, 120–125, 139, 167, 177, 194–197, 291
Merkwörter 228, 238, 297
Metapher 137
Metrum → Versmaß
Mimik und Gestik 21, 26–27
Mindmap → Ideensammlung
Missverständnisse untersuchen und klären 14–17, 18–19, 20

**N**

Nebensatz
- als-Satz 274
- dass-Satz 234–235
- wenn-Satz 272–273
- Relativsatz 241, 276–277, 305
- weil-Satz 108–109, 272–273
Nomen → Wortarten

**O**

Objekt → Satzglieder
Online-Lexikon → Lexikon

**P**

Partnerarbeit 15, 20, 24–25, 68, 73, 77, 117, 125, 128, 135, 146–147, 183, 187, 189, 221, 251, 274
Perfekt → Zeitformen
Personalpronomen → Wortarten
Personen/Figuren 150, 157, 159, 165–166, 178, 281, 287, 295
Personenbeschreibung → Beschreiben
Personifikation 139

Plakat 25, 201, 212, 294
Plural 301
Plusquamperfekt → Zeitformen
Portfolioarbeit 170–179
Possessivpronomen → Wortarten
Prädikat → Satzglieder
Praktikum 70–91
Präposition → Wortarten
Präsens → Zeitformen
Präsentieren 38–39, 212–213, 293–294
Präteritum → Zeitformen
Pro-Argumente und Kontra-Argumente →
Argument
Probe
- Ableitungsprobe 227
- Verlängerungsprobe 227

**Q**
Quellen angeben 98, 103, 113, 293

**R**
Recherchieren 117, 171, 182, 212
Rechtschreib-Check 69, 113, 123, 145, 167,
179, 197, 226–229
Rechtschreiben
- Datumsangaben und Zeitangaben 237
- Fachbegriffe / Fachwörter 234–235
- Getrenntschreibung von Wortgruppen
236–237
- Großschreibung (von Nomen / am Satzan-
fang / von Tageszeiten) 229, 232, 301
- Komma bei Aufzählungen 229, 300
- Komma in Relativsätzen 241, 276–277, 305
- Komma in Satzgefügen 108–109, 229, 235,
239, 272–275, 304
- Satzschlusszeichen 300
- Verben werden zu Nomen 233
- Wochentage und Tageszeiten 240–241
- Wörter mit h 238
- Wortfamilie 250–251
- Wortgruppen mit sein 271
- Wörtliche Rede 289
- Zeichensetzung 108–109, 229, 235, 239, 241,
272–275, 276–277, 300, 304
Rechtschreibprüfung am Computer 69, 258–259
Rechtschreibregeln 226–229
Redaktionskonferenz 192–193
Reim / Reimschema / Reimform 137, 149, 280
- Kreuzreim 137, 280
- Paarreim 137, 280
- Umarmender Reim 137, 280
Rollenspiel → Szenisches Spiel

**S**
Sachlich formulieren 24–27, 78, 80, 88–89,
90–91, 104, 217
Sachtext 30–31, 32–35, 40, 42, 46–48, 97–102,
104, 111–112, 118–119, 188, 194, 204–205,
210–211, 222–223
Sage 211
Satzanfänge gestalten 59
Satzgefüge 108–109, 272–275
Satzglied
- Akkusativobjekt 304
- Dativobjekt 304
- Prädikat 304
- Subjekt 304
Satzschalttafel 67, 260, 273–275
Satzzeichen / Komma 108–109, 229, 235, 239,
241, 272–275, 276–277, 300, 304
Schaubild 39–40, 49, 294
Schlagzeile 186–193
Schluss / Schlusssatz 38–39, 105, 112–113,
123–124, 145, 167, 191, 196, 212, 280, 287,
291, 293
Schlüsselwörter 32, 35, 41, 46, 48, 56, 58, 97,
100, 101, 148, 156, 158, 183, 187–188, 204,
210, 283

Schlussfolgern / Schlussfolgerung 121, 123–124,
125, 199
Schreibkonferenz 192–193, 216–217, 288
Singular 301
Sketch 14–15
Skizzieren → Zeichnen
Songtext 138
Sprachliche Bilder 137, 260–261
Standbild 21, 26, 292
Stellung nehmen 114–115, 122–129, 196–197
Stichworte formulieren 30–31, 38–39, 49,
56–57, 59, 72, 80, 96, 100, 103, 111, 117, 119,
144, 157, 159, 165–166, 178, 184, 189, 201,
212–213, 221, 223, 288
Streitgespräch → Meinungen austauschen
Subjekt → Satzglieder
Szenisch lesen 14–15, 24, 150, 295
Szenisches Spiel 15, 24, 73, 295

**T**
Tabellen erstellen / auswerten 75, 86, 95–96,
120, 131, 182–183, 195, 209, 232–233, 240,
250–251, 288
Tagesbericht 80–83, 88–91, 290
Text zu einem Bild schreiben 26–27, 34, 42, 49
Texte lesen und verstehen (Textknacker) 16–17,
32–35, 40, 42–43, 46–49, 56–58, 79, 83,
97–103, 104, 110–112, 118–119, 154–158,
164–167, 170–171, 172–175, 176–177,
188–189, 204–205, 210–211, 221, 283
Texte schreiben
- Texte nach Textmustern verfassen 75–77,
122–124, 190–191, 194–197, 201
- Texte weiterschreiben 59, 60, 175
- Zu Texten / Bildern schreiben 54, 59–60, 158,
174–175
Texte überarbeiten
- Vorgangsbeschreibung 220–223
- Geschichte 68–69
- Informierender Text 104, 113
- Inhaltsangabe 216–217
- Lebenslauf 75
- Leserbrief 123, 197
- Tagesbericht 80, 90–91
- Zeitungsbericht 192–193
Texte zusammenfassen → Inhaltsangabe
Textknacker → Texte lesen und verstehen
Textstellen finden / Textaussagen markieren /
Fragen zum Text beantworten 14–15, 17,
19–20, 48–49, 56–58, 79, 135–137, 139,
157–158, 165, 172–175, 176–177, 187, 189,
212, 221, 223, 232, 234, 236, 238, 240
Theater spielen → Szenisches Spiel
Trennbare Verben 86–87

**U**
Überschrift 29, 32, 35, 39, 46, 48, 56, 58, 59,
72, 75, 96, 103, 104, 113, 150, 156, 186, 196,
204, 208, 210, 212, 283, 284, 288, 293, 294
Übersetzung / andere Sprachen 95, 182–183
Unterschrift 75–76

**V**
Verb → Wortarten
Vergleich 260–261
Vergleichen 28, 31, 77, 79, 135, 149, 183, 200,
202, 226–228, 257
Vermutung formulieren 20, 32, 46, 144, 146,
150, 154, 156, 186
Vers 137, 280
Versuchsbeschreibung → Beschreiben
Verwandte Wörter → Wortfamilie
Vorlesen 24, 73, 95, 135, 158
Vorstellungsgespräch 220
Vortragen 38–39, 135, 150, 212–213, 281, 293

**W**
Werbung 198–201, 282
W-Fragen 159, 166, 178, 189, 190, 193, 282
Wortarten
- Adjektiv 59, 61, 145, 193, 217, 260–261, 263,
303
- Adverb 305
- Artikel 229, 233–234, 240–241, 256, 301, 303
- Konjunktionen 108–109, 239, 272–275, 304
- Nomen 43, 58–59, 109, 227, 229, 232–233,
241, 250, 256, 262–263, 276–277, 300–301,
303
- Personalpronomen 303
- Possessivpronomen 66–67, 303
- Präposition 264–265, 304
- Relativpronomen 277, 305
- Verb 83, 86–87, 203, 233, 236, 239, 262–263,
267–271, 284, 288, 300, 302
Wortbildung 233, 250–251
Wörterbuch 69, 212, 256–257, 259, 286, 292,
298
Worterklärung 148, 283
Wörterlisten 248–249
Wortfamilie / Wortfeld 250, 251, 262, 263
Wörtliche Rede 148–149, 280, 289

**Z**
Zahlwörter → Rechtschreiben
Zeichensetzung → Satzzeichen
Zeichnen / Skizzieren 201
Zeitformen
- Futur 302
- Perfekt 268, 302
- Plusquamperfekt 270–271, 302
- Präsens 83, 91, 144–145, 166–167, 178–179,
193, 302
- Präteritum 82–83, 89, 91, 191, 193, 251, 269,
289, 290, 302
Zeitschriftentext 122, 194
Zeitungen 182, 282
Zeitungsartikel / Zeitungsbericht 152, 183–194,
196–197, 282
Zuhören / Hinhören 134–135, 138, 193, 213,
217, 226
Zusammenfassen
- Ergebnisse 128
- Texte → Inhaltsangabe

| Bereiche des Deutschunterrichts | Aufgaben | Seite | Kapitel |
|---|---|---|---|
| **Sprechen und Zuhören** | | | |
| zu anderen sprechen | deutlich und artikuliert sprechen | 135 | Gedichte: Im Bann der Großstadt |
| | | 215 | Einen Kurzvortrag vorbereiten |
| | sach- und situationsgerecht sprechen | 21, 24–25 | Wie meinst du das? – Missverständnisse klären |
| | | 73 | Mein Praktikum |
| | literarische Texte nacherzählen | 55 | Magische Orte |
| | Gestik und Mimik gezielt einsetzen | 23 | Wie meinst du das? – Missverständnisse klären |
| vor anderen sprechen | Gedichte, Balladen und Dialoge ausdrucksvoll vortragen | 14–15 | Wie meinst du das? – Missverständnisse klären |
| | | 135 | Gedichte: Im Bann der Großstadt |
| | | 150 | Wahre Geschichten in Balladen und Berichten |
| | frei vortragen | 36, 40 | Bionik: Vorbild Natur |
| | | 213 | Einen Kurzvortrag vorbereiten |
| | mit Hilfe von Stichworten und Medien anschaulich präsentieren | 38–39 | Bionik: Vorbild Natur |
| | | 171 | Leseecke: Jugendbücher zum Verlieben |
| | | 212–213 | Einen Kurzvortrag vorbereiten |
| mit anderen sprechen | Gesprächsregeln vereinbaren und beachten | 24–25 | Wie meinst du das? – Missverständnisse klären |
| | | 26–27 | Kritik üben – mit Kritik umgehen |
| | die eigene Meinung begründet vertreten | 117, 119, 122 | Unterwegs |
| | | 139 | Gedichte: Im Bann der Großstadt |
| | | 200 | Werbung |
| | auf Gesprächsbeiträge sachlich eingehen, diskutieren und argumentieren | 12–25 | Wie meinst du das? – Missverständnisse klären |
| | | 26–27 | Kritik üben – mit Kritik umgehen |
| verstehend zuhören | Gesprächsbeiträge anderer verfolgen und aufnehmen, aktiv zuhören | 17, 19, 22–25 | Wie meinst du das? – Missverständnisse klären |
| | | 134–135, 138 | Gedichte: Im Bann der Großstadt |
| | | 192 | Aktuelles vom Tage (Schreibkonferenz) |
| | verbale und nonverbale Kommunikation untersuchen | 18–20 | Wie meinst du das? – Missverständnisse klären |
| | aufmerksam zuhören und Notizen machen | 214 | Einen Kurzvortrag vorbereiten |
| szenisch spielen | szenisch spielen | 15 | Wie meinst du das? – Missverständnisse klären |
| | ein Standbild bauen | 21 | Wie meinst du das? – Missverständnisse klären |
| **Schreiben** | | | |
| über Schreibfertigkeiten verfügen | lesbar und zweckorientiert schreiben | 39 | Bionik: Vorbild Natur |
| | | 212 | Einen Kurzvortrag vorbereiten |
| | Texte adressatengerecht gestalten | 103 | Wüste |
| | | 197 | Einen Leserbrief schreiben |
| | | 201 | Werbung |
| | eine Präsentation am Computer gestalten | 39 | Bionik: Vorbild Natur |
| richtig schreiben | Rechtschreibung anwenden | 232–249 | Rechtschreiben: Die Trainingseinheiten |
| | Fachwörter und Fremdwörter schreiben | 234 | Rechtschreiben: Die Trainingseinheiten |
| | individuelle Fehlerschwerpunkte erkennen | 226–229 | Rechtschreiben: Dein Rechtschreib-Check |
| Texte planen | einen tabellarischen Lebenslauf planen | 75 | Mein Praktikum |
| | ein Bewerbungsschreiben planen | 76–77 | Mein Praktikum |
| | eine schriftliche Stellungnahme planen | 122–124 | Unterwegs |
| | | 196–167 | Einen Leserbrief schreiben |
| | eine Inhaltsangabe planen | 144–145 | Ein Gedicht zusammenfassen |
| | | 164–169 | Eine Kurzgeschichte zusammenfassen |
| | einen Tagesbericht planen | 80–82, 88–89 | Mein Praktikum |
| | in Mindmaps und Clustern Informationen ordnen | 54 | Magische Orte |
| | | 110 | Der informierende Text |
| | Informationsquellen nutzen | 96–103 | Wüste |
| | | 204–205 | Einen Sachtext mit dem Textknacker lesen |
| Texte schreiben | einen Brief schreiben | 76–77 | Mein Praktikum |
| | | 123–124 | Unterwegs |
| | eine Grafik/ein Schaubild erstellen | 39–40 | Bionik: Vorbild Natur |
| | eine Anleitung schreiben | 220–223 | Beschreibungen lesen und selbst schreiben |
| | einen Zeitungsbericht schreiben | 190–191 | Aktuelles vom Tage |
| | einen informierenden Text schreiben | 98–103 | Wüste |
| | | 110–113 | Der informierende Text |
| | Berufsbilder beschreiben | 86–87 | Mein Praktikum |
| | eine Inhaltsangabe schreiben | 164–169 | Eine Kurzgeschichte zusammenfassen |

| Bereiche des Deutschunterrichts | Aufgaben | Seite | Kapitel |
|---|---|---|---|
| Texte schreiben | einen Tagesbericht schreiben | 80–82 | Mein Praktikum |
| | ein Plakat gestalten | 201 | Werbung |
| | in einem Leserbrief Stellung nehmen | 122–124 | Unterwegs |
| | | 196–197 | Einen Leserbrief schreiben |
| | Meinungen äußern und begründen, Pro- und Kontra-Argumente sammeln | 120–125 | Unterwegs |
| | | 195 | Einen Leserbrief schreiben |
| | zu Texten/Bildern schreiben | 54, 59–60 | Magische Orte |
| | eine Geschichte weiterschreiben | 60 | Magische Orte |
| | ein Portfolio anlegen | 170–179 | Leseecke: Jugendbücher zum Verlieben |
| Texte überarbeiten | Texte strategiegeleitet überarbeiten | 68–69 | Texte am Computer überarbeiten |
| | | 90–91 | Einen Tagesbericht überarbeiten |
| | mit Checklisten überarbeiten | 89 | Einen Tagesbericht schreiben |
| | mit dem Rechtschreib-Check überarbeiten | 226–229 | Rechtschreiben: Dein Rechtschreib-Check |
| | in der Schreibkonferenz überarbeiten | 216–217 | Texte überarbeiten: Die Schreibkonferenz |
| | eine Geschichte überarbeiten | 59 | Magische Orte |
| | einen Lebenslauf überarbeiten | 75 | Mein Praktikum |
| | ein Bewerbungsschreiben überarbeiten | 77 | Mein Praktikum |
| | eine Stellungnahme überarbeiten | 122–124 | Unterwegs |
| | einen Zeitungsbericht überarbeiten | 192–193 | Aktuelles vom Tage |

| Lesen – Umgang mit Texten und Medien | | | |
|---|---|---|---|
| Lesetechniken, Strategien zum Leseverstehen kennen und anwenden | der Textknacker | 32–35, 42–43 | Bionik: Vorbild Natur |
| | | 56–58 | Magische Orte |
| | | 188–189 | Aktuelles vom Tage |
| | | 204–205 | Einen Sachtext mit dem Textknacker lesen |
| literarische Texte verstehen und nutzen | sprachliche Mittel erkennen | 134–139 | Gedichte: Im Bann der Großstadt |
| | | 148–149 | Wahre Geschichten in Balladen und Berichten |
| | epische Texte lesen und verstehen | 55–58 | Magische Orte |
| | | 154–158 | Augenblicke in kurzen Geschichten |
| | | 172–179 | Leseecke: Jugendbücher zum Verlieben |
| | lyrische Texte lesen und verstehen | 134–139 | Gedichte: Im Bann der Großstadt |
| | | 146–152 | Wahre Geschichten in Balladen und Berichten |
| | dramatische Texte lesen und verstehen | 14–15 | Wie meinst du das? – Missverständnisse klären |
| | aktuelle Werke der Jugendliteratur kennen | 55–58, 60 | Magische Orte |
| | | 170–179 | Leseecke: Jugendbücher zum Verlieben |
| | Klappentexten Informationen entnehmen | 170 | Leseecke: Jugendbücher zum Verlieben |
| | Vermutungen zum Text anstellen und überprüfen | 144–145 | Ein Gedicht zusammenfassen |
| | | 146, 150 | Wahre Geschichten in Balladen und Berichten |
| Sach- und Gebrauchstexte verstehen und nutzen | Sachtexten Informationen entnehmen | 32–36, 40, 41 | Bionik: Vorbild Natur |
| | | 98–103 | Wüste |
| | einen Zeitungsbericht lesen und verstehen | 188–189 | Aktuelles vom Tage |
| | einem Interview Informationen entnehmen | 74 | Mein Praktikum |
| | Aussagen zu nichtlinearen Texten entwickeln | 208–209 | Grafiken erschließen |
| | Vermutungen zum Text anstellen und überprüfen | 32 | Bionik: Vorbild Natur |
| | | 46 | Einen Sachtext mit dem Textknacker lesen |
| | Stichpunkte sammeln und ordnen | 112 | Der informierende Text |
| Medien verstehen und nutzen | Medien für die eigene Produktion nutzen | 38–39 | Bionik: Vorbild Natur |
| | Internetnutzung kritisch reflektieren | 204–205 | Einen Sachtext mit dem Textknacker lesen |

| Reflexion über Sprache (Sprachgebrauch) | | | |
|---|---|---|---|
| | Bedingungen für kommunikative Situationen kennen | 18–20 | Wie meinst du das? – Missverständnisse klären |
| | Wörter ableiten und verlängern | 226–229 | Rechtschreiben: Dein Rechtschreib-Check |
| | Wortfamilien und Wortfelder untersuchen | 220–251 | Rechtschreiben: Die Trainingseinheiten |
| | Bildung von Wörtern untersuchen | 226–229 | Rechtschreiben: Dein Rechtschreib-Check |
| | Wortarten erkennen und unterscheiden | 66–67 | Magische Orte (Possessivpronomen) |
| | | 86–87 | Mein Praktikum (Trennbare Verben) |
| | | 264–267 | Grammatik: Präpositionen verwenden |
| | Strukturen des Satzes beschreiben | 272–277 | Grammatik: Satzgefüge verwenden |
| | Satzgefüge | 272–277 | Grammatik: Satzgefüge verwenden |

Das Buch wurde erarbeitet auf der Grundlage der Ausgabe von Werner Bentin (Herausgeber), Werner Bentin, Filiz Briem, Ulrich Deters, Sandra Heidmann-Weiß, Svea Hummelsheim, Michaela Koch, Martina Panzer, Katrin Placzek, Silke Quast, Stephan Theuer, Saskia Volbers.

Soweit in diesem Lehrwerk Personen fotografisch abgebildet sind und
ihnen von der Redaktion fiktive Namen, Berufe, Dialoge und Ähnliches zugeordnet
oder diese Personen in bestimmte Kontexte gesetzt werden,
dienen diese Zuordnungen und Darstellungen ausschließlich der Veranschaulichung
und dem besseren Verständnis des Inhalts.

Dieses Werk berücksichtigt die Regeln der reformierten Rechtschreibung
und Zeichensetzung. Bei den mit **R** gekennzeichneten Texten haben
die Rechteinhaber einer Anpassung widersprochen.

**Projektleitung:** Gabriele Biela
**Redaktion:** Frederike Schlünder

**Umschlaggestaltung:** Cornelsen Verlag Design/Klein & Halm Grafikdesign, Berlin
**Umschlagfoto:** Peter Wirtz, Dormagen
**Layout und technische Umsetzung:** Klein & Halm Grafikdesign, Berlin

www.cornelsen.de

Die Webseiten Dritter, deren Internetadressen in diesem Lehrwerk angegeben sind,
wurden vor Drucklegung sorgfältig geprüft. Der Verlag übernimmt keine Gewähr
für die Aktualität und den Inhalt dieser Seiten oder solcher, die mit ihnen verlinkt sind.

1. Auflage, 4. Druck 2023

Alle Drucke dieser Auflage sind inhaltlich unverändert
und können im Unterricht nebeneinander verwendet werden.

Druck: Mohn Media Mohndruck, Gütersloh

ISBN 978-3-06-060720-4

**PEFC zertifiziert**
Dieses Produkt stammt aus nachhaltig
bewirtschafteten Wäldern und kontrollierten
Quellen.

**PEFC**
PEFC/04-31-1033

www.pefc.de